南京大学六朝研究所书系·乙种论集·第肆号
南 京 大 学 六 朝 研 究 所　主编

南朝陵墓神道石刻暨中古考古论集

杨晓春 著

南京大学出版社

图书在版编目(CIP)数据

南朝陵墓神道石刻暨中古考古论集 / 杨晓春著.
南京：南京大学出版社，2024.12. ——（南京大学六朝研究所书系）. —— ISBN 978-7-305-26772-7

Ⅰ. K879.34-53

中国国家版本馆 CIP 数据核字第 202456C42Q 号

出版发行	南京大学出版社
社　　址	南京市汉口路 22 号　　邮　编　210093
丛 书 名	南京大学六朝研究所书系·乙种论集·第肆号
书　　名	南朝陵墓神道石刻暨中古考古论集 NANCHAO LINGMU SHENDAO SHIKE JI ZHONGGU KAOGU LUNJI
著　　者	杨晓春
责任编辑	官欣欣　　　　　　　　编辑热线　025 - 83593947
照　　排	南京南琳图文制作有限公司
印　　刷	徐州绪权印刷有限公司
开　　本	718 mm×1000 mm　1/16　印张 18.25　字数 258 千
版　　次	2024 年 12 月第 1 版　2024 年 12 月第 1 次印刷
ISBN 978 - 7 - 305 - 26772 - 7	
定　　价	68.00 元

网址：http://www.njupco.com
官方微博：http://weibo.com/njupco
官方微信号：njupress
销售咨询热线：(025) 83594756

* 版权所有，侵权必究
* 凡购买南大版图书，如有印装质量问题，请与所购
  图书销售部门联系调换

总　序

一

晃晃悠悠的节奏、断断续续的过程，也许"万事开头难"吧，从2017年3月14日"南京大学六朝研究所成立仪式暨学术座谈会"召开、计划出版系列图书至今，竟然已经三年又八个月过去了，具有"标志"意义的南京大学出版社版"南京大学六朝研究所书系"首批四册，终于即将推出，它们是：

刘淑芬著《六朝的城市与社会》（增订本），"甲种专著"第叁号；

张学锋编《"都城圈"与"都城圈社会"研究文集——以六朝建康为中心》，"乙种论集"第壹号；

［美］戚安道（Andrew Chittick）著，毕云译《中古中国的荫护与社群：公元400—600年的襄阳城》，"丙种译丛"第壹号；

［德］安然（Annette Kieser）著，周胤等译《从文物考古透视六朝社会》，"丙种译丛"第贰号。

既然是"首批四册"，如何"甲种专著"却编为"第叁号"呢？这缘于此前"书系"已经出版了以下数种：

胡阿祥著《东晋南朝侨州郡县与侨流人口研究》（修订本），江苏人民出版社2019年10月版，"甲种专著"第壹号；

吴桂兵著《中古丧葬礼俗中佛教因素演进的考古学研究》，科学出版社2019年12月版，"甲种专著"第贰号；

［唐］许嵩撰，张学锋、陆帅整理《建康实录》，南京出版社2019年

10月版,"丁种资料"第壹号;

胡阿祥著《"胡"说六朝》,江苏人民出版社2019年6月版,"戊种公共史学"第壹号;

胡阿祥、王景福著《谢朓传》,凤凰出版社2019年12月版,"戊种公共史学"第贰号。

据上所陈,"南京大学六朝研究所书系"的总体设计,应该就可以了然。

首先,"书系"包含五个系列,即甲种专著、乙种论集、丙种译丛、丁种资料、戊种公共史学,这显示了我们对六朝历史之基础研究与应用研究的全面关注、对话学界之"学院"史学与面向社会之"公共史学"的兼容并包。

其次,"书系"出版采取"1+N"模式,"1"为南京大学出版社,"N"为其他出版社,"1"为主,"N"为辅,但仍按出版时序进行统一编号。所以如此处理,自然不在追求"差异美",而是随顺作者、译者、编者的意愿和其他各别复杂情形。

再次,"书系"虽以"南京大学六朝研究所书系"冠名,但只是冠名而已,我们会热忱邀约和真诚接受所内外、校内外、国内外的书稿,并尽遴选、评审、建议乃至修改之责。

要之,五个系列的齐头并进、出版单位的灵活安排、书稿来源的不拘内外,这样有异寻常的总体设计,又都服务于我们的相关中期乃至远期目标:通过若干年的努力,使学界同仁共襄盛举的"南京大学六朝研究所书系"渐具规模、形成特色、产生影响,而"南京大学六朝研究所"也因之成为学界同仁信任、首肯乃至赞誉的研究机构。如此,庶不辜负我们回望如梦的六朝时代、我们生活的坚韧而光荣的华夏正统古都南京、我们工作的诚朴雄伟励学敦行的南京大学、我们钟情的昌明国粹融化新知的南京大学历史学院。

二

南京大学历史学院有着厚实的六朝研究传统。蒋赞初、孟昭庚等老一辈学者宏基初奠,如蒋赞初教授开创的六朝考古领域,在学界独树一帜,若孟昭庚教授从事的六朝文献整理,在学界备受赞誉;近20多年来,张学锋、贺云翱、吴桂兵、杨晓春等中年学者开拓创新,又形成了六朝人文地理、东亚关系、都城考古、墓葬考古、佛教考古等特色方向。推而广之,南京大学文学院程章灿之石刻文献研究、赵益之知识信仰研究、童岭之思想文化研究,南京大学地理与海洋科学学院陈刚之建康空间研究,皆已卓然成家;又卞孝萱师创办的"江苏省六朝史研究会",已历半个多甲子,一批"后浪"张罗的"六朝历史与考古青年学者交流会",近期将举办第七回,本人任馆长的六朝博物馆,成为六朝古都南京的璀璨"地标",南京市考古研究院、南京师范大学、南京晓庄学院等,也都汇聚起不弱的六朝研究力量。凡此种种,既有意或无意中彰显了学者个人之"文章合为时而著,歌诗合为事而作"的"义理"追求,也主动或被动地应了现实社会对历史记忆、文化遗产等的"经济"(经世济用)需求。

对现实社会之"经济"需求而言,就南方论,就江苏论,就南京论,六朝时代既是整体变迁过程中客观存在的一环,又是特别关键、相当荣耀的一环。以秦岭—淮河为大致分界的中国南方,经过六朝时代,经济开发出来了,文化发展起来了;跨江越淮带海的江苏,唤醒历史记忆,弘扬文化遗产,同样无法绕过六朝时代;而南京之所以能够成为中国第四大古都、中国南方第一的古都,也主要是因为六朝在此建都。

六朝的意义当然绝不仅此。举其"义理"之荦荦大者,以言孙吴,经过孙吴一朝的民族融合、交通开辟、政区设置,南中国进入了中国历史的主舞台,并引领了此后北方有乱、避难南方的历史趋势,比如东晋、南朝、南宋皆如此;以言东晋南朝,当中国北方陷入十六国大乱,正是晋朝在南方的重建及其后宋、齐、梁、陈较为平稳的递嬗,才使传统华夏文明在南方得以保存与延续、发展并丰富,这样薪火相传、"凤凰涅槃"的南方华夏文明,又给北方的十六国北朝之"汉化"或"本土化"的演进,提供了鲜活的"样本"、完整的"模范",其结果便是南与北交融、胡与汉融铸而成的辉煌灿烂的隋唐文明,特别是其中的精英文化;再言虽然分隔为孙吴、东晋南朝两段而诸多方面仍一以贯之的六朝,就颇有学者把包括六朝在内的汉晋文化与罗马文化并列为世界古代文明的两大中心,这又无疑显示了六朝文化在世界史上的超凡地位。

然则围绕着这样的"义理"与"经济",笔者起 2004 年至 2018 年,为《南京晓庄学院学报》"六朝研究"专栏写下了 50 篇回旋往复甚至有些啰唆的"主持人语",这些"主持人语",现已结集在"南京大学六朝研究所书系"最先问世的《"胡"说六朝》中;至于"南京大学六朝研究所书系"过去近四年的"万事开头难"、今后若干年的"不忘初心,而必果本愿",我们也就自我定位为伟哉斯业,准备着无怨无悔地奉献心力了……

南京大学六朝研究所所长　胡阿祥
2020 年 11 月 16 日

目　录

总　序（胡阿祥）

图表目录

插图目录 ………………………………………………………… I
表格目录 ………………………………………………………… IV

第一部分　南朝陵墓神道石刻

南朝陵墓神道石刻渊源研究 …………………………………… 3
南京麒麟铺石兽墓主问题的再研究 …………………………… 20
南京麒麟铺石兽墓主问题研究补正 …………………………… 34
南朝宋武帝初宁陵、文帝长宁陵地理位置补论
　　——重温朱希祖《六朝陵墓调查报告书》的相关考述 ………… 41
略论南京上坊镇石马冲、栖霞山狮子冲两处南朝陵墓石兽遗存的墓主
考订问题 ………………………………………………………… 49
关于南朝陵墓神道石兽的名称问题 …………………………… 60

第二部分　汉唐石刻

南阳汉宗资墓石兽的历史记载与现状 ………………………… 79
关于重庆忠县邓家沱石阙铭与墓主的推断 …………………… 86
从《金石录》的一则题跋推测甘肃泾川王母宫石窟的开凿者与开凿时代
………………………………………………………………………… 99
新公布佛教造像题记补释九则 ………………………………… 104
固原唐墓所出八棱形石刻非石幢辨 …………………………… 112
隋《虞弘墓志》所见史事系年考证 …………………………… 116

隋《虞弘墓志》所见"鱼国"、"尉纥驎城"考 …………… 132

第三部分　唐代考古

唐长安未考定诸坊名之再探讨 ………………………… 149
《云麓漫钞》中一则隋唐长安研究珍贵史料的校点 …… 162
再论南唐二陵对唐代陵寝制度的承袭问题 …………… 175

第四部分　中古考古相关文献札记

唐僧清彻《金陵塔寺记》考略 …………………………… 197
校点本《通典》校点指误一则 …………………………… 211
《建康实录》点校本商正一则 …………………………… 214
《建康实录》中的《两京新记》佚文 ……………………… 217

附　录　元代考古

略论中国古代都城制度史上之元上都 ………………… 221
杭州飞来峰元代佛教造像的开凿过程、开凿者与造像风格问题
　　——造像题记的综合研究 ………………………… 231
关于两件出土的元代蒸馏器的再讨论 ………………… 259

后　记 …………………………………………………… 275

图表目录

插图目录

图一　南朝梁萧景墓石兽（杨晓春2001年11月摄）……………………8

图二　南朝梁萧景墓石柱（杨晓春2001年11月摄）……………………10

图三　南朝梁萧秀墓石柱双人托承石榜纹饰（杨晓春2001年11月摄）………14

图四　麒麟铺石兽位置图（[日]曾布川宽著，傅江译：《六朝帝陵——以石兽和砖画为中心》图一，南京：南京出版社，2004年，第2页）……………20

图五　明《洪武京城图志》所载《庙宇寺观图》（明《洪武京城图志》，《南京图书馆藏稀见方志丛刊》第31册影明弘治五年朱宗刻本，北京：国家图书馆出版社，2012年，第41—42页）…………………………46

图六　元《至正金陵新志》所载《上元县图》（[元]张铉编纂，田崇点校：《至正金陵新志》卷一《地理图考·上元县图考》，南京：南京出版社，1991年，第19页）………………………………………………57

图七　南京自然地理形势及六朝陵墓位置图（[日]曾布川宽著，傅江译：《六朝帝陵——以石兽和砖画为中心》图一，南京：南京出版社，2004年，第2页）……………………………………………………58

图八　南京麒麟铺南朝帝陵双角石兽头部侧面及背面（杨晓春摄）………60

图九　南京栖霞山附近南朝梁萧景墓石兽（杨晓春2001年11月摄）………61

图十　河南邓县南朝画像砖墓中的"骐驎"（河南省文化局文物工作队编：《邓县彩色画象砖墓》图五，北京：文物出版社，1958年，第12页）………66

图十一　江苏丹阳南朝墓模印砖狮子（南京博物院：《江苏丹阳县胡桥、建山两座南朝墓葬》，《文物》1980年第2期）……………………………72

图十二　河南邓县南朝画像砖墓画像砖狮子（河南省文化局文物工作队编：《邓县彩色画象砖墓》图四十一，北京：文物出版社，1958年，第31页）……72

图十三　龙门石窟北魏狮子［龙门文物保管所、北京大学考古系编：《龙门石窟》（一）图一百二十一，北京：文物出版社，东京：平凡社，1979年］ ……… 73

图十四　巩县石窟寺北魏狮子（杨晓春2004年6月摄） ……… 73

图十五　南阳卧龙岗石兽（周到、吕品：《略谈河南发现的汉代石雕》，《中原文物》1981年第2期） ……… 84

图十六　邓家沱阙右阙复原图一（孙华：《重庆忠县邓家沱阙的几个问题》，《文物》2008年第4期） ……… 87

图十七　邓家沱阙右阙复原图二（孙华：《重庆忠县邓家沱阙的几个问题》，《文物》2008年第4期） ……… 87

图十八　邓家沱阙左阙复原图一（孙华：《重庆忠县邓家沱阙的几个问题》，《文物》2008年第4期） ……… 87

图十九　邓家沱阙左阙复原图二（孙华：《重庆忠县邓家沱阙的几个问题》，《文物》2008年第4期） ……… 87

图二十　"墨丘中君"印（〔日〕小林斗盦编，周培彦译：《中国玺印类编》，天津：天津人民美术出版社，2004年，第283页） ……… 91

图二十一　"广汉绵竹令王君神道"摹本辑录（〔南宋〕刘球编：《隶韵》，影清嘉庆秦思复据石刻翻刻本，北京：中华书局，1989年） ……… 95

图二十二　巴中西龛石窟唐开元三年造像题记拓片（巴中市文物管理所：《巴中西龛石窟调查记》，《文物》1996年第3期） ……… 104

图二十三　成都商业街出土南朝齐建武二年造像题记拓片（张肖马、雷玉华：《成都市商业街南朝石刻造像》，《文物》2001年第10期） ……… 105

图二十四　成都商业街出土南朝梁天监十年造像题记拓片（张肖马、雷玉华：《成都市商业街南朝石刻造像》，《文物》2001年第10期） ……… 106

图二十五　成都万佛寺出土南朝梁中大同三年造像题记拓片（袁曙光：《四川省博物馆藏万佛寺石刻造像整理简报》，《文物》2001年第10期） ……… 107

图二十六　西安出土隋开皇三年造像题记拓片（翟春玲：《西安市出土的一批隋代佛道造像》，《文物》2002年第12期） ……… 108

图二十七　西安出土隋大业元年造像题记拓片（翟春玲：《西安市出土的一批隋代佛道造像》，《文物》2002年第12期） ……… 109

图表目录　Ⅲ

图二十八　甘肃宁县出土北魏太和十二年造像题记拓片(甘肃省宁县博物馆:《甘肃宁县出土北朝石造像》,《文物》2005年第1期) …………… 110

图二十九　山东平原出土北齐天保七年造像题记拓片(张立明、蔡连国:《山东平原出土北齐天保七年石造像》,《文物》2009年第8期) …………… 111

图三十　宿白作长安城平面复原图所见东南角状况(宿白:《隋唐长安城和洛阳城》,《考古》1978年第6期) …………………………………………… 154

图三十一　马得志作长安城平面复原图所见东南角状况(马得志:《唐代长安与洛阳》,《考古》1982年第6期) …………………………………… 154

图三十二　平冈武夫复原《长安图》吕大防题记之一〔〔日〕平冈武夫著,杨励三译:《长安与洛阳(地图)》,西安:陕西人民出版社,1957年,第39页〕…… 168

图三十三　平冈武夫复原《长安图》吕大防题记之二〔〔日〕平冈武夫著,杨励三译:《长安与洛阳(地图)》,西安:陕西人民出版社,1957年,第39页〕…………………………………………………………………… 170

图三十四　南唐二陵平、剖面图(左:钦陵　右:顺陵)(南京博物院编著:《南唐二陵发掘报告》插图二、四十三,北京:文物出版社,1957年,第8、32页) …………………………………………………………………… 176

图三十五　唐让皇帝李宪惠陵平、剖面图(陕西省考古研究所编著:《唐李宪墓发掘报告》图四,北京:科学出版社,2005年,第11、12页之间) …… 184

图三十六　唐史思明墓平面图(北京市文物研究所:《北京丰台史思明墓》,《文物》1991年第9期) ……………………………………………… 186

图三十七　北宋太宗元德李皇后陵平、剖面图(河南省文物研究所、巩县文物保管所:《宋太宗元德李后陵发掘报告》,《华夏考古》1988年第3期) …………………………………………………………………… 192

附录

附录图一　元上都平面图五种〔分别据(1) Lawrence Impey, "Shangtu, the Summer Capital of Kublai Khan," *Geographical Review*, Vol. 15, No. 4, 1925, pp. 584-604; (2)東亜考古學會编:《上都:蒙古ドロンノールに於ける元代都址の調査》,東京:東亜考古學會,1941年,圖版一;(3)张郁:《元上都故城》,载内蒙古文物工作队编:《内蒙古文物

资料选辑》,呼和浩特:内蒙古人民出版社,1964年;(4)贾洲杰:《元上都调查报告》,《文物》1977年第5期;(5)魏坚:《元上都的考古学研究》,载魏坚:《元上都》,上册,北京:中国大百科全书出版社,2008年,第16、17页之间] ……………………………………………………… 223

附录图二　飞来峰造像分布图(杭州市历史博物馆、杭州市文物保护管理所、杭州市文物考古所编,高念华主编:《飞来峰造像》,北京:文物出版社,2002年) ……………………………………………………………………… 250

附录图三　河北青龙出土蒸馏器(承德市避暑山庄博物馆:《金代蒸馏器考略》,《考古》1980年第5期) …………………………………………… 260

附录图四　内蒙古自治区巴林左旗出土蒸馏器(罗丰:《蒙元时期的酿酒锅与蒸馏乳酒技术》,《考古》2008年第5期) ……………………………… 261

附录图五　蒙古式蒸馏器(左)和中国式蒸馏器(右)([英]李约瑟著,陈小慧、陈养正译:《中世纪早期中国炼丹家的实验设备》,载潘吉星主编:《李约瑟文集》,沈阳:辽宁科学技术出版社,1986年,第622—692页) … 267

附录图六　希腊式蒸馏器(左)和中国式蒸馏器(右)的蒸馏原理比较(李约瑟、巴特勒著,李亚东译:《对东亚、古希腊和印度蒸馏酒精和醋酸的蒸馏器的实验比较》,载潘吉星主编:《李约瑟文集》,沈阳:辽宁科学技术出版社,1986年,第611—621页) ……………………………………… 273

表格目录

表一　宋武帝初宁陵、宋文帝长宁陵位置的文献记载 ……………………… 24
表二　梁昭明太子安宁陵、陈武帝万安陵、陈文帝永宁陵位置的文献记载 …… 50
表三　邓家沱阙阙铭已公布拓本、摹本及释读、复原比较 ………………… 90
表四　西魏六柱国领兵系统职官示意表(谷霁光:《府兵制度考释》,上海:上海人民出版社,1962年,第50—56页) ……………………………… 128
表五　《长安图》吕大防题记校勘 …………………………………………… 171

附录

附录表一　飞来峰元代佛教造像题记汇录 ………………………………… 234
附录表二　飞来峰元代藏汉风格佛教造像区域分布比较 ………………… 254

第一部分 南朝陵墓神道石刻

南朝陵墓神道石刻渊源研究

　　南京、江宁、句容、丹阳一带的南朝帝陵、王侯墓的神道石刻[①]至今还保存着三十多处，但大多只存一二件。而具有当时规模的有丹阳三城巷梁文帝萧顺之建陵存石兽二、石柱二、石碑座二[②]，南京尧化门外甘家巷梁安成康王萧秀墓存石兽二、石碑座二、石柱础一、石柱一、石碑二，南京张库村梁临川靖惠王萧宏墓存石兽二、石柱二、石碑一、石碑座一。虽有例外，仍可推知石刻规制为石兽、石柱、石碑各二。《隋书·礼仪志》记载："（梁天监）六年（公元507年），申明葬制，凡墓不得造石人兽碑，唯听作石柱，记名位而已。"[③]即规定一般墓葬不允许使用"石人兽碑"，只允许使用"石柱"，而帝王陵墓可以使用也应该使用石刻。南朝陵墓石刻未见用石人的例子，文献中提及的石人或为史文抄缮之误，尤其可能的是唐初史臣因唐代通行置石人的制度而随手加上的。如果这样，可知南朝陵墓神道石刻是以石兽、石柱、石碑三种为限，其数目为成对列置，除少数外，帝陵、王侯墓均是各置一对。而其间的差别主要通过不同的石兽类别来表现：帝陵用独角兽、双角兽各一件，王侯墓用无角兽一对。南朝王侯墓石刻是模仿帝陵设置的。

---

　　① 南朝墓阙业经发掘（南京市文物研究所、南京栖霞区文化局：《南京梁南平王萧伟墓阙发掘简报》，《文物》2002年第7期），但此并非石刻，故本文不论及。简报注释5认为《南史·豫章文献王嶷传》中提到的阙"是史书中所见南朝帝王墓前用阙的唯一记录"，实际上这段文献中所谓的阙应指石柱。

　　② 另有二方形石质建筑基址，各由多个方形小石块构成，似并非独立的石刻，故不论。不知是否有可能是阙址。

　　③ 《隋书》卷八，中华书局校点本，第153页。按本书引用古代文献，原有句读或标点的，句读均改为标点，标点或略有改动，未一一注明。

南朝陵墓神道石刻的设置已成为一种制度,而其渊源如何呢？这里所说的渊源,一是指总体的石刻种类组合的来源,一是指单体石刻造型风格的来源。

自1935年《六朝陵墓调查报告》一书出版以来,南朝陵墓神道石刻的渊源考察就已成为学者研究南朝陵墓神道石刻的一个重要方面,其中石兽有翼与石柱柱身刻下凹直棱纹这两个特点尤其为大家所瞩目。

对此的研究以滕固先生《六朝陵墓石迹述略》[①]最具代表性,他认为,"梁代石柱,上承汉制,又或参以波斯和印度的风尚"。承汉制是因石柱与汉代石柱接近；波斯风尚是指柱身刻作下凹的直棱纹,这是古代流行于埃及、希腊、波斯一带的石柱样式,一般称为希腊柱式；印度风尚指柱头蹲兽的做法。"六朝陵墓的石兽与宗资墓的石物比较接近,可知其渊源于河南一带","有翼兽的输入,不必从一个地方来的,也不必止是一次传入的。……而六朝陵墓上的有翼兽,可断言为渊源于汉代"。后来学者亦多认为南朝陵墓石刻渊源于汉代,同时吸收了一些国外的做法。也有学者更多地强调中国传统的影响[②],这和早于南朝的、和南朝陵墓石刻特色相近的器物的不断发现有关。有学者认为南朝陵墓石兽、石柱均是中国传统的样式,并非接受了外来的影响。[③] 至于外来影响的具体途径,最常见的看法是认为西方的艺术形式通过佛教影响到中国。

而关于南朝陵墓神道石刻的直接来源,朱希祖先生的《六朝陵墓调查报告书》和《天禄辟邪考》[④]引述的《南齐书·豫章文献王传》

---

① 古物保管委员会编辑委员会编辑、朱希祖总编辑：《六朝陵墓调查报告》,南京：古物保管委员会,1935年。
② 姚迁、古兵编著：《南朝陵墓石刻》,北京：文物出版社,1981年,第5页。
③ 杨泓：《丹阳南朝陵墓石刻》,收入杨泓、孙机：《寻常的精致》,沈阳：辽宁教育出版社,1996年。
④ 古物保管委员会编辑委员会编辑、朱希祖总编辑：《六朝陵墓调查报告》,南京：古物保管委员会,1935年。

(《南史·豫章文献王嶷传》的相同记载出于此)中的一段文字最能说明问题,其后众多的学者在谈到南朝陵墓神道石刻来源时均引用这段文献。

随着考古发现的增多以及文献的进一步收集和解读,原有的研究已显得不够全面。以下试从石兽、石柱的造型风格和石刻种类组合方式等三方面综合考察南朝陵墓神道石刻的渊源。

一、南朝陵墓神道石兽的渊源

《南齐书·豫章文献王传》记载:

> 上(齐太祖)数幸嶷第。宋长宁陵隧道出第前路,上曰:"我便是入他冢墓内寻人。"乃徙其表阙骐驎于东岗上。骐驎及阙,形势甚巧,宋孝武于襄阳致之,后诸帝王陵皆模范而莫及也。①

参考现有遗存和文献中所见以"表"称碑的例子,如东汉安帝元初元年(公元114年)谒者景君墓碑,额题为"汉故谒者景君墓表"②,西晋惠帝永宁二年(公元302年)帛仲理墓,"墓前有碑,题云:真人帛君之表"③,"表阙骐驎"可标点为"表、阙、骐驎",表即是碑,阙即是石柱,骐驎指石兽。虽然也有以表称石柱的例子,但此处如果这样理解,或是看作有表、阙、骐驎三种石刻,即石柱、石阙、石兽,或是看作表阙、骐驎二种石刻,即石柱、石兽而无碑,与现知南朝陵墓神道石刻的通例不合,所以"表"应是碑。而"形势甚巧"只指"骐驎"及"阙",正因"表"即为常见的碑的缘故。

---

① 《南齐书》卷二十二,中华书局校点本,第414页。
② 〔南宋〕赵明诚撰,金文明校证:《金石录校证》,上海:上海书画出版社,1985年,第251—252页。
③ 〔北魏〕郦道元注、杨守敬、熊会贞疏:《水经注疏》卷十五《瀍水》,南京:江苏古籍出版社,1999年,第1354页。

这段文献讲到宋文帝长宁陵神道上的石刻是文帝子孝武帝由襄阳得来，后来帝王陵前的神道石刻都是承袭此而设置的，但都赶不上长宁陵的巧。这段文献指明了帝陵神道石兽和石柱的直接来源。另外，也反映出从宋孝武帝才开始有这种新式的石刻。

宋孝武帝石刻是原物还是参照了前代石刻的形制呢？移用前代石刻虽有先例，但襄阳距建康太远，还是参照形制的可能性较大。

杨宽先生依据李商隐《晋元帝庙》诗中提及麒麟而认为南朝陵墓石兽承袭了东晋的制度①，但就上引文献判断，这种说法有其难以解释的地方。如果东晋存在类似于后来南朝的那种石刻，那宋孝武帝又何必舍近求远"于襄阳致之"呢？蒋赞初先生在《南京东晋帝陵考》中论及李商隐诗时，谈到有人怀疑非其所作，而晚唐、宋人所见元帝庙位置与元帝陵所在的鸡笼山无关，又称苏洞《金陵杂兴》诗提到的石麒麟不能确定在金陵何处。② 而就石刻渊源而言，即使东晋帝陵存在使用神道石兽的情况，南朝帝陵石兽也不是因袭东晋而来的。

南北朝之前的陵墓石兽已有一定数量的发现，学者均认为属于东汉后期，以河南、四川两地居多，尤以河南南阳一地所出最为有名。南阳宗资墓前的两个石兽屡屡见于文献，《后汉书·灵帝纪》、宋欧阳修《集古录》、宋沈括《梦溪笔谈》、宋赵明诚《金石录》中均可见到。二兽分别铭"天禄"和"辟邪"。1981年的一篇考古报道中称1959年原石于南阳卧龙岗被发现，这两件石兽现存于南阳汉画像石博物馆③，但这两件石兽是否为宗资墓石兽尚有很大的疑问④。不过，看作东汉遗存是正

---

① 杨宽：《中国古代陵寝制度史研究》，上海：上海古籍出版社，1985年，第153页。
② 蒋赞初：《南京东晋帝陵考》，《东南文化》1992年第3、4期，注释34。
③ 傅天仇主编：《中国美术全集·雕塑编》第2册《秦汉雕塑》，北京：人民美术出版社，1985年，第88、89页。
④ 杨晓春：《南阳汉宗资墓石兽的历史记载与现状》，《考古与文物》2004年增刊。

确的。就造型论，南朝帝陵石兽有与之绝似者，如丹阳前艾庙齐武帝陵、仙塘湾齐景帝陵石兽。墓前石兽刻铭"天禄""辟邪"的还见于东汉州辅墓，在今河南南阳附近，石刻已不存，见录于《水经注》卷三十一《淯水》、《金石录》卷十五"汉州辅墓石兽膊字"条。此类石兽在南阳①和叶县②均有发现，但均较小，亦无题铭。洛阳涧西区出土的两件石兽均双角，作行进状，肩生双翼，长颈。有学者认为是南北朝时物③，有学者认为属于东汉④。四川芦山县石马坝发现的一件石兽为肩生双翼、头生一角⑤，和洛阳涧西区石兽应属于同一类。据以上文献、实物两方面的材料，可见东汉时河南地区流行使用单角、双角各一的石兽，几乎都在墓前，其中又以东汉末年南阳地区最为集中。

《南齐书》载南朝宋时由襄阳得石兽，南阳与襄阳相距不远，西晋以来士人南渡时，由南阳至襄阳者为数不少⑥，南阳石兽的做法（卧龙岗石兽是其中的典型）可能就是在移民过程中传到襄阳的。由此看来，当时石兽做法的传播是从南阳经过襄阳再到建康。

渊源于东汉末南阳一带说不错，但东汉末至南朝初年尚有二百多年，宋初是依据前代的旧迹，还是依据襄阳一地墓葬用石兽呢？由于现在南阳、襄阳一带尚未发现两晋时的墓葬神道石兽，所以尚难判断，但依对南朝陵墓石柱来源的初步认识，两晋时期襄阳一带的墓葬很可能是使用石兽的。

---

① 周到、吕品：《略谈河南发现的汉代石雕》，《中原文物》1981年第2期。
② 杨爱玲：《河南叶县发现的东汉石兽——兼谈汉晋的陵墓华表》，《中原文物》1981年第2期。
③ 《河南洛阳发现的南北朝石刻辟邪及其题记》，《文物参考资料》1954年第10期。
④ 杨泓：《美术考古半世纪——中国美术考古发现史》，北京：文物出版社，1997年，第121页。
⑤ 陶鸣宽、曹恒钧：《芦山县的东汉石刻》，《文物参考资料》1957年第10期。
⑥ 万绳楠整理：《陈寅恪魏晋南北朝史讲演录》，合肥：黄山书社，1987年，第126—127页。

对于南朝帝陵神道石兽来源的认识有助于我们判断南京周围现存石兽遗存的墓主与时代。比如南京东郊麒麟铺的一对石兽,学界都认为属于宋武帝初宁陵。从石兽造型的发展来看,南朝早期的石兽应该更接近南阳石兽,南阳石兽给人以灵动活泼的感觉,但麒麟铺石兽造型丰满粗壮,其不应是宋初之物。

图一 南朝梁萧景墓石兽

南朝王侯墓神道石兽(图一)不同于南朝帝陵石兽以及更早的东汉石兽。蔡鸿生先生认为其伸舌的特点是印度风格的狮子"吐赤白舌"的反映,狮子的这种特点到唐代已不见。[①] 其所引可见印度风格狮子的文献为《涅槃经》卷二十五,但遍检今存卷数超过二十五卷的各种《涅槃经》,都未发现同样的记载,后在南朝梁时僧人僧旻、宝唱等所集的一部佛教类书《经律异相》中找到:

师子王生住深山大谷,方颊巨骨,身肉肥满,头大眼长,眉高而

---

① 蔡鸿生:《唐代九姓胡与突厥文化》,北京:中华书局,1998年,第201—203页。

广，口鼻哆方，齿齐而利，吐赤白舌，双耳高上，修脊细腰，其腹不现，六牙长尾，鬓髦光润，自知气力，牙爪锋铓，四足据地，安住岩穴，振尾出声。若有能具如是相者，当知真师子王。……（注：出《涅槃经》第二十五卷，又出《大智度论》。）①

不仅是"吐舌"，其他如"身肉肥满""口鼻哆方""齿齐""双耳高上""长尾""四足据地"等，都是南朝王侯墓石兽的特点。可以说，南朝王侯墓石兽是印度风格的狮子形象。而现在所见南朝时期墓葬中带有自铭的狮子形象正是粗颈、伸舌、小立耳。② 这些墓葬中的狮子和地面神道上的石兽都同样起着守护、辟邪的作用。

二、南朝陵墓神道石柱的渊源

现存南朝陵墓神道石柱的结构几乎完全一致，以南京尧化门外的梁萧景墓石柱保存最为完整（图二）。这些柱子均由柱头、柱身、柱础三部分组成。柱子上部有一长方形刻文石块——"石榜"，以指明墓主身份；石榜下置一小方石；圆形柱身纹饰上下不同，上为凸出的直瓜楞纹，下为凹下的直楞纹，中间以一圈绳索纹和一圈交龙纹相分隔；柱头为饰莲花纹的圆盖，上蹲一小兽，类似王侯墓神道石兽；柱础上圆下方，圆的部分雕一对两首相对的有翼神兽。

神道石柱的名称，宋代以来多用墓表、表、墓阙、阙。金石学家注重有文字的器物，而汉代的墓阙与汉、晋、南朝的陵墓石柱的题铭大致相同，亦称神道，所以近代的金石学家把南朝的陵墓石柱也称作阙。

---

① 〔南朝梁〕僧旻、宝唱等撰集：《经律异相》卷四十七《杂兽畜生部上》"师子王有十一胜事二"条，影《影印宋碛砂版大藏经》本，上海：上海古籍出版社，1995年，第249页上。

② 罗宗真：《南京西善桥油坊村南朝大墓的发掘》，《考古》1963年第6期。南京博物院：《江苏丹阳县胡桥、建山两座南朝墓葬》，《文物》1980年第2期。

图二　南朝梁萧景墓石柱

叶昌炽《语石》、柯昌泗《语石异同评》中的石阙兼指我们现在所称的石阙和石柱,故柯氏谓"石阙大较两式:有为柱形而直书之者,蜀中汉阙也;有石形正方而分行书之者,金陵梁阙也","降至魏晋,石阙式皆方石,其式上下当有柱以贯之,即古桓表之制"。随后述及自汉至北朝的石柱十一例,其中属于汉晋时期的有九例①:汉琅邪相刘君阙、西晋韩寿阙、东晋杨阳阙、西晋太康五年(公元284年)安邱长城阳王君阙、河南孟县西晋振威将军郁林太守赵君阙、洛阳曹魏骑督平寇将军关中侯广平曲梁苏君阙、曹魏长安典农中郎将谢君阙、曹魏钜鹿公邱长钜鹿霍君阙、洛阳西晋虎牙将军王君阙(时代据其他的金石著作作了一些补充)。这是金石书中有关汉晋时期墓葬神道石柱最为集中的记载,但大多只是提及,只有晋虎牙将军王君石柱描述较详细:"丁卯春日,洛阳郭玉堂为予致晋王君表两石。其石高二寸,广三寸许。文曰晋故虎牙将军王君表,为神道阙之最小者。郭言出土时尚有两圆柱承其下,以无字未并携取。"

文献中关于汉晋时期墓葬神道石柱的记载主要见于《水经注》,有十多例。分布地域以河南为多,另有安徽、河北、陕西等地。时代以东汉后期居多,也有两例属西晋时期。但极少谈到石柱的具体形制,只有司马士会墓石柱描述较详:

> 过水南有谯定王司马士会冢,冢前有碑,晋永嘉三年(公元309年)立。碑南二百许步,有两石柱,高丈余,半下为束竹交文,作制工巧。石榜云:晋故使持节、散骑常侍、都督扬州江州诸军事、安东大将军、谯定王河内温司马公墓之神道。②

---

① 叶昌炽撰,柯昌泗评,陈公柔、张明善点校:《语石·语石异同评》卷五,北京:中华书局,1994年,第346—347页。
② 〔北魏〕郦道元注,杨守敬、熊会贞疏:《水经注疏》卷二十三《阴沟水》,南京:江苏古籍出版社,1999年,第1950—1951页。

文献中明确使用"石榜"指称柱上的刻文方石。

宋代赵明诚《金石录》卷十九"汉逢府君墓石柱篆文"条①、陈思辑《宝刻丛编》卷一《京东东路·潍州》"汉博士赵傅逢君神道二"条②所载西汉后期逢君墓的双石柱是现在所知墓葬神道用石柱的较早实例。由此可知神道石柱最早使用于西汉，东汉时期已较为流行。

汉、晋墓葬神道石柱遗存现存五例③：北京东汉永宁二年（公元121年）幽州书佐秦君石柱④、山东历城汉琅邪相刘君石柱⑤、河南博爱西晋乐安相苟府君石柱⑥、洛阳西晋永宁元年（公元301年）散骑常侍骠骑将军韩寿石柱⑦、重庆巴县东晋隆安三年（公元399年）巴郡察孝骑都尉杨阳石柱⑧。

北京幽州书佐秦君石柱是北京西郊一座汉墓神道石刻的一部分。其中石柱有两件，形制、大小几乎完全相同，为圆柱形，高2.25米，下有圆榫，柱身可分两段，中以一圈覆莲隔开，上半段为两虎伏于柱身、托承

---

① 〔北宋〕赵明诚撰，金文明校证：《金石录校证》卷十九，上海：上海书画出版社，1985年，第350页。

② 〔南宋〕陈思辑：《宝刻丛编》卷一，清吴式芬校刻本第一册，第40页。

③ 还有一些现在只保存有石榜拓片的石柱资料：河南安阳三国魏长安典农中郎将谢君石柱、三国魏公丘长霍君石柱、山东安丘西晋太康五年（公元284年）安丘长王君石柱、河南孟县西晋振威将军郁林太守赵君石柱、洛阳西晋虎牙将军王君石柱（石榜拓片见北京图书馆金石组编：《北京图书馆藏中国历代石刻拓本汇编》第二册，郑州：中州古籍出版社，1989年）。这些资料都是《语石》《语石异同评》二书曾提到的。

④ 北京市文物工作队：《北京西郊发现汉代石阙清理简报》，《文物》1964年第11期。

⑤ 王献唐：《汉琅邪相刘君墓表》，《山东省立图书馆季刊》第1卷第1期，1931年。滕固：《六朝陵墓石迹述略》，载中央古物保管委员会编辑、朱希祖总编辑：《六朝陵墓调查报告》，南京：古物保管委员会，1935年。

⑥ 刘习祥、张英昭：《博爱县出土的晋代石柱》，《中原文物》1981年第1期。

⑦ 黄明兰：《西晋散骑常侍韩寿墓墓表跋》，《文物》1982年第1期。

⑧ 〔日〕曾布川宽著，傅江译：《六朝帝陵——以石兽和砖画为中心》，南京：南京出版社，2004年，第9页。

石榜，阳刻"汉故幽州/书佐秦/君之神道"，字在隶篆之间，下半段有下凹直楞纹。① 同出有两件形制相似的石础，近方形，中部有孔，孔外侧雕伏虎一对，首尾相逐。据柱孔与柱榫的大小可知其中一件正与发现的柱身相配。据同出方形石柱（石阙构件）上的题铭"永元十七年四月□令改元元兴元年（公元105年）□十月鲁工石巨宜造"可推知圆形石柱及柱础为东汉中期之物。由此可知早在东汉中期就已经有了将柱面做成凹楞纹的做法，而南朝石柱凹楞纹应源自东汉中期。

山东历城汉琅邪相刘君石柱上端直径约0.38、下端直径约0.36、残高约2.13米。柱身雕凸出直楞纹，上端出榫，石榜设于近柱身上端处，石榜下为双螭拱蟠，又有绳索纹二圈。石榜左右两侧已残毁，中间一行"邪相刘"三字残存，篆文阴刻。以往学者对石榜文字复原的意见不一，据《宝刻丛编》"汉故琅琊相王君神道"条②以及本文所举其他的石柱材料，可以推测为"汉故琅/邪相刘/君神道"九字。根据王献唐先生对榜文所见刘君的考证意见，此柱的年代大约为延熹八年（公元165年）。

博爱县所出西晋苟君石柱柱头已缺失。柱身为圆形，直径0.3、高3.1米，上部嵌一方石，阴刻"晋故乐/安相河/内苟府/君神道"，篆书。柱身分为上、下两段，上段雕凸出的直楞纹三十六道，下段为十六道直楞平纹，上、下段之间为一圈绳索纹。柱础高0.31米，分为上、下两层，上层为覆盆形，下层为方形。就其柱身、柱础的总体造型而论，南朝陵墓神道石柱与之极其类似，只是南朝石柱比博爱西晋石柱雕饰更为精美。河南叶县曾发现一对小型石兽，完整的一件身长43、高40厘米，昂首挺胸，作行走状，尾下垂，立于圆形底座之上，底座下有深5、直径

---

① 孙机《汉代物质文化资料图说》中有"石柱下半部镌凹楞纹"（北京：文物出版社，1991年，第417页）。

② 《宝刻丛编》卷一"汉故琅琊相王君神道"条，注"篆文九字"，大约应该就是"汉故琅琊相王君神道"九字，不知此柱与刘君石柱有无关系。

12厘米的圆孔,正好可以扣合设有榫头的石柱。[①] 南朝石柱也是通过设石卯、石榫来扣合柱头与柱身。

韩寿石柱残存柱身上半部分,直径 0.33、残高 1.13 米,柱身雕凸出的直楞纹,顶部出榫,柱身上端为绳索纹,石榜设于近柱身顶端,石榜下亦为一道绳索纹。石榜左右两侧残,刻文为"晋故散骑常/侍骠骑将军/南阳堵阳韩/府君墓神道",阴刻,隶书。

杨阳石柱残存包括石榜在内的柱子上端,石榜宽 0.44、残高 0.82 米。铭文为"晋故巴郡察孝骑/都尉枳杨府君之/神道/君讳阳字世明涪/陵太守之曾孙/隆安三年岁在己/亥十月十一日立",阴刻,隶书。柱身刻凸楞纹,顶端出榫,柱身上端为绳索纹。柯昌泗《语石异同评》记载:"(石榜)下作二人形承之。"[②] 南京甘家巷萧秀墓西柱石榜下刻成二人托起石榜(图三),和杨阳石柱大略采用了同样的装饰方法,可见南朝石柱的这种装饰法应该来自更早的时期。

图三　南朝梁萧秀墓石柱双人托承石榜纹饰

[①] 杨爱玲:《河南叶县发现的东汉石兽——兼谈汉晋的陵墓华表》,《中原文物》1981年第2期。
[②] 叶昌炽撰,柯昌泗评,陈公柔、张明善点校:《语石·语石异同评》卷五,北京:中华书局,1994年,第347页。

汉、晋时期石柱的形制总体而言是一脉相承的，但细部的做法却又有所不同。由柱身刻一圈环绕的绳索纹，可以推测石柱来源于积小材为大材的木、竹柱。山东青州博物馆藏有一圆形汉画像石柱，周长1.39、高2.34米，柱上浮雕花纹，花纹自上而下可分为四部分，其中第二部分是束竹柱，有些地方的竹节依然清晰可辨，与第一、三部分以绳索纹隔开，此柱被认为是东汉晚期之物。[1] 但此柱非神道石柱，不见石榜。石榜应来源于钉在木柱上的用于写字的木板，其模仿的痕迹很明显。积材所得的柱身形象必定是凸出的瓜楞直纹，这也是我们现在所见东汉至南北朝时期的石柱柱身大多刻成凸出的瓜楞直纹或部分刻成凸出的瓜楞直纹的缘故。但秦君石柱却作凹楞纹，这显然不是石柱最初的形制，凹楞纹不会见于实际使用中的木、竹柱。另外，秦君石柱也不见捆扎柱身的绳索纹，而这种纹饰的柱子在西方却是源远流长[2]，因此秦君石柱的凹楞纹应是外来纹饰。除去秦君石柱，东汉石柱柱身纹饰不分上、下段而用凸楞纹，可以刘君石柱为例。西晋石柱柱身纹饰有分上、下段的，如苟君石柱、司马士会石柱等。南朝石柱柱身纹饰均为分段式。从柱身纹饰不分段到分段的变化看，柱身纹饰分作上、下两段，正是为了在凸楞纹之外安排另一种纹饰的需要，甚至可以认为主要是为了安排凹楞纹的需要。

两晋时期南方的墓葬神道石柱见于文献的尚有冠军将军史侯墓石柱，《宝刻丛编》卷十五《江南东路·建康府》"晋冠军将军史侯墓石柱"条引《诸道石刻录》曰："晋冠军将军中校尉北中郎将五兵尚书□□刺史史侯墓石柱在溧阳。"[3]《宝刻丛编》细目以时间先后为序，"晋冠军将军史侯石柱"条列在隆安三年（公元399年）东晋谢重墓志之后，所以，史侯墓石柱应是东晋之物。《石刻题跋索引》把史侯石柱列于晋末，应也

---

[1] 青州博物馆编：《青州博物馆》，北京：文物出版社，2003年，第173页。
[2] 距中国比较近的波斯的古代建筑使用凹楞纹石柱的材料，可以参考 Jay Gluck ed., *Persian Architecture*, Tehran: Soroush Press, 1976.
[3] 〔南宋〕陈思辑：《宝刻丛编》卷十五，第七册，第4页。

是根据《宝刻丛编》中的次序。① 这么看来,东晋统治中心区域一带的墓葬有使用石柱的现象。南朝初年的陵墓石柱取法襄阳石柱,襄阳石柱应有别于一般石柱。

现在可见柱顶形象的是梁代的王侯墓石柱,用类似于神道石兽的伸舌的小石兽。最初获取神道石刻用于帝陵时,大概还未制定专用于王侯墓的石刻制度,后来作等级上的区分,在原有神道石兽形制的基础上参考印度的狮子形象创制出一种适用于王侯墓的石兽,随后或者同时这种石兽又为王侯墓石柱石兽所模仿。宋孝武帝于襄阳致石刻时,其中的石柱和现存的南朝陵墓石柱应不同。南朝帝陵石柱现在只存丹阳梁文帝萧顺之建陵的一对(其一已经伏倒),形制与王侯墓石柱大抵相同,可惜柱顶小兽已失,当为蹲兽之类。

南朝陵墓石柱柱顶的立兽模仿了王侯墓神道石兽,应也含有佛教文化的因素。

综合以上,可知南朝陵墓神道石柱的渊源,主要有以下几方面:

1. 南朝陵墓用石柱之制最早可上溯到西汉晚期,东汉中期至东晋时,南方有的墓葬仍沿用这样的做法;

2. 中国墓葬神道石柱的直接来源是竹、木柱,所以柱身纹饰是凸棱纹;

3. 西方的石柱形式在东汉中期开始影响中国,尤其是其中柱身刻凹棱纹的做法(或许大量使用石柱的风尚也是受到西方的影响);

4. 后来在原有柱身纹饰的基础上又增加了凹棱纹,形成上、下两段纹饰。两种纹饰综合使用可能在西晋已经开始,但现在尚未见到实物;

5. 南朝初年由襄阳获取新石柱形制的原因是南方原有的石柱并不是柱身使用凹棱纹,或许也不是西晋习见的柱身饰两段纹饰的形制,还保留着汉代的形制;

---

① 杨殿珣:《石刻题跋索引》,上海:商务印书馆,1957年,第29页。

6. 南朝石柱在襄阳石柱的基础上又作了一些雕饰上的改进,在柱顶加上印度式狮子,柱盖饰以莲瓣纹,这是由于南朝佛教盛行所致。

三、南朝陵墓神道石刻种类组合的渊源

陵墓地表用石刻之制,现在可确知起于西汉,东汉末年流行,而曹操、曹丕父子之后有薄葬之风,地表石刻被禁用。《宋书·礼志》记载:

> 汉以后,天下送死奢靡,多作石室、石兽、碑铭等物。建安十年(公元205年),魏武帝以天下雕弊,下令不得厚葬,又禁立碑。魏高贵乡公甘露二年(公元257年),大将军参军太原王伦卒,伦兄俊作《表德论》,以述伦遗美,云"祇畏王典,不得为铭,乃撰录行事,就刊于墓之阴云尔"。此则碑禁尚严也。此后复弛替。
>
> 晋武帝咸宁四年(公元278年),又诏曰:"此石兽碑表,既私褒美,兴长虚伪,伤财害人,莫大于此。一禁断之。其犯者虽会赦令,皆当毁坏。"至元帝太兴元年(公元318年),有司奏:"故骠骑府主簿故恩营葬旧君顾荣,求立碑。"诏特听立。自是后,禁又渐颓。大臣长吏,人皆私立。义熙中(公元405—418年),尚书祠部郎中裴松之又议禁断,于是至今。①

但事实上地表石刻是无法完全禁止的,文献反映的正是禁而不止的情形,《水经注》中对此时期墓葬遗存的记载也正说明了这种情况。

现存南北朝之前的陵墓神道石刻多数属于东汉末年。东汉末年,石祠、石兽、石碑或石阙、石兽、石碑组合常见,也有少量用石兽、石碑、石柱的,如河南获嘉县汉桂阳太守赵越墓有石碑、柱、牛、虎、羊等②。

---

① 《宋书》卷十五,第407页。
② 〔北魏〕郦道元注,杨守敬、熊会贞疏:《水经注疏》卷九《清水》,第812页。

总之,东汉墓葬所用石刻种类繁多,尚未统一。西晋以来的一个大变化在于石阙、石祠的逐渐废除,但石祠在西晋末年仍有使用,如西晋永嘉四年(公元310年)汉阳太守殷济于司马迁墓前"建石室"[①]。

石阙和石柱指示神道的功能是相同的,汉代有单用石阙的,有单用石柱的,也有并用石阙和石柱的,如河南新密市汉弘农太守张伯雅墓[②]、鲁山县东汉中平四年(公元187年)安邑长尹俭墓[③]。

由晋武帝咸宁四年诏,可见西晋初年陵墓神道石刻的习见做法是用"石兽碑表"。"表"之所指不固定,有时指碑,前引东汉哀帝景君墓碑、西晋惠帝帛仲理墓碑即是;有时则指柱,石柱称"表"起源很早[④],"华表"一称沿用至今,两晋时称石柱为表的实例有西晋虎牙将军王君石柱,现有遗存和文献记载有关西晋用石柱的例子很多,"表"的本意即"标明",以此称具有指明神道所在功能的石柱是很合适的。《水经注》屡屡以"碑志"称碑,而用"碑表"称碑则少见。可知西晋初年的神道石刻已习用石兽、石碑、石柱三种。

因而,就陵墓神道石刻的组合而言,南朝陵墓神道石刻用石兽、石柱、石碑的做法可以上溯到西晋,而同样的做法在东汉末年已见端倪,但汉、晋时期不如南朝那样整齐。东汉时,神道石刻固定组合只是偶见,西晋初年则已渐成主流。

东晋时期的帝陵神道石刻至今未见,故有学者以为东晋帝陵不用神道石刻。不过有一般墓葬用石刻的例子,数量很少,且大都在政治中心地区之外。大约东晋墓葬神道用石刻未成制度,对南朝亦无甚影响。

---

① 〔北魏〕郦道元注、杨守敬、熊会贞疏:《水经注疏》卷四《河水》,南京:江苏古籍出版社,1999年,第293页。

② 〔北魏〕郦道元注、杨守敬、熊会贞疏:《水经注疏》卷二十二《洧水》,南京:江苏古籍出版社,1999年,第1835页。

③ 〔北魏〕郦道元注、杨守敬、熊会贞疏:《水经注疏》卷三十一《滍水》,南京:江苏古籍出版社,1999年,第2588页。

④ 冯君实:《华表的起源与演变》,《社会科学战线》1979年第4期。

四、结语

总体而论，南朝陵墓神道石刻从种类组合到风格都是沿袭汉、晋时期中原地区的做法，没有大的变化。两晋之际，北方诸族入主中原，造成大批士人南渡，于是东晋南朝成为汉、晋文化延续之地，陈寅恪先生有"江左承袭汉、魏、西晋之礼乐政刑典章文物"[1]之说。通过对南朝陵墓神道石刻的渊源的探讨可知，汉、晋、南朝时期的中国文化是一脉相承的。

南朝陵墓石刻在艺术表现上较汉、晋时期更为生动，尤其是吸收了佛教艺术的一些做法，如王侯墓石兽模仿印度式的狮子、石柱盖作莲花纹。南朝陵墓神道石刻制度之整齐也是前代不见的。

附记：青州石柱的材料得到审稿者的提示，并承南京市博物馆张瑶女士代为复制，谨此致谢。

（原刊《考古》2006 年第 8 期）

---

[1] 陈寅恪：《隋唐制度渊源略论稿 唐代政治史述论稿》，北京：生活·读书·新知三联书店，2001 年，第 3 页。

南京麒麟铺石兽墓主问题的再研究

今天南京东郊麒麟镇(麒麟门)东北麒麟铺还保存着南朝帝陵神道石兽一对,列置于麒麟铺路两旁(图四)。二者均为公兽,其中一件双角,腿残,身体长近3米;另一件单角,头部残,身体长约3米许。20世纪30年代,朱希祖先生前往考察时,"在陵左者,倒于水塘边,已不全;在陵右者,尚完整未倒,惟头顶缺"[1]。现在的模样系1956年整修加固的结果,相较原有位置稍有偏移。

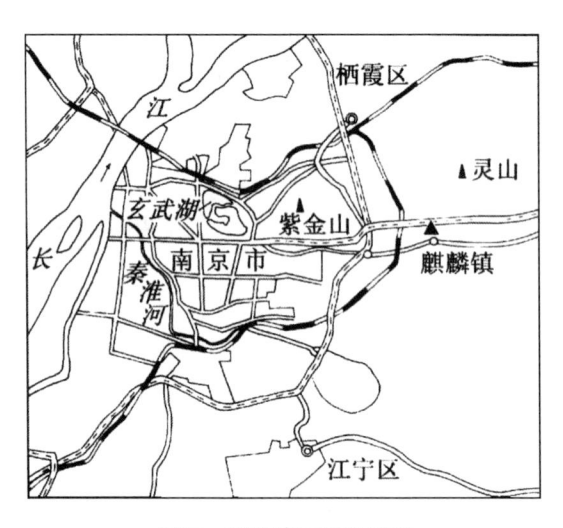

图四 麒麟铺石兽位置图

---

[1] 朱希祖:《六朝陵墓调查报告书》,载中央古物保管委员会编辑委员会编辑、朱希祖总编辑:《六朝陵墓调查报告》,南京:中央古物保管委员会,1935年,第22页。

自朱希祖先生以来，朱偰、姚迁、古兵、林树中、罗宗真、曾布川宽等多位学者都认为麒麟铺石兽属于南朝宋武帝刘裕初宁陵。现在立于石兽旁的全国重点文物保护单位的标牌也直接写明其为宋武帝刘裕初宁陵石兽，一般的图册以及介绍书籍中也是这么写的。此外，也有少数学者认为麒麟铺石兽属于位置与初宁陵相去不远的宋文帝刘义隆长宁陵。

朱希祖先生引录了《建康实录》《元和郡县图志》《六朝事迹编类》等记载初宁陵位置的唐、宋时期的文献，但他的判断主要依据《元和郡县图志》中关于初宁陵位于蒋山（即钟山）东南的记载。[①] 朱偰[②]、姚迁和古兵[③]、林树中[④]几位先生未作具体论证。罗宗真先生亦未作具体论证，但他曾对与初宁陵位置接近的宋文帝长宁陵的位置作过专门研究，认为《建康实录》《元和郡县图志》《六朝事迹编类》等的记载并不一致，《建康实录》《六朝事迹编类》记载其在上元县东北，《元和郡县图志》记载其在蒋山东南，因而并不能依据这些文献来确定长宁陵的位置；而根据《南齐书·豫章文献王传》的记载，通过对萧嶷宅第位置的考察，提出萧嶷在县东北十五里的宅第位于长宁陵旁，即长宁陵位于县东北十五里处；并进一步提出今栖霞山西南狮子冲的一对石兽为长宁陵石兽，而长宁陵原有石兽被齐武帝迁走后已毁、现有石兽系齐梁工匠补刻的看

[①] 朱希祖：《六朝陵墓调查报告书》，载中央古物保管委员会编辑委员会编辑、朱希祖总编辑：《六朝陵墓调查报告》，南京：中央古物保管委员会，1935年，第21页。

[②] 朱偰：《六朝陵墓总说》（正文中题作《六朝陵墓调查报告》），载中央古物保管委员会编辑委员会编辑、朱希祖总编辑：《六朝陵墓调查报告》，南京：中央古物保管委员会，1935年，第91页。但在同年出版的《建康兰陵六朝陵墓图考》一书中简单地提到麒麟铺石兽作风古朴，因而认为其时代较早（朱偰：《建康兰陵六朝陵墓图考》，北京：中华书局，2006年，第26页）。

[③] 姚迁、古兵编著：《南朝陵墓石刻》，北京：文物出版社，1981年，图版说明第1页。

[④] 林树中编著：《南朝陵墓雕刻》，北京：人民美术出版社，1984年，第41页。

法。① 虽然我也认为不能接受罗宗真先生的结论，狮子冲石兽无论从其位置还是风格来看，都应看作是陈文帝陵石兽为宜，但他指出的文献中关于长宁陵位置（差不多也即初宁陵位置）记载的不同是很值得认真考虑的，这是朱希祖先生已发现的问题，而轻易放弃古代文献的记载不作考虑也非明智之举。日本学者曾布川宽先生基本上倾向于麒麟铺石兽为初宁陵石兽的观点，但也未作具体论证，不过他对《元和郡县图志》关于初宁陵位于蒋山东南的记载也是认可的。②

早在1912年，上海徐家汇司铎天主教士张璜（Mathias Tchang）著《梁代陵墓考》（*Tombeau des Liang, Famille Siao*），1930年出版了汉译本，书中关于南京八朝帝陵的列表中，就把宋武帝初宁陵定在蒋山、宋文帝长宁陵定在蒋山麒麟门。③ 在该书的第七章《萧顺之墓》的第五节中，又因欧阳修的《集古录》、陆游的《入蜀记》等文献把丹阳的梁文帝陵误认为宋文帝陵，而在注释中再次说明宋文帝长宁陵在蒋山麒麟门④。该书附《丹阳、南京地图》，将宋长宁陵标注在麒麟门和其东不远处的高黄村之间。朱希祖先生在《六朝陵墓调查报告书》中提到了这一情况，"张璜《梁代陵墓考》附《金陵陵墓古迹全图》，麒麟门载有宋武帝初宁陵，石兽尚存，又附《南京附近历代陵墓图》，麒麟门高黄村有宋长宁陵，特注法文曰宋文帝墓。余亲至麒麟门麒麟铺宋武帝陵，问之土人，均云，附近无石麒麟，亦无所谓高黄村。而德国哲学博士梅慈纳遂

---

① 罗宗真：《六朝考古》，南京：南京大学出版社，1994年，第72—74页。

② 〔日〕曾布川宽著，傅江译：《六朝帝陵——以石兽和砖画为中心》，南京：南京出版社，2004年，第3、9—10、138—140页。

③ Mathias Tchang, *Tombeau des Liang, Famille Siao*, Ière Partie, Siao Choen-Tche, Chang-Hai: Imprimeriedela Mission Catholique, Ophelinat de T'ou-Sè-Wè, 1912, p. 7.

④ a. Mathias Tchang, *Tombeau des Liang, Famille Siao*, Ière Partie, Siao Choen-Tche, Chang-Hai: Imprimeriedela Mission Catholique, Ophelinat de T'ou-Sè-Wè, 1912, p. 46.

b. 张璜著，李卓译，廖德珍覆勘，叶恭绰删订：《梁代陵墓考》，上海：土山湾印书馆，1930年，第11页。

以麒麟门麒麟铺之陵为宋文帝长宁陵"[①]。朱希祖先生认为张璜的记述是有讹误的，而梅慈纳认为麒麟铺之陵为宋文帝长宁陵就是由张璜而来的。朱希祖先生所谓张璜书中附的《金陵陵墓古迹全图》我只在汉译本中查到（南京大学藏法文本目录中有此图名称，但书中无，应该是缺页）；而所谓《南京附近历代陵墓图》为汉译本中的名称，即原书的《丹阳、南京地图》，确未标出宋武帝初宁陵。根据前述列表中"蒋山"与"蒋山麒麟门"的细微差异，我推测，张璜认为麒麟门东的石兽（当即麒麟铺石兽）是属于宋文帝长宁陵的。最近，王志高先生对麒麟铺石兽为宋文帝长宁陵之说进行了重新研究，他注意到《六朝事迹编类》所引《图经》记长宁陵的位置相对于县治较初宁陵为远，再因《六朝事迹编类》记初宁陵在蒋庙附近，而参考宋元以前蒋庙的位置推测，初宁陵在今钟山东南的马群，长宁陵更在初宁陵之东，于是提出在马群之东的麒麟镇稍北的麒麟铺石兽为长宁陵的看法。[②]

经过对文献记载的宋武帝初宁陵、宋文帝长宁陵地望的进一步分析，以及对现存的麒麟铺石兽的风格与南朝宋之前和之后的陵墓神道石兽风格的比较，我认为麒麟铺石兽并不是宋武帝初宁陵、宋文帝长宁陵的神道石刻。下文就这两个方面分别进行论述，并在最后对麒麟铺石兽墓主作初步的推测。

一、麒麟铺石兽不合于文献记载中的初宁陵、长宁陵的位置

文献中记载宋文帝长宁陵与宋武帝初宁陵相去不远，故将有关二陵位置的文献资料一并抄录，列成表格（表一），以便比较。

[①] 朱希祖：《六朝陵墓调查报告书》，载中央古物保管委员会编辑委员会编辑、朱希祖总编辑：《六朝陵墓调查报告》，南京：中央古物保管委员会，1935年，第21页。

[②] 王志高：《南京麒麟铺南朝陵墓神道石刻墓主新考》，《南京晓庄学院学报》2006年第2期。

表一　宋武帝初宁陵、宋文帝长宁陵位置的文献记载

	宋武帝初宁陵	宋文帝长宁陵	说明
《宋书》	葬丹阳建康县蒋山初宁陵。①		
《建康实录》	葬丹杨建康县蒋山初宁陵（注：在县东北二十里，周围三十五步，高一丈四尺）。②	葬长宁陵。陵在今县东北二十里，周回三十五步，高一丈八赤（尺）。③	注文中的县指唐江宁县，然治所同后来的唐上元县。
《元和郡县图志》	宋武帝刘裕初宁陵、文帝义隆长宁陵，并在县东北二十二里蒋山东南。④		县指唐上元县。
《太平寰宇记》	宋高祖陵在县东北一十里。⑤		县指宋上元县。高祖为宋武帝庙号。
《六朝事迹编类》	葬蒋山初宁陵。⑥《建康实录》："宋高祖永初三年，葬初宁陵，隶丹阳建康县。"《蒋山图经》云："在县东北二十里。"政和间，有人于蒋庙侧得一石柱，题云：初宁陵西北隅。以此	《建康实录》："宋文帝元嘉三十年葬长宁陵。"《图经》云："隶县东北二十五里，与武帝陵相近。"今未详所在。⑦	县指宋上元县。政和间事为《蒋山图经》所引还是《六朝事迹编类》所引，不易确定。宋文帝陵条中的"今未详所在"为张敦颐按语——《六朝事迹编类》记古迹时多云

---

① 《宋书》卷三，中华书局校点本，第59页。《南史》所记与之相同。
② 〔唐〕许嵩撰，张忱石点校：《建康实录》卷十一，北京：中华书局，1986年，第389页。
③ 〔唐〕许嵩撰，张忱石点校：《建康实录》卷十一，北京：中华书局，1986年，第450页。
④ 〔唐〕李吉甫撰，贺次君点校：《元和郡县图志》卷二十五，北京：中华书局，1983年，第597页。
⑤ 〔北宋〕乐史撰：《太平寰宇记》卷九十，旧学山房刻本，叶13下。影印文渊阁四库全书本所记与之相同。
⑥ 〔南宋〕张敦颐撰，王进珊校点：《六朝事迹编类》卷一，南京：南京出版社，1989年，第6页。
⑦ 〔南宋〕张敦颐撰，王进珊校点：《六朝事迹编类》卷十三，南京：南京出版社，1989年，第101页。

(续表)

	宋武帝初宁陵	宋文帝长宁陵	说明
	考之,其坟当去蒋庙不还(远)。①		"今"时的情形,准此,则宋武帝陵条中的"以此考之,其坟当去蒋庙不远"也似为张敦颐按语,又政和去《六朝事迹编类》写作的时间不远,那么,政和间事当为《六朝事迹编类》所引。
《景定建康志》	在县东北二十里(注:旧志)。②	在县东北二十五里,与武帝陵相近(注:旧志)。③	县指宋上元县。旧志指南宋乾道时的《建康志》。④

《南齐书·豫章文献王传》记载:

上(齐太祖)数幸嶷第。宋长宁陵隧道出第前路,上曰:"我便是入他冢墓内寻人。"乃徙其表阙骐驎于东岗上。骐驎及阙,形势

---

① 〔南宋〕张敦颐撰,王进珊校点:《六朝事迹编类》卷十三,南京:南京出版社,1989年,第100—101页。

② 〔南宋〕马光祖修,周应合纂:《景定建康志》卷四十三《风土志二·古陵》,《宋元方志丛刊》第2册影清嘉庆六年(公元1801年)金陵孙忠愍祠刻本,北京:中华书局,1990年,第2020页。影印文渊阁四库全书本无"旧志"二字,不当。

③ 〔南宋〕马光祖修,周应合纂:《景定建康志》卷四十三《风土志二·古陵》,《宋元方志丛刊》第2册影清嘉庆六年(公元1801年)金陵孙忠愍祠刻本,北京:中华书局,1990年,第2020页。影印文渊阁四库全书本无"旧志"二字,不当。

④ 据《四库全书总目提要》,《景定建康志》系合乾道、庆元二志并增补庆元后事而来,《直斋书录解题》录有乾道《建康志》十卷、庆元《建康续志》十卷,景定志当系此二志而来,庆元志既云续志,则景定志此处所注"旧志"应以乾道为宜。[参考李致忠:《宋代图书编纂出版纪事——图经地理(南宋)》,《文献》2005年第1期。]

甚巧,宋孝武于襄阳致之,后诸帝王陵皆模范而莫及也。[①]

可见,在南朝齐时宋文帝长宁陵的神道石刻有所移动,但显然不会迁移太远,况且现在所依据的文献都是长宁陵神道石刻移动之后的记录。因此,我们在考虑宋武帝初宁陵、宋文帝长宁陵位置时,可以不考虑长宁陵神道石刻曾经移动过这一因素,而是应该看到二陵位置相近。又因初宁陵先有,所以文献在描述长宁陵位置时常说它在初宁陵附近。

从表一所列的文献记载中,首先可以看到:去南朝宋时间不远、成书于梁的《宋书》揭示了初宁陵处于蒋山(至少是蒋山之侧很近的地方)这一重要而且可靠的信息。总体看来,各时期文献记载虽小有差异,但其间的一致性是主要的,我想这一点提示我们:传世的唐、宋时期有关宋武帝初宁陵以及宋文帝长宁陵位置的文献材料是可以利用的。而且通过比较,还可以进一步发现:宋人的记载与唐人的记载有所差异。其一,唐人以为二陵在一处,而南宋初年张敦颐《六朝事迹编类》所引《蒋山图经》与《图经》所记二者相去有五里。《蒋山图经》不知成书具体情况,此书在《旧唐书·经籍志》和《新唐书·艺文志》以及北宋的目录著作、《宋史·艺文志》中均未见著录,但它既然已为南宋初年的书籍所引用,至少应是北宋人的作品。《六朝事迹编类》引《图经》文字甚多,或写作《金陵图经》,似多数《图经》文字应出自《金陵图经》。而《六朝事迹编类》卷十四所引《图经》涉及南唐时的石刻,则其成书应在北宋以后。其二,所记里数并不完全一致。由以上两点可见,宋代典籍中的记载并非完全因袭唐人而来,自有它的参考价值。

张敦颐根据北宋政和年间发现的有铭刻的文物推断,宋武帝初宁陵去蒋庙不远,这应是可信的。从中也大概可知南宋初年就无确定初宁陵位置的最直接的依据。而张敦颐又说长宁陵"今未详所在"。《景

[①] 《南齐书》卷二十二,中华书局校点本,第 414 页。《南史》卷四十二《齐高帝诸子上·豫章文献王嶷传》所记与之相同,中华书局校点本,第 1065 页。

定建康志》所记二陵去城里数全同《六朝事迹编类》所引《蒋山图经》及《图经》所记，则乾道《建康志》很可能据此而来。那么，综合看来，我们今天可据以推断宋武帝初宁陵、宋文帝长宁陵位置的古代文献主要是《建康实录》《元和郡县图志》《太平寰宇记》《蒋山图经》《（金陵）图经》和《六朝事迹编类》，其中《六朝事迹编类》所引铭刻文字尤其值得重视。

要理解唐、宋时期的文献对于宋武帝初宁陵、宋文帝长宁陵地理位置的描述，首先要了解唐、宋时期南京县名、县治位置的变迁，对此，《元和郡县图志》《太平寰宇记》《景定建康志》和《至正金陵新志》都有说明，但因变迁很大，相关的考证颇为繁复。与本文相关的唐江宁县、上元县的县治大约就在南京旧城西南朝天宫以东一带，宋上元县治则大约在南京旧城东南今白下区大中桥西，在唐上元县治以东。不过，除此之外，还有一条更为简便、但也许是更为可行和有效的办法，即根据同一文献描述的我们今天仍可确定的点来推知我们不易确定的点的相对位置。虽然古人所记方向和道里不一定十分准确，但其相对位置应是大致确定的，只要我们能够找出相对位置关系中的一些可以与现今地点相对应的点，其他位置的点也就能够通过相对的位置关系来确定了。

文献记载的宋武帝初宁陵、宋文帝长宁陵相对于上元县治的位置，我们可以通过因保留神道石柱石榜或神道碑这些有文字的材料而可确考墓主的梁代几座王侯墓葬——建安侯萧正立墓（南京江宁区淳化镇西南刘家边）、临川王萧宏墓（南京麒麟门和仙鹤门之间的张库村）、始兴王萧憺墓（南京尧化门外甘家巷小学西）、安成王萧秀墓（南京尧化门外甘家巷小学内）、吴平侯萧景墓（南京尧化门外十月村）的位置来确定。

这几座墓葬的位置，在《六朝事迹编类》中的记载如下：梁吴平忠侯墓"今去城三十五里"，梁始兴王墓"今去城三十七里"，梁安成王墓"去城三十八里",梁临川王墓"去城三十里",梁建安侯墓"去城三十五里"。① 而在晚于《六朝事迹编类》的《景定建康志》中的相关记载如下:梁始兴王墓"去城三十里",安城王墓"去城三十八里",临川王墓"去城三十里",吴平忠侯墓"去城三十五里",建安侯墓"去城三十五里"。②

比照《六朝事迹编类》和现存的墓葬神道石刻的分布位置现状可知,《景定建康志》记载梁始兴王墓去城"三十里"系"三十七里"之误。其中萧正立墓位于县东南,萧宏墓位于县东,其他几墓位于县东北。而文献记载中的宋武帝初宁陵和宋文帝长宁陵大约在县东北20—25里,对照萧憺、萧秀、萧景墓在县东北35—38里,我们可以大致推测宋武帝初宁陵和宋文帝长宁陵要较萧憺、萧秀、萧景墓更靠近今天南京市区的方向,则大约在今天的尧化门(旧称姚坊门)内、钟山之北。恰好,《六朝事迹编类》所引铭刻资料说明了初宁陵在蒋庙之侧,而《六朝事迹编类》记蒋庙位置曰:"今隶蒋山之北,去城二十里。"③今钟山西北有蒋王庙地名,当时的蒋庙大致就在此处。

又《元和郡县图志》江南道一润州上元县记有东晋康帝崇平陵等五陵的位置:

康帝岳崇平陵,在县东北二十里蒋山西南。

……

简文帝昱高平陵、孝武帝昌明隆平陵、安帝德宗休平陵、恭帝德文冲平陵,并在县东北二十里蒋山西南。④

---

① 〔南宋〕张敦颐撰,王进珊校点:《六朝事迹编类》卷十三,南京:南京出版社,1989年,第103—104页。
② 〔南宋〕马光祖修,周应合纂:《景定建康志》卷四十三。
③ 〔南宋〕张敦颐撰,王进珊校点:《六朝事迹编类》卷十二,南京:南京出版社,1989年,第91页。
④ 〔唐〕李吉甫撰,贺次君点校:《元和郡县图志》卷二十五,北京:中华书局,1983年,第597页。

1960年,在钟山西南的富贵山南麓的东端发现刻有"宋永初二年太岁辛酉/十一月乙巳朔七日辛/亥晋恭皇帝之玄宫"3行铭文的方柱状石刻①,说明这一带大约就是《元和郡县图志》记载的唐上元县东北二十里蒋山西南之地,则同书记载的县东北二十二里之地无论如何也不会在钟山东南方向,更不可能在钟山之东颇有一些距离的麒麟铺。而《元和郡县图志》又记:"钟山,在县东北十八里。"②

至此,我们可以检讨《元和郡县图志》关于初宁陵、长宁陵位于"蒋山东南"的记载了。首先,这一记载只见于此书,未见后代有因袭者。其次,前文已经说明在县东北二十至二十五里的初宁陵和长宁陵大约在尧化门内、钟山之北,说一地既在县东北,又在蒋山东南,似不可能。所以,我怀疑"蒋山"系"蒋庙"之误,蒋庙位于蒋山之北,初宁陵处其东南,则仍在县治东北;也有可能"东南"系"东北"之讹;或者,根本就是《元和郡县图志》记错了。可见,如朱希祖先生那样,据《元和郡县图志》初宁陵、长宁陵位于"蒋山东南"的记载来考察初宁陵、长宁陵的位置是不可取的。

"麒麟铺"为宋、元时期的旧名,应是由此地保存有石兽而起的地名。据《景定建康志》,由建康府往镇江府的驿路每铺相去十里,自西向东的前四铺分别是东门铺、东十里铺、蛇盘铺、麒麟铺③,东门铺即建康府城东门旁的一铺④,则麒麟铺去城三十里;又有麒麟市,当去麒麟铺不远,去城亦三十里⑤。可见麒麟铺石兽按宋时的方式计算,乃在建康府城东三十里,而上元县治在建康府城东部,更在府城东门之西,麒麟铺显然不在上元县东北二十里或二十五里之地。

---

① 李蔚然:《南京富贵山发现晋恭帝玄宫石碣》,《考古》1961年第5期。
② 〔唐〕李吉甫撰,贺次君点校:《元和郡县图志》卷二十五,北京:中华书局,1983年,第594页。
③ 〔南宋〕马光祖修,周应合纂:《景定建康志》卷十六。
④ 〔南宋〕马光祖修,周应合纂:《景定建康志》卷一"建康府城之图"。
⑤ 〔南宋〕马光祖修,周应合纂:《景定建康志》卷十六。

《太平寰宇记》所记里数与《六朝事迹编类》《景定建康志》都有较大差距，很可能有误，然《太平寰宇记》同卷又记"蒋山在县东北十五里"，则其中"宋高祖陵在县东北一十里"的记载仍有助于说明初宁陵不可能在蒋山之东的麒麟铺。

因此，把麒麟铺石兽看成是宋武帝初宁陵或宋文帝长宁陵石兽，与史籍记载的初宁陵、长宁陵距离上元县治的里程不合，也与初宁陵、长宁陵相对于上元县治的方向不合。

二、麒麟铺石兽风格不合于南朝早期之石兽

从石兽造型的总体风格来考察，也很难把麒麟铺石兽看成是南朝初年的刘宋之物。现存的南朝帝陵石兽依体态之造型（腹部与地面的距离、腿的弯曲程度、头相对于胸的前后位置、颈的长短）可分为两大类：一类较修长、瘦削，作行进状，给人以灵动、活泼的感觉；另一类较丰满、粗壮，作站立状，给人以沉着、凝滞的感觉。[1] 前一类可以被推测为齐武帝景安陵的丹阳前艾庙石兽、齐景帝修安陵的丹阳仙塘湾石兽为代表，后一类可以被推测为梁武帝修陵的丹阳三城巷自南向北第二对石兽、三城巷最南的一对石兽[2]为代表。而前一类石兽也在很大程度上保留了东汉末年南阳一带墓葬石兽的总体风格，如现存南阳汉画馆的一对石兽：头前昂，不伸舌，颈后缩，胸前挺，作行进状，整个身体呈"S"形，腹几近于地，前腿生双翼贴于腹，尾卷于臀下，脊骨节节突出。

---

[1] 滕固先生谓有平正与窈窕之分（《六朝陵墓石迹述略》，载中央古物保管委员会编辑委员会：《六朝陵墓调查报告》，南京：中央古物保管委员会，1935年），陈志良先生因袭之（《南京丹阳六朝陵墓的石兽》，《说文月刊》第一集第六、七期合刊，1939年）。

[2] 过去有的学者认为系齐明帝陵石兽，曾布川宽先生认为系梁敬帝陵石兽（〔日〕曾布川宽著，傅江译：《六朝帝陵——以石兽和砖画为中心》，南京：南京出版社，2004年，第51—53页），与本文认为的"齐、梁间帝陵神道石兽风格有一大变化"的观点是一致的。

因此可以说，前一类石兽和后一类石兽之间的不同也反映了石兽风格随时代变迁的发展变化，即造型的不同有着时代早晚的差异。南朝造型艺术大约至梁代有一较大变化，以佛教造像最为典型，大抵是由清瘦趋于丰壮[①]。我认为帝陵石兽的造型变化也是与之相应的。现存的王侯墓石兽均属丰壮类，而可知年代者如前举萧宏、萧憺、萧秀、萧景诸墓正是梁代的，应该不是巧合。

比照上述两类石兽，麒麟铺石兽显然可以归入沉着凝滞、丰满粗壮这类。那么，麒麟铺石兽就应当是梁代以后的作品。

《南齐书·豫章文献王传》记载宋文帝长宁陵的石兽"形势甚巧"，后继者"皆模范而莫及"。豫章文献王萧嶷，为齐高帝萧道成之子，而《南齐书》的作者萧子显则为萧嶷第八子，齐亡时子显已十四岁[②]。出自梁代萧子显的这段与其父有关的记载应是十分可信的。而麒麟铺石兽却很难说比齐陵的石兽巧。南朝宋、陈二代帝陵在南京周围，齐、梁二代帝陵在丹阳，与其把麒麟铺石兽看成是宋代的遗物，不如看成是风格已转为沉着凝滞、丰满粗壮的陈代帝陵的神道石兽。南京栖霞山西南狮子冲的一对石兽，其墓主曾经有过宋文帝和陈文帝的不同争论，现在多数学者把它们看作是陈文帝陵的石兽，而观其造型，正属沉着凝滞类。

麒麟铺石兽和狮子冲石兽在细部的刻画上也有着强烈的一致性，例如翼部都做成短翼而膊部做成鳞纹的样子，因此，1935年滕固先生就石兽翼部进行分类时，就把麒麟铺石兽和狮子冲石兽看作同一类[③]。

[①] 宿白：《北朝造型艺术中人物形象的变化》，《中国古佛雕》，台湾《艺术家》杂志社，1989年；收入宿白：《中国石窟寺研究》附录二，北京：文物出版社，1996年，第349—354页。

[②] 柴德赓：《史籍举要》，北京：北京出版社，1982年，第63页。

[③] 滕固：《六朝陵墓石迹述略》，载中央古物保管委员会编辑委员会编辑、朱希祖总编辑：《六朝陵墓调查报告》，南京：中央古物保管委员会，1935年，第71—90页。

三、关于麒麟铺石兽墓主的初步推测

麒麟铺石兽所在有可能是一处史书未记位置的陈代帝陵。陈代有五帝，废帝当不以帝礼葬，且葬地不明，可不计；而最后一位皇帝后主葬洛阳，亦不以帝礼葬。则陈代皇帝以帝礼葬者有陈武帝、文帝、宣帝三帝。《南史》记载隋亡陈后，"隋文帝诏陈武、文、宣三帝陵，总给五户分守之"①。据文献记载，陈武帝、文帝、宣帝的陵墓均在南京附近。但是以帝礼葬者除了在位的皇帝外，还常常包括开国皇帝的父亲，梁武帝父萧顺之建陵即在此之列，而少数未祔葬的皇后陵也会有独立的神道石刻存在。史书记载位置不详且后代未考证具体地点的陈代帝、后陵，尚有陈武帝父景帝瑞陵和陈武帝昭皇后嘉陵。《陈书》载：永定元年（公元557年）十月，"癸未，尊景帝陵曰瑞陵，昭皇后陵曰嘉陵，依梁初园陵故事"②。《隋书·礼仪志》谓："（梁天监）六年（公元507年），申明葬制，凡墓不得造石人兽碑，唯听作石柱，记名位而已。"③南朝文献中有时把帝陵、王侯墓合称为"帝王陵"（例如前引的《南齐书·豫章文献王传》中的记载），除去用石人的记述可能是史书中的讹误外，由此可见梁代关于帝王陵墓使用石兽、石柱、石碑是有严格规定的。陈代的瑞陵、嘉陵乃"依梁初园陵故事"，当然也应包括如我们今天仍能见到的丹阳梁代帝陵那样使用各类神道石刻了，因而我们可知瑞陵、嘉陵这两处陈代初年的帝、后陵必定是使用了神道石兽的。而有角神道石兽则为南朝帝陵神道石刻中符合帝陵等级的鲜明标志物。

麒麟铺石兽在南京附近的帝陵石兽中是属于尺寸较大的，昭皇后嘉陵未必会用如此大的石兽，况且后陵是否完全依照帝陵礼制也已不

---

① 《南史》卷十，中华书局校点本，第310页。
② 《陈书》卷二，中华书局校点本，第34页。
③ 《隋书》卷八，中华书局校点本，第153页。

得而知。所以，我认为相对而言，麒麟铺石兽为陈景帝瑞陵石兽的可能性比较大。

《建康实录》载陈武帝万安陵"在今县东南三十里彭城驿侧"[1]，《元和郡县图志》载陈武帝陵"在县东三十八里方山西北"[2]；《建康实录》载陈文帝永宁陵"在今县东北四十里，陵山之阳"[3]，《元和郡县图志》载陈文帝陵"在县东北四十里蒋山东北"[4]。按里数估计，麒麟铺约在唐上元县东三十多里的地方。根据上文对于麒麟铺石兽为陈代帝陵的推测，则三地均为南朝陈代的帝陵，南北相贯，从葬地选择上看，把麒麟铺石兽估计为陈代帝陵也是比较合适的。

（原刊《考古》2008 年第 5 期）

---

[1] 〔唐〕许嵩撰，张忱石点校：《建康实录》卷十九，北京：中华书局，1986 年，第 759 页。

[2] 〔唐〕李吉甫撰，贺次君点校：《元和郡县图志》卷二十五，北京：中华书局，1983 年，第 597 页。

[3] 〔唐〕许嵩撰，张忱石点校：《建康实录》卷十九，北京：中华书局，1986 年，第 768 页。

[4] 〔唐〕李吉甫撰，贺次君点校：《元和郡县图志》卷二十五，北京：中华书局，1983 年，第 597 页。

南京麒麟铺石兽墓主问题研究补正

南京东郊麒麟镇(麒麟门)东北麒麟铺现存南朝帝陵神道石兽一对,其墓主的考订以宋武帝刘裕初宁陵之说最为普遍,也偶有学者认为属于宋文帝长宁陵。对于南朝初年帝陵之说,我曾有所怀疑[①],后专门著文[②],从石兽距城的方位、里程和石兽风格两方面再作比较详细的考察,否定了宋武帝初宁陵、宋文帝长宁陵二说,认为是梁初以后的制作;文末还作了可能是陈初瑞陵的推测。

但是,笔者近来在阅读宋元方志的过程中,发现陈瑞陵的推测是不能成立的,同时对于麒麟铺石兽可能的墓主也有了新的认识,遂草此小文,一来作些补救,二来将新近的认识提出来,请关心南朝陵墓石刻的学者给予批评指正。

一 《(嘉泰)吴兴志》关于陈武帝先世陵寝的记载

关于陈初几位追尊为帝后者的陵寝的状况,南宋《(嘉泰)吴兴志》记载长兴县(今浙江长兴县)境内有如下几陵:

> 陈瑞陵(注:在长兴县治西北五里,陈景帝陵,高祖之父也。按《陈高祖纪》,追尊皇考曰景皇帝,尊景帝陵曰瑞陵。)
>
> 嘉陵(注:在长兴县北五里,陈高皇后钱氏陵,高祖之前夫人

---

① 杨晓春:《南朝陵墓神道石刻渊源研究》,《考古》2006年第8期。
② 杨晓春:《南京麒麟铺石兽墓主问题的再研究》,《考古》2008年第5期。

也。按《陈高祖纪》，尊前夫人钱氏为昭皇后，陵曰嘉陵。《统纪》以为高祖追尊皇妣钱氏为昭皇后，《旧编》承讹以为高祖母钱氏，非也。）

明陵（注：在长兴县西北五里，文帝父始兴昭烈王陵，高祖兄也。）

寿陵（注：在长兴县下箬寺西，齐太常卿陈道巨之墓，高祖之祖也。陵西南有小渍曰石人溇，以石人仆其下也。释皎然《下箬寺诗》曰：碑残飞南岭，井医渚龙宅。坏寺邻寿陵，古坛留砌石。）[1]

以上记载，虽然相去南朝陈已经数百年，但非常明确，应该有所根据。而且，南朝宋、齐、梁三代开国皇帝的父亲都葬在故里，长兴为陈霸先的故里，其父母等葬在长兴也符合一般做法。这么看来，原来的推测是不能成立的。则麒麟铺石兽的墓主问题，需要另辟蹊径，再作考虑。除了文献明确记载位置的南京东郊的梁、陈帝陵，似乎仍需要关注地理位置没有明确记载或墓主未作明确记载的梁、陈帝陵。

二 《景定建康志》记载的南京城东一处墓主不明的梁代帝陵

梁陈二代位于南京东郊（自东北至正东至东南）的帝陵状况，唐宋以来有关南京的几种历史文献，如《建康实录》《元和郡县图志》《六朝事迹编类》《景定建康志》《至正金陵新志》等都有记载，尤其是关于梁昭明太子陵、陈武帝万安陵、陈文帝永宁陵三陵，更有相当详细的方位和里程的记录。而南京地区现存的帝陵神道石兽，除去麒麟铺的一对，则有城东北栖霞山西南狮子冲的一对和城东南上坊镇石马冲的一对（不吐舌但又无角，因此也有学者认为不是帝陵石兽）。早有学者将文献记载

---

[1] 〔南宋〕谈钥纂修：《嘉泰吴兴志》卷十二《古迹·长兴县》，《宋元方志丛刊》第 5 册影民国三年（1914 年）《吴兴丛书》本，北京：中华书局，1990 年，第 4736 页。

与石兽遗存作过比定研究,总的说来,意见很不一致,不过没有学者认为麒麟铺石兽可能是梁昭明太子陵、陈武帝万安陵、陈文帝永宁陵三陵的石兽①。确实,麒麟铺石兽的地望与此三陵相去甚远。

然而,除了以上几陵之外,《景定建康志》还记载了位于南京城东的一处梁代帝陵,很值得注意。

《景定建康志·风土志·古陵》记载:

> 萧墓冈,西去(上元)县三十五里。或云萧梁帝陵寝,未详。②

同样的记载还见于《至正金陵新志·古迹志·陵墓》"梁萧墓岗"条③,应是因袭《景定建康志》而来的。这是《六朝事迹编类》中不见记载的,应当有其根据,比如遗迹、地名、传说之类。梁萧墓冈在上元县东三十五里,和麒麟铺距离上元县的里程非常接近。据笔者所考,麒麟铺在宋代建康府东门之东三十里,上元县治在东门之西,则麒麟铺在上元

---

① a. 朱希祖:《六朝陵墓调查报告书》,载中央古物保管委员会编辑委员会编辑、朱希祖总编辑:《六朝陵墓调查报告》;收入杨晓春编:《朱希祖六朝历史考古论集》,南京:南京大学出版社,2009年,第79—82页。
b. 朱偰:《六朝陵墓总说》,载中央古物保管委员会编辑委员会编辑、朱希祖总编辑:《六朝陵墓调查报告》;收入杨晓春编:《朱希祖六朝历史考古论集》,南京:南京大学出版社,2009年,第118页。
c. 朱偰:《建康兰陵六朝陵墓图考》,北京:中华书局,2006年,第24页。
d. 朱偰:《修复南京六朝陵墓古迹中重要的发现》,《文物参考资料》1957年第3期。
e. 罗宗真:《六朝考古》,南京:南京大学出版社,1994年,第71—76页。
f.〔日〕曽布川宽著,傅江译:《六朝帝陵——以石兽和砖画为中心》,南京:南京出版社,2004年,第54—60页。
g. 王志高:《梁昭明太子陵墓考》,《东南文化》2006年第4期。
②〔南宋〕马光祖修,周应合纂:《景定建康志》卷四十三《风土志二·古陵》,南京:南京出版社,2009年,第1044页。
③〔元〕张铉撰,田崇点校:《至正金陵新志》卷十二《古迹志·陵墓》,南京:南京出版社,1991年,第413页。

县东三十多里之地。① 虽然《景定建康志》并未具体记述其墓主,但是把墓葬年代定为梁代,并且置于帝陵一类中。

看来,麒麟铺石兽当属一梁代帝陵了,那么,墓主又会是什么人呢?

三 麒麟铺石兽墓主的再推测

梁代末年,时局动荡,武帝之后,先后被立为帝的有:临贺王萧正德、简文帝萧纲、豫章王萧栋、武陵王萧纪、元帝萧绎、闵帝萧渊明、敬帝萧方智。萧正德为武帝养子,太清二年(公元548年)十一月,侯景未入建康时,立萧正德为帝,入建康后,先废之,后又缢杀之。大概不会以帝礼葬。萧纲为武帝三子,侯景入建康后立为帝,大宝二年(公元551年)八月废之,同年十月杀之。文献明确记载简文帝萧纲陵在丹阳。② 萧栋为萧统长子萧欢之子,废去萧纲后,侯景又立萧栋为帝,十一月,侯景自称皇帝,废萧栋,降为淮阳王,关押于密室,次年(公元552年),侯景被萧绎击败,萧栋被萧绎派人溺杀。当然不会以帝礼葬之。萧纪为武帝八子,侯景败死后,自立为帝,后为萧绎部将杀死。同样不会以帝礼葬之。萧绎为武帝七子,先葬江陵,后迁江宁。梁、陈的江宁县不及今麒麟铺之地。③ 承圣四年(公元555年),王僧辩接纳北齐送回的梁宗

---

① 杨晓春:《南京麒麟铺石兽墓主问题的再研究》,《考古》2008年第5期。
② 〔唐〕李吉甫撰,贺次君点校:《元和郡县图志》二十五《江南道一·浙西观察使·润州·丹阳县》,北京:中华书局,1983年,第593页。
③ 《陈书·世祖纪》引诏书中有"江宁既是旧茔"之语,诏书后还有"葬梁元帝于江宁"的叙述(《陈书》卷三,中华书局校点本,第50页)。今南京市区一带,秦设秣陵县,吴改为建业,晋平吴,还为秣陵。西晋太康元年(或作二年),分置临江县,二年(或作三年),更名江宁。县治在明清的江宁县治(江宁府治在内桥西南,江宁县治在江宁府治南银作坊,内桥、银作坊两地名都有遗留,可知明清江宁县治在今南京旧城南部镇淮桥附近)西南六十里,今南京江宁区西南有江宁镇,六朝江宁县治当在此处。太康三年,分淮水之北为建业(后改建康),南仍为秣陵。可见梁、陈江宁县域在原秣陵县最偏西南的地方[参考《宋书》卷三十五《州郡志一》,中华书局校点本,第1029—1030页;〔北宋〕乐史著,王文楚等点校:《太平(转下页)

室萧渊明,奉为梁帝,但不久陈霸先杀王僧辩,奉萧绎子萧方智即帝位,为梁代末帝,后禅位于陈霸先,封江阴王,其墓据明代《江阴县志》的记载,在江阴县良信乡,称梁萧天子墓①。至于后梁,则为西魏、北周附庸,共三主,宣帝萧詧陵号平陵,明帝萧岿陵号显陵,②均当在江陵,其时建康为陈之帝都。后主萧琮则为隋文帝征入长安而不得还。③

综合看来,唯一有可能的是萧渊明。萧渊明,唐人避李渊讳,称为萧深明或萧明。《北齐书·萧明传》载:

> 侍中裴英起卫送明入建邺,遂称尊号,改承圣四年为天成元年(公元555年),大赦天下,宇文黑獭、贼詧等不在赦例。以方智为太子,授王僧辩大司马。明上表遣第二息章驰到京都,拜谢宫阙。冬,霸先袭杀僧辩,复立方智,以明为太傅、建安王。霸先奉表朝廷,云僧辩阴谋篡逆,故诛之。方智请称臣,永为藩国。齐遣行台司马恭及梁人盟于历阳。明年(公元556年),诏征明。霸先犹称藩,将遣使送明,会明疽发背死。

(接上页)寰宇记》卷九十《江南东道二·昇州》,北京:中华书局,2007年,第1775、1780—1781页;〔南宋〕马光祖修,周应合纂:《景定建康志》卷十五《地所统县名》,南京:南京出版社,2009年,第351页;〔明〕陈沂著,欧阳摩一点校:《金陵古今图考》"南朝都建康图考",南京:南京出版社,2006年,第77页;〔清〕顾祖禹著,贺次君、施和金点校:《读史方舆纪要》卷二十《南直隶二·应天府》,北京:中华书局,2005年,第929页;《洪武京城图志》,南京:南京出版社,2006年,第45—46页;万历《应天府志》卷十六《建制志》,《稀见中国地方志汇刊》第10册影明万历五年(公元1577年)刻增修本,北京:中国书店,1992年;康熙《江宁县志》卷首、卷三《建制志上·公廨》,《稀见中国地方志汇刊》第10册影清康熙二十二年(公元1683年)刻本,北京:中国书店,1992年〕。又据《梁书·后妃传》,萧绎生母阮修容(追尊为文宣太后)陵在江宁县通望山(《梁书》卷七,中华书局校点本,第163页)。

① 嘉靖《江阴县志》卷八《秩祀记·墓》,《天一阁藏明代方志选刊》第13册影明嘉靖刻本,叶15。

② 《周书》卷四十八《萧詧传》,中华书局校点本,第862、865页。

③ 以上梁末历史的叙述,除了《梁书》的相关本纪和《侯景传》外,还参考了王仲荦《魏晋南北朝史》上册,上海:上海人民出版社,1979年。

梁将王琳在江上与霸先相抗,显祖(齐文宣帝)遣兵纳梁永嘉王萧庄主梁祀。九年(天保九年,公元558年)二月,自溢城济江,三月,即帝位于郢州,年号天启,王琳总其军国,追谥明曰闵皇帝。①

《南史·萧明传》的记载略异,曰:

明至,望朱雀门便长恸,迄至所止,道俗参问,皆以哭对之。及称尊号,改承圣四年为天成元年(公元555年),大赦境内。以方智为太子,授王僧辩大司马,遣其子章驰到齐拜谢。齐遇明及僧辩使人,在馆供给宴会丰厚,一同武帝时使。及陈霸先袭杀僧辩,复奉晋安王,是为敬帝,而以明为太傅、建安王。报齐云:"僧辩阴谋篡逆,故诛之。"仍请称臣于齐,永为蕃国。齐遣行台司马恭及梁人盟于历阳。明年(公元556年),齐人征明,霸先犹称蕃,将遣使送明,疽发背死。时王琳与霸先相抗,齐文宣遣兵纳永嘉王庄主梁祀,追谥明曰闵皇帝。②

萧渊明称帝时,立萧方智为太子,不久萧方智即帝位,萧渊明为太傅、建安王,给予相当的礼遇。要入齐前,萧渊明"疽发背死",则应死在建康。虽说萧渊明死后被北齐的附庸萧庄追谥为闵皇帝,此时陈霸先已经禅梁,但是在萧渊明要死之前,梁的皇帝萧方智对于北齐还"请称臣,永为藩国",北齐"诏征明。霸先犹称藩",则萧渊明死于建康时的葬仪也应当是符合北齐方面的要求和设想的。所以似乎可以认为,梁太平元年(公元556年)萧渊明死于建康时或是当以帝礼安葬的。此时,政局在陈霸先把持下也平稳了一阵子,也是有时间和财力为他表面上

---

① 《北齐书》卷三十三《萧明传》,中华书局校点本,第442页。
② 《南史》卷五十一《梁宗室·萧明传》,中华书局校点本,第1272—1273页。

也认可的前任皇帝萧渊明营造帝陵的。

　　以上的推测,仍非常粗略,不过在文献不足的情况下似乎也只能如此了。南京附近现存南朝帝王陵墓神道石刻遗存的墓主问题的讨论中,我想除了应该注意一些位置并无明确记载的帝王陵墓,还应注意一些具体情况不甚明了的帝王陵墓。

　　对此,历史文献——即便只是蛛丝马迹——也值得再作发掘。

　　当然,麒麟铺石兽墓主问题的彻底解决,考古发现仍是最值得期待的。

(原刊《东南文化》2010 年第 3 期)

南朝宋武帝初宁陵、文帝长宁陵地理位置补论

——重温朱希祖《六朝陵墓调查报告书》的相关考述

关于六朝帝王陵墓的研究，八十年前朱希祖先生所撰《六朝陵墓调查报告书》[①]，无论在遗存的记述方面还是文献的利用方面都可以说是第一种系统的现代研究，直到今天仍然具有很高的参考价值。我对于南朝帝王陵墓神道石刻的研究，便一直受惠于这一报告书。

我曾探讨过南京东郊麒麟镇（麒麟门）东北麒麟铺的一对陵墓神道石兽的墓主问题，认为并非向来认为的宋武帝初宁陵或文帝长宁陵石兽。文中着重分析了文献记载中二陵的地望问题，认为当在钟山西北侧求之。[②] 但是，因无遗存可考察，未能就二陵的位置作进一步的认定。现在，重读朱希祖先生《六朝陵墓调查报告书》中一处考述文字，想就宋武帝初宁陵、文帝长宁陵的地理位置问题再作些补充讨论，算是八十年后的后学的一份读书笔记吧。

---

① 此一报告书收入中央古物保管委员会编辑委员会编辑、朱希祖总编辑的《六朝陵墓调查报告》（南京：中央古物保管委员会，1935年），为《六朝陵墓调查报告》的主体部分。《六朝陵墓调查报告》的现代整理本有两种，一载杨晓春选编《朱希祖六朝历史考古论集》（南京：南京大学出版社，2009年），整理中改正了一些错别字、配图与文字说明的不协调等；一为王志高点校《南京稀见文献丛刊》本（南京：南京出版社，2010年），原大复制了书中的地图，便于利用。
② 杨晓春：《南京麒麟铺石兽墓主问题的再研究》，《考古》2008年第5期。此文对于麒麟铺石兽墓主的推测存在疏误，后又撰文弥补，请参杨晓春《南京麒麟铺石兽墓主问题研究补正》，《东南文化》2010年第3期。

关于麒麟铺石兽一文中已经详细引用了有关二陵地望的传世文献,并作了比较与分析,此处不再赘引,仅摘录很能说明问题的几条资料,以及我的一些结论,以便下文的探讨。

唐中期的《建康实录》记初宁陵位置:

在县东北二十里,周围三十五步,高一丈四尺。①

又记长宁陵位置:

陵在今县东北二十里,周回三十五步,高一丈八赤(尺)。②

南宋初年的《六朝事迹编类》载:

宋武帝陵
《建康实录》:"宋高祖永初三年,葬初宁陵,隶丹阳建康县蒋山。"《图经》云:"在县东北二十里。"政和间,有人于蒋庙侧得一石柱,题云:初宁陵西北隅。以此考之,其坟当去蒋庙不远。

宋文帝陵
《建康实录》:"宋文帝元嘉三十年,葬长宁陵。"《图经》云:"隶县东北二十五里,与武帝陵相近。"今未详所在。③

以上记载中的唐县指唐江宁县(上元县),上元县治在今天南京旧

---

① 〔唐〕许嵩撰,张忱石点校:《建康实录》卷十一,北京:中华书局,1986年,第389页。
② 〔唐〕许嵩撰,张忱石点校:《建康实录》卷十二,北京:中华书局,1986年,第450页。
③ 〔南宋〕张敦颐撰,张忱石点校:《六朝事迹编类》卷十三《坟陵门》"宋武帝陵""宋文帝陵"条,北京:中华书局,1995年,第132—133页。

城西南朝天宫以东一带。再根据宋代去上元县三十多里的梁吴平侯墓、梁始兴王墓、梁安成王墓远在姚坊门（尧化门）东北，可以将县东北二十里或二十多里的初宁陵、长宁陵二陵大致确定在尧化门内钟山北面。因此，也可以认为只在《六朝事迹编类》中记载的二陵在蒋庙附近的记载是可信的。当然，其中的蒋庙位置在《六朝事迹编类》中也有明确的记载："今隶蒋山之北，去城二十里。"[①]至于《元和郡县图志》载"宋武帝刘裕初宁陵、文帝义隆长宁陵，并在县东北二十二里蒋山东南"[②]，所谓"蒋山东南"，当有文字上的讹误。

除了唐宋时期有关宋武帝、文帝二陵位置的记载，更早的《南齐书·豫章文献王传》也明确记载了长宁陵的位置。朱希祖先生《六朝陵墓调查报告书》曾就此做过仔细的分析。朱希祖先生的分析，值得在此重新回顾一番：

> 希祖案《齐书·豫章文献王嶷传》云，太祖在领军府，嶷居青溪宅。又云，北第旧邸，本自甚华，又云，东府又有斋，亦为华屋，而臣顿有二处住止。七年（永明）启求还第，上令世子子廉代镇东府。上数幸嶷第（北第也，南第即东府斋），宋长宁陵隧道出第前路，上曰，我便是入他冢墓内寻人，乃徙其表阙骐驎于东冈上，骐驎及阙，形势甚巧，宋孝武于襄阳致之，后诸帝王陵，皆模范而莫及也，《南史》略同。据此，宋文帝长宁陵，初在青溪北部，东冈西麓，与东田相近，齐永明中，始迁其表阙骐驎于东冈上，《齐书》为梁萧子显撰，子显即齐豫章文献王嶷第八子，其言必最可信。
>
> 东冈即沈约《郊居赋》之东巘，《梁书·沈约传》，约虽时遇隆重，而居处俭素，立宅东田，瞩望郊阜，尝为《郊居赋》云：睇东巘以

---

① 〔南宋〕张敦颐撰，张忱石点校：《六朝事迹编类》卷十二《庙宇门》"蒋帝庙"条，北京：中华书局，1995年，第121页。

② 〔唐〕李吉甫撰，贺次君点校：《元和郡县图志》卷二十五，北京：中华书局，1983年，第597页。

流目，心悽怆而不怡，盖昔储之旧苑，实博望之余基，又云，惟钟岩之隐郁，表皇都而作峻，观二代之茔兆，睹摧残之余燧。考《齐书·文惠太子传》，求东田，起小苑，上许之，永明中，二宫兵力全实，太子使宫中将吏，更番役筑，宫城苑巷，制度之盛，观者倾京师。上幸豫章王宅，还过东田，见其弥亘华远，壮丽极目，于是大怒，据此，则豫章王宅与东田相近，沈约《郊居赋》所谓睇东巘以流目，盖即东冈，其下有文惠太子小苑，即博望苑也。观二代之茔兆，谓钟山西南晋五陵及东南西南有宋二陵也。睹摧残之余燧，谓晋五陵燧道残缺，及东冈上宋文帝长宁陵之表阙骐驎也。齐明帝建武二年十二月，诏晋宋诸陵，悉加修理，（《建康实录》卷十五）可证。

东冈，后名东山，宋张敦颐《六朝事迹编类》卷六，上元县有东山二：一在崇礼乡，今土山是也；一在钟山乡，蒋庙东北，宋刘缅隐居之地，《南史》，缅尝经始钟岭，以为栖息，及造园宅，名为东山，今去县十五里。案《南史·刘缅传》，缅以世路纠纷，有怀止足，经始钟岭之南，以为栖息，聚石畜水，髣髴丘中，朝士雅素，多往游之。据此，则缅隐居之地，乃在钟山之南，盖即在东冈下，故后人亦呼东冈为东山，《六朝事迹》谓在蒋庙东北，去县十五里，皆误，盖蒋庙在钟山西北，而此又云在蒋庙东北，则在钟山之东北矣，与《南史·缅传》不合。

东冈上之表阙骐驎，至唐时盖已亡佚，唐许嵩《建康实录》及李吉甫《元和郡县志》，不知何所据，均言宋文帝长宁陵与武帝初宁陵相近，而同其里数也。①

以上的考述，充分体现了朱希祖先生关于六朝陵墓的研究充分利用历史文献的特点。《南齐书·豫章文献王传》是旧方志已经引用过

---

① 朱希祖：《六朝陵墓调查报告书》，载中央古物保管委员会编辑委员会编辑、朱希祖总编辑：《六朝陵墓调查报告》，南京：中央古物保管委员会，1935年，第11—13页。标点一仍其旧，只加了书名号。又"徙"误作"徒"，于此改正。

的,但是朱希祖先生对于其中的"东冈"的解说,别开生面,而沈约《郊居赋》的引用尤其予人启发。

长宁陵的位置靠近齐豫章文献王萧嶷的一处宅第,并且其神道挡住了从建康城通往萧嶷宅邸的道路,因而神道石刻被移到不远处的"东冈"。朱希祖先生认为此"东冈"即梁沈约《郊居赋》中的"东巘",他对《郊居赋》中"观二代之茔兆"的分析是非常可取的,"二代之茔兆"即指晋、宋二代靠近钟山西侧的帝陵。只是在沈约位于东田的宅第并不能看到钟山的东南,牵上"东南",那是因为朱希祖先生认为钟山以东的麒麟铺石兽是宋武帝初宁陵的缘故。朱希祖先生还认为"东冈"就是《六朝事迹编类》记到的位于钟山乡、在蒋庙东北的"东山",确实位置与《郊居赋》所记的"东巘"也很接近。

更明确的是,朱希祖先生以上所论,完全可以和前述《六朝事迹编类》所载北宋政和年间蒋庙之侧发现的一件带有"初宁陵西北隅"题铭的石柱所指示的初宁陵位置相呼应。正如《建康实录》和《元和郡县图志》所记载的,初宁陵和长宁陵的位置是紧靠的。

宋元时期的南京地方志对于蒋庙也都有记载,如《景定建康志》载:"在蒋山之西北,去城一十二里。"并详记三国吴孙权立庙以来历代重修的历史,其中特别记到"本朝开宝八年,庙火。雍熙四年,即旧址重建"①。《至正金陵新志》所载地望全同。② 一十二里,则完全可以和《六朝事迹编类》所载位于蒋庙东北的刘缅隐居之地去县十五里相对应。③ 宋代的记载,从建康城北门算起,宋代的北门沿袭南唐,在今天

---

① 〔南宋〕马光祖修,周应合纂:《景定建康志》卷四十三《风土志二·古陵》"蒋帝庙"条,南京:南京出版社,2009年,第1084—1086页。《景定建康志》的记载,与《六朝事迹编类》多有类同之处,但是去城里程不同,在此暂不作辨析。

② 〔元〕张铉撰,田崇点校:《至正金陵新志》卷十二《古迹志·陵墓》"蒋王庙"条,南京:南京出版社,1991年,第347页。

③ 但是《南史·刘缅传》谓在"钟岭之南",与此不合,朱希祖先生则完全否定《六朝事迹编类》的记载,这一点尚有待进一步考察。

珠江路南北门桥，位于朝天宫北约二公里，故而距离此处的里程数较距离唐上元县治的里程数要小。直到明初，又于鸡鸣山（今城内北极阁一带）南建蒋忠烈庙。① 但是《洪武京城图志》所附地图仍在钟山三座山峰中最西一座山峰的北面标出"蒋庙"（参见图五）。② 所以，我以为今天钟山西北侧的地名蒋王庙，就是宋代蒋庙的遗留，也就是说，宋代的蒋庙在今天蒋王庙一带，而这一带应该也就是南朝宋初宁陵、长宁陵二陵的所在地。

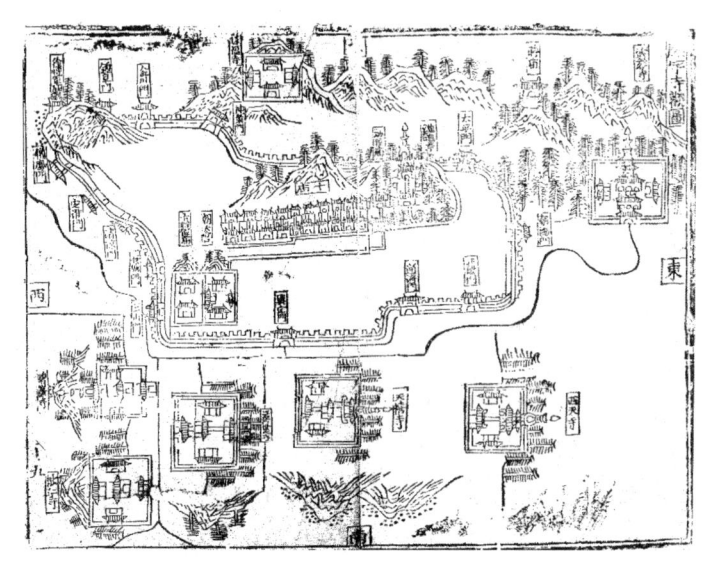

图五　明《洪武京城图志》所载《庙宇寺观图》

① 〔明〕《洪武京城图志·坛庙》"蒋忠烈庙"条,《南京图书馆藏稀见方志丛刊》第31册影明弘治五年（公元1492年）朱宗刻本,北京：国家图书馆出版社,2012年,第47页。

② 此图据《南京图书馆藏稀见方志丛刊》第31册影明弘治五年（公元1492年）朱宗刻本（北京：国家图书馆出版社,2012年）第41—42页。《南京稀见文献丛刊》本"导读"称以明弘治刻本为底本，插图八幅，前二幅《皇城图》《京城山川图》以《北京图书馆古籍珍本丛刊》影印本补。（《洪武京城图志》，南京：南京出版社,2006年,第1页。）实际上《庙宇寺观图》一幅仍出自《北京图书馆古籍珍本丛刊》影印本。〔明〕王俊华纂修：《（洪武）京城图志》,《北京图书馆古籍珍本丛刊》第24册影清抄本,第6页。且图旁"庙宇寺观图"五字亦为后增，《北京图书馆古籍珍本丛刊》影印本原阙。

《建康实录》还有一段记载,也可以间接印证南朝宋初宁陵、长宁陵二陵与蒋庙相去不远:

> (元嘉元年)置竹林寺。(案,《寺记》:元嘉元年,外国僧毗舍阇造。又置下定林寺,东去县城一十五里,僧监造,在蒋山陵里也。)①

下定林寺东去县城一十五里,所在为蒋山陵里,"陵里"之得名,可以估计是此处系帝陵之所在。文献记载同名的另外一个"陵里",还见于《六朝事迹编类》:"《建康实录》:陈高祖永定三年葬万安陵,隶县东南古彭城驿侧,今县东崇礼乡,地名陵里,有曰天子林,其地有石麒麟二,里俗相传即陈高祖墓也。去城二十五里。"②今南京江宁区上坊镇宁杭高速公路西侧有陵里村,位置正在宋代的崇礼乡的范围内。一直到明代的万历《应天府志》,还有相关的记载:"陈高祖万安陵,在城东三十五里,旧名陵里,石兽尚存,今呼石马冲。"③这一"陵里"显然是因为此处有帝王陵寝(特别是有非常显眼的帝陵神道石兽)而得名的,蒋山之"陵里"得名的缘由应该也是可以如此估计的。

2000 年,蒋王庙明岐阳王李文忠墓园发现了南朝残石兽一件,现藏南京市博物馆,《南朝陵墓雕刻艺术》一书中公布了图片,说明文字中认为系南朝梁代王侯墓石兽。④ 从石兽风格看,我以为其实要早于南

---

① 〔唐〕许嵩撰,张忱石点校:《建康实录》卷十二,北京:中华书局,1986 年,第 409 页。

② 〔南宋〕张敦颐撰,张忱石点校:《六朝事迹编类》卷十三《坟陵门》"陈高祖陵"条,北京:中华书局,1995 年,第 137 页。

③ 万历《应天府志》卷二十二《杂志中·宅墓》,《稀见中国地方志汇刊》第 10 册影明万历五年(公元 1577 年)刻增修本,北京:中国书店,1992 年,第 32 页。

④ 南京博物院编著,徐湖平主编:《南朝陵墓雕刻艺术》,北京:文物出版社,2006 年,第 269—270 页。

朝梁，此容另文详考之。由此新发现的蒋王庙石兽，至少可以知道蒋王庙一带确实是一片南朝前期的高等级墓葬的所在地。

（原刊《新学衡》第一辑，南京：南京大学出版社，2016年）

略论南京上坊镇石马冲、栖霞山狮子冲两处南朝陵墓石兽遗存的墓主考订问题

一

南京东郊梁、陈二代帝陵，较多为学者讨论的是梁昭明太子安陵、陈武帝万安陵和陈文帝永宁陵三陵，学者意见很不一致，主要是对现存上坊镇石马冲、栖霞山西南狮子冲两处石兽遗存的墓主问题的不同意见。早在 20 世纪 30 年代，朱希祖先生认为石马冲石兽为陈武帝万安陵，狮子冲石兽为陈文帝永宁陵[1]；大约同时，朱偰先生认为石马冲石兽为陈武帝万安陵，觉得狮子冲石兽"是宋是陈，颇难断言"，有点怀疑是宋文帝长宁陵[2]，而当栖霞山西南狮子冲往南的陵山之阳的狮子冲发现石柱小石兽后，便提出此处是陈文帝永宁陵[3]；罗宗真先生认为狮子冲石兽为南朝早期的帝陵，而陈文帝永宁陵即附近发现了石柱小石

---

[1] 朱希祖：《六朝陵墓调查报告书》，载中央古物保管委员会编辑委员会编辑、朱希祖总编辑：《六朝陵墓调查报告》；收入杨晓春编：《朱希祖六朝历史考古论集》，南京：南京大学出版社，2009 年，第 79—82 页。

[2] a. 朱偰：《六朝陵墓总说》，载中央古物保管委员会编辑委员会编辑、朱希祖总编辑：《六朝陵墓调查报告》；收入杨晓春编：《朱希祖六朝历史考古论集》，南京：南京大学出版社，2009 年，第 118 页。
b. 朱偰：《建康兰陵六朝陵墓图考》，北京：中华书局，2006 年，第 24 页。

[3] 朱偰：《修复南京六朝陵墓古迹中重要的发现》，《文物参考资料》1957 年第 3 期。

兽的灵山大墓①;曾布川宽先生肯定了狮子冲为陈文帝永宁陵的说法,但认为石马冲石兽为齐末梁初的王侯墓②;最近王志高先生则提出狮子冲石兽为昭明太子陵的新看法,也一并说明了昭明太子的陵号不是安宁陵而是安陵的问题③。

以下试着从《建康实录》《元和郡县图志》《六朝事迹编类》《景定建康志》《至正金陵新志》等文献有关梁昭明太子陵、陈武帝万安陵、陈文帝永宁陵的记载入手,就上坊镇石马冲、栖霞山狮子冲两处南朝石兽遗存的墓主考订问题再作一些分析,希望能够得出比较平允的意见。

二

历史文献有关上述三陵的位置记载可以列如表二。

表二 梁昭明太子安宁陵、陈武帝万安陵、陈文帝永宁陵位置的文献记载

	梁昭明太子安宁陵	陈武帝万安陵	陈文帝永宁陵
《建康实录》	陵在建康县北三十五里。④	在今县(江宁)东南三十里彭城驿侧,周六十步,高二丈。⑤	陵在今县(江宁)东北四十里陵山之阳,周四十五步,高一丈九尺。⑥

---

① 罗宗真:《六朝考古》,南京:南京大学出版社,1994年,第71—76页。
② 〔日〕曾布川宽著,傅江译:《六朝帝陵——以石兽和砖画为中心》,南京:南京出版社,2004年,第54—60页。
③ 王志高:《梁昭明太子陵墓考》,《东南文化》2006年第4期。
④ 〔唐〕许嵩撰,张忱石点校:《建康实录》卷十八,北京:中华书局,1986年,第722页。
⑤ 〔唐〕许嵩撰,张忱石点校:《建康实录》卷十九,北京:中华书局,1986年,第759页。
⑥ 〔唐〕许嵩撰,张忱石点校:《建康实录》卷十九,北京:中华书局,1986年,第768页。

略论南京上坊镇石马冲、栖霞山狮子冲
两处南朝陵墓石兽遗存的墓主考订问题　51

（续表）

	梁昭明太子安宁陵	陈武帝万安陵	陈文帝永宁陵
《元和郡县图志》	在县（上元）东北五十四里查硎山。①	在县（上元）东三十八里方山西北。②	在县（上元）东北四十里蒋山东北。③
《六朝事迹编类》		《建康实录》："陈高祖永定三年葬高（当作'万'）安陵，隶县东南古彭城驿。"今县（上元）东崇礼乡，地名陵里，有曰天子林，其地有石麒麟二，里俗相传即陈高祖墓也。去城二十五里。④	《建康实录》："陈文帝天康元年葬永宁陵，隶县（上元）东北陵山之南。"今雁门山之北。⑤
《景定建康志》	在（建康府）城东北四十五里贾山前。与齐文惠太子同处，排陵并葬。⑥	在上元县东崇礼乡，地名陵里，有曰天子林，其地有石麒麟二，里俗相传即陈高祖墓也。去城二十五里。（注：旧志。）⑦	在县（上元）东北陵山之南，今雁门山之北。（注：旧志。）⑧

---

① 〔唐〕李吉甫撰，贺次君点校：《元和郡县图志》卷二十五《江南道一·浙西观察使·润州·上元县》，北京：中华书局，1983年，第598页。

② 〔唐〕李吉甫撰，贺次君点校：《元和郡县图志》卷二十五《江南道一·浙西观察使·润州·上元县》，北京：中华书局，1983年，第597页。

③ 〔唐〕李吉甫撰，贺次君点校：《元和郡县图志》卷二十五《江南道一·浙西观察使·润州·上元县》，北京：中华书局，1983年，第597页。

④ 〔南宋〕张敦颐撰，王进珊校点：《六朝事迹编类》卷十三《坟陵门》，南京：南京出版社，1989年，第104页。

⑤ 〔南宋〕张敦颐撰，王进珊校点：《六朝事迹编类》卷十三《坟陵门》，南京：南京出版社，1989年，第104页。

⑥ 〔南宋〕马光祖修，周应合纂：《景定建康志》卷四十三《风土志二·古陵》，南京：南京出版社，2009年，第1044页。

⑦ 〔南宋〕马光祖修，周应合纂：《景定建康志》卷四十三《风土志二·古陵》，南京：南京出版社，2009年，第1044页。

⑧ 〔南宋〕马光祖修，周应合纂：《景定建康志》卷四十三《风土志二·古陵》，南京：南京出版社，2009年，第1044页。

(续表)

	梁昭明太子安宁陵	陈武帝万安陵	陈文帝永宁陵
《至正金陵新志》	城东北四十五里贾山，前即夹石。与齐文惠太子同处，排陵并葬。名安宁陵。①	上元县东崇礼乡，地名陵里，有曰天子林，有麒麟二，里俗相传即陈高祖墓也。去城二十五里。名万安陵。②	上元县东北陵山之南，今雁门山北。名永宁陵。③

《建康实录》大约撰于唐肃宗至德元年（公元756年）④，上元二年（公元761年）改江宁县为上元县⑤，《建康实录》中的县指唐江宁县，然治所同后来的唐上元县。《建康实录》记载昭明太子陵的位置时用建康县一名，当出自更早的史料。建康县为西晋太康三年（公元282年）分秣陵县淮水之北所置，初名建业，愍帝即位，改为建康⑥，隋平陈，建康县并入江宁县⑦。六朝建康县治，按《元和郡县图志》所记，在唐上元县治南三里⑧；按《太平寰宇记》和《六朝事迹编类》所记，在宋上元县治西一里，冶城之东⑨。因此，可见《建康实录》和《元和郡县图志》有关昭明太子陵的位置记载是差异极大的。不过，比照《建康实录》所记东晋穆

---

① 〔元〕张铉撰，田崇点校：《至正金陵新志》卷十二《古迹志·陵墓》，南京：南京出版社，1991年，第413页。
② 〔元〕张铉撰，田崇点校：《至正金陵新志》卷十二《古迹志·陵墓》，南京：南京出版社，1991年，第413页。
③ 〔元〕张铉撰，田崇点校：《至正金陵新志》卷十二《古迹志·陵墓》，南京：南京出版社，1991年，第413页。
④ 参考张忱石点校《建康实录》"点校前言"。
⑤ 〔唐〕李吉甫撰，贺次君点校：《元和郡县图志》卷二十五《江南道一·浙西观察使·润州·上元县》，北京：中华书局，1983年，第596页。
⑥ 《宋书》卷三十五《州郡志一》，中华书局校点本，第1029页。
⑦ 《隋书》卷三十一《地理志三》，中华书局校点本，第876页。
⑧ 〔唐〕李吉甫撰，贺次君点校：《元和郡县图志》卷二十五《江南道一·浙西观察使·润州·上元县》，北京：中华书局，1983年，第594页。
⑨ 〔北宋〕乐史撰，王文楚等点校：《太平寰宇记》卷九十《江南东道二·昇州》，北京：中华书局，2007年，第1787页。〔南宋〕张敦颐撰，王进珊校点：《六朝事迹编类》卷三《城阙门》，南京：南京出版社，1989年，第28页。

帝永平陵"在今县城北十九里幕府山之阳"①的记载,建康县北三十五里之地,已经远远越过了幕府山,《建康实录》中的"北"或许是"东北"之误。那么,虽然《建康实录》和《元和郡县图志》的记载差异很大,但基本的在城东北的方向指示应该是一致的。至于《景定建康志》记载的"城东北四十五里",去城里数按照宋建康府北门算起,宋建康府北门大约就是南唐江宁府的北门,北门桥遗迹仍在今珠江路与丹凤街交界处路南,约略可以估计宋建康府北门在唐上元县治北五六里,因此可以认为《景定建康志》的记载和《元和郡县图志》的记载是比较接近的。

如果按照唐江宁县治东北"三十二里(用三十五里减去三里所得)"来估计,参照《六朝事迹编类》记载的梁吴平侯萧景墓"今去城三十五里"、始兴王萧憺墓"今去城三十七里"、安成王萧秀墓"去城三十八里"②,从宋建康府北门出城,走的是沿着钟山西北缘出尧化门继续往东北的大道,南朝时称作"黄城大道"③,今天也仍旧是一条大路,再考虑唐江宁县治在建康府城北门南数里,则昭明太子陵在比萧景墓更要靠近尧化门的方向。如果按照唐上元县治东北"五十四里"或宋建康府北门东北"四十五里"来估计,参照《六朝事迹编类》记载的摄山(今栖霞山)"今去城四十五里"④,则应在栖霞山旁。按照《六朝事迹编类》的记录,萧秀墓相去栖霞山有七里,栖霞山西南的狮子冲相去栖霞山的里程也大约相仿,此地不可以认为就在栖霞山旁。

《南齐书》载:"初,豫章王嶷葬金牛山,文惠太子葬夹石,子良临送,

---

① 〔唐〕许嵩撰,张忱石点校:《建康实录》卷八,北京:中华书局,1986年,第228页。

② 〔南宋〕张敦颐撰,王进珊校点:《六朝事迹编类》卷十三《坟陵门》,南京:南京出版社,1989年,第103页。

③ 《梁书》卷二十九《萧纶传》,中华书局校点本,第432页。并参〔南宋〕马光祖修,周应合纂:《景定建康志》卷十六《疆域志二·道路》,南京:南京出版社,2009年,第372页。《六朝事迹编类》记录萧憺墓在黄城村。

④ 〔南宋〕张敦颐撰,王进珊校点:《六朝事迹编类》卷六《山冈门》,南京:南京出版社,1989年,第55页。

望祖硎山,悲感叹曰:'北瞻吾叔,前望吾兄,死而有知,请葬兹地。'既薨,遂葬焉。"①金牛山在丹阳,《嘉定镇江志》引《舆地志》曰:"泰安陵、景安陵、兴安陵在故兰陵东北金牛山"②,泰安陵、景安陵、兴安陵为南朝齐高帝、武帝、景帝三陵,具体到丹阳东北多处南朝齐帝陵石兽的墓主考订,虽然还有不同意见,但是大致的位置是没有问题的。豫章王萧嶷、文惠太子萧长懋、竟陵王萧子良均葬在金牛山一带,也是很好理解的。看来,《景定建康志》关于梁昭明太子陵与齐文惠太子"排陵并葬"的记载是错误的。可能是由于相同的地名引起的。

《六朝事迹编类》并非直接引用《建康实录》,为使《六朝事迹编类》增加的部分显得明确,上表将间接引用的《建康实录》部分也加上了引号。《景定建康志》有关陈武帝万安陵和陈文帝永宁陵的记载出自《六朝事迹编类》,而《至正金陵新志》的记载则完全因袭《景定建康志》。

《元和郡县图志》记陈武帝万安陵在"县东三十八里方山西北","县东"似应为"县东南"之误,不然相去方山太为遥远,不必用方山来指示墓葬的相对位置了。则《元和郡县图志》所记也和《建康实录》的记载大致接近。到了南宋初年的《六朝事迹编类》,又根据二麒麟的遗存,结合地名以及传说,提出县东崇礼乡的陵里天子林石兽为万安陵所在,系去城二十五里。这似乎是有关陈武帝万安陵位置的一种新的记载。不过,从崇礼乡的位置看,大约还是在方山西北③,因此倒不能说《六朝事迹编类》的记载完全没有依据。因记去城的里程,即去建康府城的里

---

① 《南齐书》卷四十《竟陵文宣萧王子良传》,中华书局校点本,第701页。
② 〔南宋〕史弥坚修,卢宪纂:《嘉定镇江志》卷十一《古迹·陵墓·陵·丹阳县》,《宋元方志丛刊》第3册影清道光二十二年(公元1842年)丹徒包氏刻本,北京:中华书局,1990年,第2398页。
③ 参看下引《上元县图》。《景定建康志》明确记载崇礼乡在上元县东南(〔南宋〕马光祖修,周应合纂:《景定建康志》卷十六《疆域志二·乡社》,南京:南京出版社,2009年,第367页)。方山也在崇礼乡的范围内,据《景定建康志》"葛桥在上元县崇礼乡方山东南"的记载可知(〔南宋〕马光祖修,周应合纂:《景定建康志》卷十六《疆域志二·桥梁》,南京:南京出版社,2009年,第381页)。

程，所以较去上元县的里程要少。《六朝事迹编类》未记方位，则所记实际上也可以理解为东南方向。

《六朝事迹编类》记载南宋初年还能见到的一对石兽①的地方，"地名陵里，有曰天子林"②。今南京江宁区上坊镇南宁杭高速公路西侧有陵里村，位置正在宋代的崇礼乡的范围内。特地用了"地名陵里，有曰天子林"这样的记述，可以理解为陵里是个大点的地名，天子林是个小点的地名，这一对石兽不在陵里的中心地带而是在陵里之下的天子林。《六朝事迹编类》记的也许就是石马冲的石兽，此处大致也符合去城二十五里的路程。但这又不在方山西北而在方山北面，不过古代记载中的方位和里程有时可能不是十分精确的。《元和郡县图志》记方山在县东南七十里③，《太平寰宇记》记在县东南五十里④，《六朝事迹编类》记在城东南四十五里⑤，如果不去详究里程的谁是谁非，而是观察一下各书所记石兽去城的里程和方山去城的里程的比例，会发现是一致的——《元和郡县图志》为 38/70，《六朝事迹编类》为 25/45，都是 1/2 稍多，这和今天的石马冲在城与方山之间的位置也很相仿。万历《应天府志》正是认为当时的石马冲石兽即前代记载的陵里天子林石兽，曰："陈高祖万安陵，在城东三十五里，旧名陵里，石兽尚存，今呼石马冲。"⑥

---

① 书中称之为麒麟，但未必是有角兽，同书所记各王侯墓石兽也都称之为麒麟。
② 陵里当是崇礼乡下一里之名，只是《景定建康志》没有详细记载崇礼乡下设里的情况。而元代崇礼乡（并建康乡）则领有西里、东里、南里、中里、北里（〔元〕张铉撰，田崇点校：《至正金陵新志》卷四《疆域志·坊里》，南京：南京出版社，1991年，第 208 页）。又陵里也是因为此处有帝王陵寝而得名的，最有可能的也是因为有地表的石刻，很可能就是《六朝事迹编类》提到的石麒麟。
③ 〔唐〕李吉甫撰，贺次君点校：《元和郡县图志》卷二十五《江南道一·浙西观察使·润州·上元县》，北京：中华书局，1983 年，第 595 页。
④ 〔北宋〕乐史撰，王文楚等点校：《太平寰宇记》卷九十《江南东道二·昇州》，北京：中华书局，2007 年，第 1784 页。
⑤ 〔南宋〕张敦颐撰，王进珊校点：《六朝事迹编类》卷六《山冈门》，南京：南京出版社，1989 年，第 55 页。
⑥ 万历《应天府志》卷二十二《杂志中·宅墓》，《稀见中国地方志汇刊》第 10 册影明万历五年（公元 1577 年）刻增修本，北京：中国书店，1992 年。

"三十五里"与《六朝事迹编类》的"二十五里"不同,但与《建康实录》的"三十里"、《元和郡县图志》的"三十八里"倒是接近了,不知是否为万历《应天府志》有意识的改动。

根据《隋书·王颁传》及《北史·王颁传》①的记载,可知陈武帝万安陵在陈灭时完全受到报复性的破坏,这是学者在考察陈武帝万安陵时都注意到的事实。但是如果相信《六朝事迹编类》的记载,则似乎没有必要估计成连石兽都被毁坏的程度。《隋书·王颁传》及《北史·王颁传》只是明确地记载"夜发其陵,剖棺""焚骨取灰,投水而饮之",没有涉及地表石刻的破坏。当时时间紧迫,而且目标是陈武帝的尸体,王颁还担心"其(陈武帝)为帝王,坟茔甚大,恐一宵发掘,不及其尸,更至明朝,事乃彰露",大约不会有闲时和闲情去把石兽都给完全破坏掉。综合看来,朱希祖先生数十年前提出的石马冲石兽为陈武帝万安陵之说还是有相当的可取之处的。只是石兽的造型与常见的帝陵有角兽不同,接近王侯墓石兽,但却并不吐舌,与一般的王侯墓石兽也有差异,这又实在是很难解释的地方。

《六朝事迹编类》关于陈文帝永宁陵的位置,多出"雁门山之北"的记载,朱希祖先生怀疑这一记载是错误的,而肯定更早的《建康实录》和《元和郡县图志》的记载②;也有学者考证雁门山是今天的阳山,因此在关于栖霞山西南狮子冲石兽墓主的考察中排除了陈文帝永宁陵的可能③。不过,从《景定建康志》和《至正金陵新志》所附的《上元县图》看,远离阳山的摄山西南不远处有一山,名为雁门山④(图六),如此,则《六

---

① 《隋书》卷七十二《王颁传》,中华书局校点本,第1666页。《北史》卷八十四《孝行·王颁传》,中华书局校点本,第2835页。
② 朱希祖:《六朝陵墓调查报告书》,载中央古物保管委员会编辑委员会编辑、朱希祖总编辑:《六朝陵墓调查报告》;收入杨晓春编:《朱希祖六朝历史考古论集》,南京:南京大学出版社,2009年,第81页。
③ 王志高:《梁昭明太子陵墓考》,《东南文化》2006年第4期。
④ 《至正金陵新志》尚保存元至正刻明修本,为《中华再造善本》所影,可以参用其中的地图。

朝事迹编类》的"雁门山之北"和上元县东北四十里钟山东北的位置也就不相冲突了。总之，陈文帝永宁陵仍当于上元县东北四十里钟山东北之地求之，而今栖霞山西南狮子冲石兽，在地理位置上是完全符合的。至于《建康实录》中的陵山，当只是一座小山的名字，现在的栖霞山西南狮子冲石兽的南北，确是各有一座小山的，未必需要从其他地方去寻找同名的陵山。

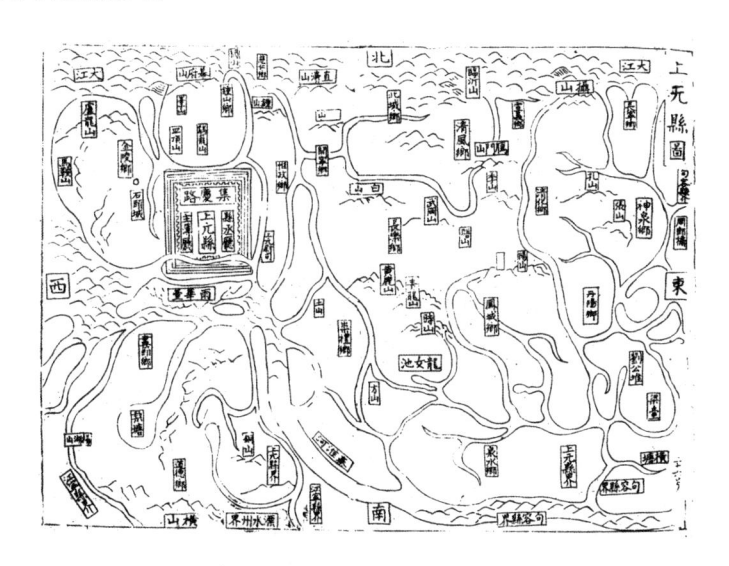

图六　元《至正金陵新志》所载《上元县图》

虽然《景定建康志》正文中记雁门山"在城东南六十里，周回二十里，高一百二十五丈。西连彭城山，南连大城山，北连陵山"，引《舆地志》云"山东北有温泉，可以浴，饮之能治冷疾"[1]，又记彭城山北连青龙山[2]，则雁门山当是今汤山西南某山（图七）。但这一雁门山和《六朝事

---

[1] 〔南宋〕马光祖修，周应合纂：《景定建康志》卷十七《山川志一·山阜》，南京：南京出版社，2009年，第408页。《至正金陵新志》所载同（〔元〕张铉撰，田崇点校：《至正金陵新志》卷五《山川志·山阜》，南京：南京出版社，1991年，第229页）。

[2] 〔南宋〕马光祖修，周应合纂：《景定建康志》卷十七《山川志一·山阜》，南京：南京出版社，2009年，第407页。《至正金陵新志》所载略同（〔元〕张铉撰，田崇点校：《至正金陵新志》卷五《山川志·山阜》，南京：南京出版社，1991年，第229页）。

迹编类》记陈文帝永宁陵时涉及的雁门山应该只是同名而已,而《六朝事迹编类》卷六《山冈门》并不记雁门山。南京附近多山,同名的怕是不少,《六朝事迹编类》记有两座东山[①];《景定建康志》和《至正金陵新志》记有两座张山[②];现代的地图上还有两座青龙山(图七)。

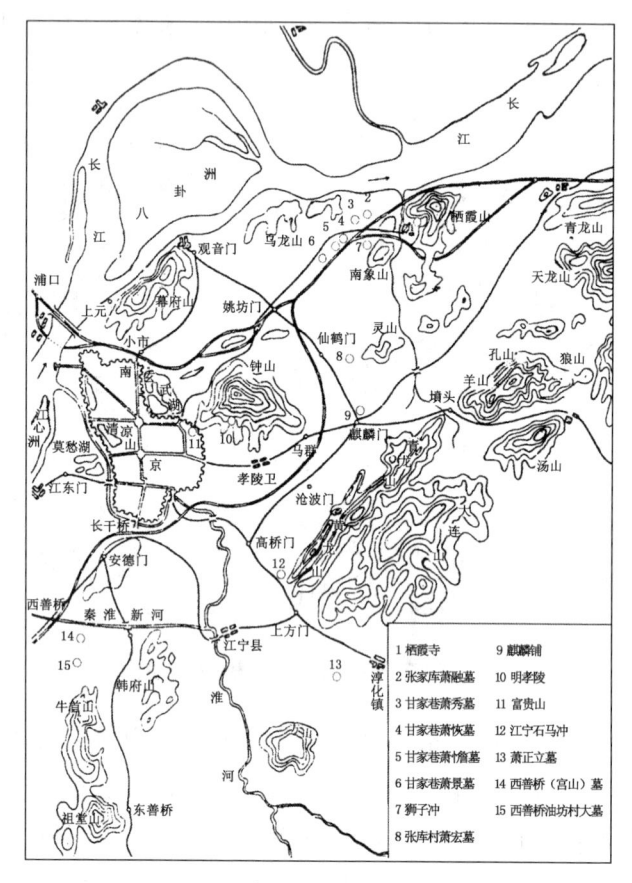

图七 南京自然地理形势及六朝陵墓位置图

---

① 〔南宋〕张敦颐撰,王进珊校点:《六朝事迹编类》卷六《山冈门》,南京:南京出版社,1989年,第55—56页。

② 〔南宋〕马光祖修,周应合纂:《景定建康志》卷十七《山川志一·山阜》,南京:南京出版社,2009年,第407页。

三

　　综上，陈武帝万安陵在上元县东南今方山西北一带，从《六朝事迹编类》的新记载看，石马冲石兽为陈武帝万安陵之说有相当的可能性；狮子冲石兽为陈文帝陵的看法，从地理位置和石兽风格两方面看都是符合的；至于昭明太子陵，虽然文献记载的地理位置很不一致，但大致可以从尧化门内数里和栖霞山旁两个位置来考虑。

（原刊《南方文物》2013年第2期）

关于南朝陵墓神道石兽的名称问题

一

现存南京、句容、丹阳一带的南朝陵墓神道石刻，是东南地区有数的年代久远的地面文物，向为南朝历史文化的研究者所重。其中的石兽，均作有翼的猛兽模样，又大别为两类：帝陵用独角兽、双角兽各一（图八）；王侯墓用无角兽一对（图九）。除了有角与无角的区别之外，帝陵石兽不伸舌、王侯墓石兽伸舌也是一个明显的区别。而石兽的名称，却是众说纷纭。

图八　南京麒麟铺南朝帝陵双角石兽头部侧面及背面

图九 南京栖霞山附近南朝梁萧景墓石兽

（一）1912 年，上海徐家汇司铎天主教士张璜（Mathias Tchang）出版了 *Tombeau des Liang，Famille Siao*（《萧梁家族墓》）一书，书还有个副标题——Siao Choen-Tche（《萧顺之》），并注明为第一部分。此书虽然是以丹阳萧顺之建陵的研究为主，但对南京地区的南朝陵墓也有介绍。此书也是对南朝陵墓石刻进行现代研究的第一部著作。

1930 年，上海土山湾印书馆出版了汉译本，题《梁代陵墓考》。第七章《萧顺之墓》第八节《飞马（Les chevaux ailés）》，谈的是神道石兽，其中提到《梁书》称之为麒麟，并追寻欧阳修、赵明诚、沈括关于南阳东汉宗资墓石兽铭天禄、辟邪的记述，得出有翼石兽有麒麟、天禄、辟邪三名；随后检寻《康熙字典》《说文》《续刻金石三例》等查考这些名称的内涵，但指出："应注意之处，即上述各家之记录，麒麟、天禄、辟邪，及萧顺之墓园之石兽，均从未言及有翅，此项详细的研究，则让一欧洲人，即一九〇八年三月十日多禄氏（D'ollone）在成都之报告：一九〇八年十月之《通报》六三六页记云:在四川距雅州十里之一汉时墓旁看见'二石飞虎,由其状态观之,使人惊之有似于(小亚西亚)阿西利(assylie)之飞牛飞狮,迥异中国各地之石兽形'。"大概因此之故,这一节才题为《飞马》。节末有卫聚贤先生一注:"本书以有翼石兽为天禄辟邪,柳翼谋先生据汉景君碑说应名虎䝞。"①

(二) 1935年,朱希祖先生专门撰《天禄辟邪考》一文讨论南朝陵墓石兽的名称问题,文章一开始就指出:"东汉及六朝陵墓,其有翼石兽,总名桃拔者;或称天禄辟邪……或总称辟邪……或称麒麟……又称狮子……","天禄辟邪,乃核实之专名,麒麟狮子,乃循俗之通称"。并从角、尾、足三方面的形象着力证明了南朝帝陵石兽并非麒麟。文章末尾总结时再次说:"一角为天禄,二角为辟邪,总名桃拔,其无角者名符拔,或作扶拔,与桃拔同类,此正名也。"②

(三) 1935年,滕固先生《六朝陵墓石迹述略》一文中说:"今按照史传里通常的称呼,在帝王陵的石兽,叫做麒麟;在王侯墓的石兽,叫做辟邪。"③

(四) 1935年,朱偰先生在《建康兰陵六朝陵墓图考》一书中提出独角的叫麒麟、双角的叫天禄、无角的叫辟邪。但他没有完全确定,只是参照各说,假定如此。④ 在《六朝陵墓总说》一文中则说:"帝王陵寝,

---

① 张璜著,李卓译,廖德珍覆勘,叶恭绰删订:《梁代陵墓考》,上海:土山湾印书馆,1930年,第17—25页。

② 朱希祖:《天禄辟邪考》,载中央古物保管委员会编辑委员会编辑、朱希祖总编辑:《六朝陵墓调查报告》,南京:中央古物保管委员会,1935年,第183—199页。《六朝陵墓调查报告》后影印收入《民国丛书》第四编87册。

③ 滕固:《六朝陵墓石迹述略》,载中央古物保管委员会编辑委员会编辑、朱希祖总编辑:《六朝陵墓调查报告》,南京:中央古物保管委员会,1935年,第78页。此文又收入沈宁编:《滕固艺术文集》,上海:上海人民美术出版社,2003年,第298页。

④ 朱偰:《建康兰陵六朝陵墓图考》,北京:中华书局,2006年,第6页。

其前左右皆列石兽,左者双角,盖为天禄,右者独角,或为麒麟。"①

(五)1979年,罗宗真先生提到六朝陵墓石兽,称"帝后墓前的均带角,王侯墓前的无角。前者有双角和单角之分,称天禄和麒麟,后者称辟邪"②。但在叙述中则统称有角石兽为麒麟。

(六)1980年出版的《中国古代建筑史》认为:"现存南朝陵墓大都无墓阙,而在神道两侧置附翼的石兽;其中皇帝的陵用麒麟,贵族的墓葬用辟邪。"③即以为有角石兽称麒麟,无角石兽称辟邪。

(七)1981年,姚迁、古兵二先生提出独角的叫麒麟、双角的叫天禄(天鹿)、无角的为狮子。④

(八)1984年,林树中先生提出有角的叫麒麟、无角的叫辟邪(是狮子)。⑤

(九)1985年,杨宽先生以为有角的叫麒麟,无角的没有找到原来的称呼,姑从一般的称呼为辟邪。⑥

(十)1991年,日本曾布川宽教授专门研究了石兽的名称问题,肯定了南朝文献中称帝陵石兽为骐驎(麒麟)的记载,而又特别强调了麒麟的形象和功用从汉代到南朝的变化;另外,认为把王侯墓石兽称为狮

---

① 朱偰:《六朝陵墓总说》(正文中作《六朝陵墓调查报告》,书末勘误表已改),载中央古物保管委员会编辑委员会编辑、朱希祖总编辑:《六朝陵墓调查报告》,南京:中央古物保管委员会,1935年,第98页。

② 罗真宗:《六朝陵墓及其石刻》,《南京博物院集刊》第一辑,1979年,第92页。并参罗宗真:《六朝考古》,南京:南京大学出版社,1994年,第93页。

③ 刘敦桢主编:《中国古代建筑史》,北京:中国建筑工业出版社,1980年,第92页。

④ 姚迁、古兵编著:《南朝陵墓石刻》,载姚迁、古兵编著:《南朝陵墓石刻》,北京:文物出版社,1981年。

⑤ 林树中编著:《南朝陵墓雕刻》,载林树中编著:《南朝陵墓雕刻》,北京:人民美术出版社,1984年。

⑥ 杨宽:《中国古代陵寝制度史研究》,上海:上海古籍出版社,1985年,第152页。

子是比较合适的。①

（十一）1998年出版的《南京的六朝石刻》在综合比较了几种说法之后，认为可以将帝陵前的石兽统称为麒麟，王侯墓前的石兽统称为辟邪。②

（十二）2006年，邵磊先生对于石兽名称问题的研究做了一些总结，并肯定了帝陵石兽称麒麟的意见，对于王侯墓石兽称辟邪的意见，则认为"在实物形象乃至文献记载上，都没有可堪比照的依据，因而是不确切的"。③

相对说来，有角石兽称麒麟，无角石兽称辟邪，是各种说法之中最为通行的意见。有角石兽称麒麟这一意见，虽有文献的根据，但是如果检核更多的历史文献，再参之实物材料，却可以发现此说并不能使人完全满意；而无角兽称为辟邪，在文献上又最无实证。总之，南朝陵墓神道石兽名称问题似仍应作进一步的研究。

二

关于南朝陵墓石兽的命名，最堪利用的材料当然是其自铭，可惜现在所知的南朝陵墓石兽无一有自铭。

虽然《南齐书》《梁书》《南史》中都以"骐驎"——也就是麒麟——称

---

① 〔日〕曾布川宽著，傅江译：《六朝帝陵——以石兽和砖画为中心》第五章《石兽的名称》，南京：南京出版社，2004年，第64—77页。

② 梁白泉主编：《南京的六朝石刻》，南京：南京出版社，1998年，第59—60页。

③ 邵磊、管秋惠：《近百年来南朝陵墓神道雕刻研究综述》，载南京博物院编著、徐湖平主编：《南朝陵墓雕刻艺术》，北京：文物出版社，2006年，第323—342页。邵磊：《近百年来南朝陵墓神道石刻研究综述》，载贺云翱主编：《长江文化论丛》第四辑，北京：中国文史出版社，2006年，第62—63页。

帝陵石兽①，这也是许多学者觉得理所当然可以把帝陵石兽称作麒麟的理由，但这种意见实际上是难以让人全然接受的。因为自秦汉以来麒麟的形象一直是类似于鹿、马的有蹄类动物，而非狮、虎一类的猛兽。《三辅黄图》②《西京杂记》③都把秦始皇陵前的石兽称作"骐驎（麒麟）"，最主要的特征是颈长一丈三尺，其形象应是鹿马一类的样子，很可能就是指长颈鹿。④除了文献中的记载⑤外，带有"骐驎（麒麟）"形象的实物也多有发现。如江苏邳县（今邳州市）东汉元嘉元年（公元151年）缪宇墓画像石中的瑞兽，似鹿一角，蹄足，长尾，旁题隶书"骐驎"二字⑥；河南荥阳东汉晚期壁画墓前室西壁北侧绘的瑞兽，四蹄如马，肩生双翼，头后隶体墨书"骐驎"二字⑦；河南邓县（今邓州市）南朝画像砖墓中铭"骐驎"的画像砖，似马独角（图十）⑧。而形象类似但无

---

① 《南齐书》卷二十二《豫章文献王传》（中华书局校点本，第 414 页）载："上（齐太祖）数幸巘第。宋长宁陵隧道出第前路，上曰：'我便是入他冢墓内寻人。'乃徙其表阙骐驎于东岗上。骐驎及阙，形势甚巧，宋孝武于襄阳致之，后诸帝王陵皆模范而莫及也。"《南史》卷四十二《齐高帝诸子上·豫章文献王巘传》（中华书局校点本，第 1065 页）同此。《梁书》卷三《武帝纪》（中华书局校点本，第 90 页）云："中大同元年春正月丁未，曲阿县建陵隧口石骐驎动，有大蛇斗隧中，其一被伤奔走。"

② 《三辅黄图》卷下："青梧观在五柞宫西，梧桐树下有麒驎二，刊其胁文字，是秦始皇墓上物也，头长一丈三尺。"（《宝颜堂秘笈》普集第一，1922 年文明书局石印本，叶 7。）

③ 《西京杂记》卷三："其宫（指五柞宫）西有青梧观，观前有三梧桐树，树下有石骐驎二枚，刊其胁为文字，是秦始皇郦山墓上物也。头高一丈三尺。"（缩影明新安程荣纂辑《汉魏丛书》本，长春：吉林大学出版社，1992 年，第 306 页下。）

④ 西方学者劳弗尔（B. Laufer）、费琅（G. Frand）即持此说（参考常任侠：《明初孟加拉国贡麒麟图》，《故宫博物院刊》1983 年第 3 期）。这一见解，大概是可以接受的，但在未见原物的情况下，其形象有所变化也是可能的，所以也就不必拘泥于麒麟长颈的特征。

⑤ 慧琳《一切经音义》（《大正藏》，No. 2128）卷九十五中麒麟一条作了总结。

⑥ 南京博物院、邳县文化馆：《东汉彭城相缪宇墓》，《文物》1984 年第 8 期。

⑦ 郑州市文物考古研究所、荥阳市文物保护管理所：《河南荥阳苌村汉代壁画墓调查》，《文物》1996 年第 3 期。

⑧ 河南省文化局文物工作队编：《邓县彩色画象砖墓》图五，北京：文物出版社，1958 年，第 12 页。

题铭的更是屡屡见于汉魏两晋南北朝的壁画墓、画像砖墓、画像石墓中。可以说,汉魏两晋南北朝古人认识中的瑞兽麒麟,是头生独角、肩生双翼、似鹿马一类动物的形象。所以,《南齐书》的记载是颇让人费解的。

图十　河南邓县南朝画像砖墓中的"骐驎"

汉代作猛兽状的石兽的自铭,现知有"天禄""辟邪",有实物保存至今,文献记载的有宗资墓的例子(刻石或存)、有州辅墓的例子(刻石不存)。① 依沈括所见宗资墓石兽,独角者为"天禄"、双角者为"辟邪"(文见后引)。② 那么作为汉代的后继者③,南朝陵墓石兽应称为"天禄"

---

① 林梅村先生《天禄辟邪与古代中西文化交流》(载《学术集林》第八卷,上海:远东出版社,1996年;后收入其《汉唐西域与中国文明》,北京:文物出版社,1998年)一文考天禄来自符拔(西域的叉角羚)、辟邪来自西域犀牛,这都是不能让人接受的,宗资墓石兽即是反证。

② 现存南阳的一般断作是宗资墓的石兽,铭"天禄"者为独角,铭"辟邪"者为双角(据李零:《论中国的有翼神兽》,《中国学术》2001年第1期)。三国时的孟康就是认为"天禄"独角,"辟邪"双角(见下引)。而汉镜镜铭中,有以双角者为"天禄"、独角者为"辟邪"的(孙机:《汉代物质文化资料图说》,北京:文物出版社,1991年,第420页)。铜镜花纹细小,表现一角或是两角很易致误,因而,这一铜镜中的材料,其可靠性是大不如前面的材料的。

③ 关于南朝陵墓石兽的渊源的这一判断,请参考杨晓春:《南朝陵墓神道石刻渊源研究》,《考古》2006年第8期。

"辟邪"是没有问题的了。

也许东汉末年这么称呼是社会普遍的做法,但到了魏晋时期就不完全是这样的了。三国两晋南北朝时,几乎不见"天禄"的名称,多见"天鹿"的名称。但"天鹿"应与"天禄"同指一物。①

曹魏孟康谈到西域动物桃拔(一名符拔,似鹿长尾)时认为"一角者或为天鹿,两角者或为辟邪"②,他认为天鹿、辟邪都是鹿的形象。孟康是由外来的符拔推测天鹿、辟邪的形象,一个"或"字说明他本是不知其形象的。所以,不能根据现在学者推断符拔为叉角羚而反推孟康所知的天鹿、辟邪是鹿马一类的形象。孟康所知只是天鹿有单角、辟邪有双角,至于他将似鹿长尾的符拔认为可能是天鹿、辟邪,那和他受"鹿"字的误导有关。其实,三国两晋南北朝时的多数人是知道"天鹿"乃是狮虎类猛兽的形象的。如《太平御览》卷三四四引《石虎邺中记》(《永乐大典》引《邺中记》同)云:"邺中为石虎讳,呼白虎幡为天鹿幡。"③可见十六国时所知的"天鹿"为类似于老虎的猛兽。北魏郦道元称东汉墓葬神道石兽为"狮子""天鹿",④由现有遗存看,"天鹿"也应是猛兽的形象。但用了个"鹿"字,不免会让人误解。

而《隋书·五行志》又以"辟邪"称南朝帝陵前石兽:

> 梁大同十二年正月,送辟邪二于建陵。左双角者至陵所。右

---

① 杨宽先生猜测天禄原作天鹿,但只是根据了一块出于汉代天禄阁遗址的鹿纹瓦当(《中国古代陵寝制度史研究》,上海:上海古籍出版社,1985年,第153页)。

② 《汉书·西域传》卷九十六上"乌弋山离国"条颜师古注"桃拔"引孟康说,中华书局校点本,第3889页。

③ 东晋陆翙《邺中记》现有黄惠贤辑校本,载《魏晋南北朝隋唐史资料》第九、十期,《武汉大学学报》编辑部,1988年。

④ 《水经注》卷二十三《汳水》载东汉熹平间某君在襄乡坞设立浮屠,死后葬于附近,墓葬"隧前有狮子、天鹿"(《四部丛刊》初编缩本影清武英殿聚珍版,第317页);卷二十八《沔水》谓东汉长水校尉蔡瑁墓前有石大鹿(第382页),杨宽先生考大为天之讹(《中国古代陵寝制度史研究》,上海:上海古籍出版社,1985年,第92页),可取。

独角者,将引,于车上振跃者三,车两辕俱折。因换车。未至陵二里,又跃者三,每一振则车侧人莫不耸奋,去地三四尺,车轮陷入土三寸。木沴金也。刘向曰:"失众心,令不行,言不从,以乱金气也。石为阴,臣象也。臣将为变之应。"梁武暮年,不以政事为意,君臣唯讲佛经、谈玄而已。朝纲紊乱,令不行,言不从之咎也。其后果致侯景之乱。①

《隋书·五行志》还用"骐驎"称帝陵前石兽:

梁大同十二年,曲阿建陵隧口石骐驎动。木沴金也。动者,迁移之象。天戒若曰,园陵无主,石骐将为人所徙也。后竟国亡。②

上引《隋书》的两段文字所言均指建陵石兽,而一称辟邪,一称骐驎。这必定是唐初编纂《五代史志》时抄录原始文献未作统一之故。所以,可大致推断唐代之前的文献中本来也不仅仅用"骐驎(麒麟)"指称南朝陵墓石兽,至少唐代初年是这样的。

而晚至南宋的陆游,在他的《入蜀记》中记录了他亲见的丹阳南朝帝陵石刻:

过陵口,见大石兽,偃仆道旁,已残缺,盖南朝陵墓。齐明帝时,王敬则反,至陵口,恸哭而过,是也。余顷尝至宋文帝陵,道路

---

① 《隋书》卷二十二,中华书局校点本,第643页。
② 《隋书》卷二十二,中华书局校点本,第642页。同一史事又见载于《建康实录》卷十七:"(大同)十二年正月,改年为中大同元年。曲阿县建陵隧口石壁邪起舞,有大蛇斗隧中,其一被伤奔走。"(张忱石校点,北京:中华书局,1986年,第688页。)不同于前一段史料,称石兽为"壁邪",即"辟邪"。可见在唐代是用"麒麟""辟邪"这两种名称来称呼南朝帝陵石兽的。《建康实录》的这一记载最有可能出自《隋书》(见前引),却改"骐驎"为"壁邪",值得注意。

犹极广,石柱、承露盘及麒麟、辟邪之类皆在,柱上刻"太祖文皇帝之神道"八字。又至梁文帝陵,文帝,武帝父也。亦有二辟邪尚存,其一为藤蔓所缠,若絷缚者,然陵已不可识矣。①

所谓刻神道石柱"太祖文皇帝之神道"八字的宋文帝陵实为梁文帝陵,张璜《梁代陵墓考》已辨其误。有点使人不解的是接着又说到梁文帝陵,那么应该是另外的一处帝陵吧!陆游提到的帝陵石兽的名称,一处用"麒麟、辟邪"、一处用"辟邪",似乎正是从前代正史的记载而来。

所以,我们没有理由再拿《南齐书》等的记载来作为南朝帝陵石兽命名的完全依据了。首先,称骐驎(麒麟)不符合麒麟的一贯形象;其次,文献中关于石兽名称的记载也不仅仅是骐驎(麒麟)一种。看来,还是因循汉代人的做法,把南朝帝陵石兽称作"天禄""辟邪"的好。

据北宋沈括《梦溪笔谈》卷二十一的记载:

至和中,交趾献麟,如牛而大,通身皆大麟(鳞),首有一角。考之记传,与麟不类,当时有谓之山犀者。然犀不言有麟(鳞),莫知其的。回诏欲谓之麟,则虑夷獠见欺;不谓之麟,则未有以质之;止谓之"异兽",最为慎重有体。今以余观之,殆天禄也。按《汉书》:"灵帝中平三年,铸天禄、虾蟆于平津门外。"注云:"天禄,兽名。今邓州南阳县北宗资碑旁两兽,镌其膊,一曰天禄,一曰辟邪。"元丰中,予过邓境,闻此石兽尚在,使人墨其所刻天禄、辟邪字观之,似篆似隶。其兽有角、鬣,大鳞如手掌。南丰曾阜为南阳令,题宗资碑阴云:"二兽,膊之所刻独在,制作精巧,高七八尺,尾鬣皆鳞甲,莫知何象而名此也。"今详其形,甚类交趾所献异兽,知其必天禄也。②

---

① 陈新译注:《宋人长江游记》,沈阳:春风文艺出版社,1987年,第21页。
② 《元刊梦溪笔谈》卷二十一,北京:文物出版社,1975年,第21—22页。

大约可知根据自铭,宗资墓石兽,单角的称"天禄"、双角的称"辟邪",沈括是见到铭文的。①

依以上分析,可见旧有诸家说法中,以朱希祖先生的说法最接近事实。而"符拔"一名则本无阑入南朝陵墓石兽命名的必要。

至于六朝以及唐代又用"骐驎(麒麟)"称南朝帝陵石兽,我想应理解成"骐驎(麒麟)"在当时已经成为一个泛指瑞兽/神兽的名词的缘故。

三

关于王侯墓前的无角伸舌的石兽,我同意姚迁、古兵、林树中等学者称之为"狮子"的说法,考虑到生有双翼,可称"翼狮"。这是南朝新创的神兽模样,大抵以狮子为模本,也可能还受到旧有神兽的一些影响。

南朝梁时的一部佛教类书《经律异相》卷四十七《杂兽畜生部上》"师子王有十一胜事二"条云:

> 师子王生住深山大谷,方颊巨骨,身肉肥满,头大眼长,眉高而广,口鼻裛方,齿齐而利,吐赤白舌,双耳高上,修脊细腰,其腹不现,六牙长尾,鬓毦光润,自知气力,牙爪锋铦,四足据地,安住岩穴,振尾出声,若有能具如是相者,当知真师子王……(注:出《涅槃经》第二十五卷,又出《大智度论》。)②

---

① 虽然今南阳所存石兽有铭文者,但资料报道并不详细,铭文又或为后代重刻,所以不作讨论。

② 〔南朝梁〕僧旻、宝唱等集:《经律异相》,影《影印宋碛砂版大藏经》本,上海:上海古籍出版社,1995年,第249页。我所见最先引用这段史料的学者是蔡鸿生先生(蔡鸿生:《唐代九姓胡与突厥文化》,北京:中华书局,1998年,第201页),但他只是说《涅槃经》卷二十五中有如此的记载,实际上今存各种《涅槃经》并无如此的记载,这段记载出自《经律异相》。十六国时鸠摩罗什译《大智度论》今存。

其中所云的"吐舌""身肉肥满""齿齐""双耳高上"等等的特点,都是可用来概括南朝王侯墓石兽的形象的。那么可以说,南朝王侯墓石兽实际上是印度风格的狮子。又正如蔡鸿生先生所指出的,其吐舌的形象尤其具有特色,按华夏文化的传统观念,"舌是'灵根',宜藏忌露。到了唐代,'吐赤白舌'的狮相已越来越罕见,常见的造型只是张口露齿而已。对'吐舌'的修正,是狮子形象华夏化的重要步骤"。[1] 而吐舌的狮子形象,在南京、丹阳的南朝大墓中模印砖画等考古遗存中也有发现。1961年南京西善桥发现一座大型六朝墓,甬道内砖壁上模印狮子的形象,西壁的狮子已毁,东壁的狮子"作蹲伏状,头部昂起,长尾上翘",但头部已损坏,有的砖上刻有编号文字,如"右师子下行第五"[2],与南朝王侯墓石兽颇有接近之处;1968年丹阳胡桥、建山发现的两座南朝墓葬,两墓均在第一重石门和甬道口之间的砖壁上模印狮子的形象,狮子"作蹲伏状,张口吐舌,尾上翘",砖背铭"狮子"二字(图十一)[3];河南邓县南朝画像砖墓中也出土有吐舌形象的狮子画像砖,铭"师□"二字(图十二)[4]。同时期北朝的石窟中所雕的狮子形象作吐舌模样的则有龙门石窟六狮洞中的佛座两侧的石狮子(图十三)[5],此窟凿于北魏孝明

---

[1] 蔡鸿生:《唐代九姓胡与突厥文化》,北京:中华书局,1998年,第203页。
[2] 罗宗真:《南京西善桥油坊村南朝大墓的发掘》,《考古》1963年第6期。
[3] 南京博物院:《江苏丹阳县胡桥、建山两座南朝墓葬》,《文物》1980年第2期。
[4] 河南省文化局文物工作队编:《邓县彩色画象砖墓》图四十一,北京:文物出版社,1958年,第31页。
[5] 龙门文物保管所、北京大学考古系编:《龙门石窟》第1卷图一百二十一,北京:文物出版社,东京:平凡社,1979年。

帝时期；巩县石窟寺第一窟中心柱南面佛座东侧的石狮子（图十四）①，此窟凿于北魏后期。

图十一　江苏丹阳南朝墓模印砖狮子

图十二　河南邓县南朝画像砖墓画像砖狮子

① 河南省文物局文物工作队编：《巩县石窟寺》图八十四，北京：文物出版社，1962年。2004年6月下旬，南京大学历史学系组织了一次本科三年级学生去河南洛阳等地的历史遗迹参观考察的活动，我作为辅导员随行，在巩县石窟寺参观时，原来听过我的《中国古代外来宗教文化》课程而了解了南朝时期中国的狮子以佛教为媒介接受了印度狮子吐舌的特点的周运中同学发现了巩县石窟寺所雕狮子亦用吐舌的形象，使我注意到了北朝的材料。在此向周运中同学表示感谢！而考察北朝狮子吐舌形象的来源，特别是它和南朝狮子之间是否存在着联系，是一项颇有意思的工作。

关于南朝陵墓神道石兽的名称问题 73

图十三 龙门石窟北魏狮子

图十四 巩县石窟寺北魏狮子

《洛阳伽蓝记》讲到佛像出行,"辟邪狮子导引其前"[①],以辟邪、狮子并称。题汉东方朔撰《十洲记》谓"聚窟洲在西海中申未地,地方三千里,北接昆仑二十六万里,去东岸二十四万里,上多真仙灵官宫第,比门不可胜数,及有狮子、辟邪、凿齿、天鹿长牙铜头铁额之兽"[②],以狮子、辟邪、天鹿并称。晋葛洪《抱朴子内篇·祛惑》谓"(昆仑山)又有神兽,名狮子辟邪、天鹿焦羊,铜头铁额,长牙凿齿之属,三十六种,尽知其名,则天下恶鬼恶兽,不敢犯人也"[③],所记与《十洲记》略同,而"凿齿"与"铜头铁额长牙"并列,较《十洲记》更易理解。据此,或许可作这样的论断:六朝时,狮子、辟邪非指一物[④]。

四

所以,今天在介绍南朝陵墓石兽时可将其名称大致确定为:天禄(单角)、辟邪(双角)、狮子(无角,因其生有双翼,或可称翼狮)。另外也可进一步说明:在六朝时,天禄、辟邪这类神兽也通称为骐驎(麒麟);稍晚,则又统称为辟邪。

---

① 〔北魏〕杨衒之撰,范祥雍校注:《洛阳伽蓝记校注》卷一,上海:上海古籍出版社,1978年,第43页。

② 正统道藏本《十洲记》前后文意连属,似为全本,亦有此句,文字微有不同(《诸子百家丛书》影正统道藏本,上海:上海古籍出版社,1990年,第4页)。鲁迅认为《十洲记》乃伪作,但又说明《隋书》已经著录,且齐梁文人又往往引以为故实(鲁迅:《中国小说史略》,北京:人民文学出版社,1973年,第21页)。考虑到《水经注》已引有《十洲记》和今本《十洲记》中"天禄"写作"天鹿"这两点,可大致将《十洲记》看作是魏晋时的作品。

③ 王明:《抱朴子内篇校释(增订本)》卷二十《祛惑》,北京:中华书局,1996年,第349页。

④ 不过,后来也有把狮子称作"辟邪"的,如南宋黄休复《益州名画录》援引南朝梁时的一则故事时就把画的狮子称作辟邪。(《寺塔记·益州名画录·元代画塑记》,北京:人民美术出版社,1964年,第45页。)这反映了这些名称使用的混乱。

而说到底,"天禄""辟邪"这样的名称并非区别种属的需要,乃是出于一种祈福的考虑。我们在考察南朝陵墓石兽名称时,存在着两方面的问题:一是当时人的称呼,一是当时人的误解(相对于南朝之前的称呼)。这其实是名称使用中一个谈不上孰是孰非的问题,被大家接受了的就是有了足够的理由,印第安人、西印度群岛不就是这么叫的吗?然而对于今天的研究者来说,关键就是要揭示出名称的来源。现在再作定名,当然也就要尽量做到来源有绪了,而不可仅因文献中有某一种记载,便以为是定说。

(原刊《东南文化》2009年第3期)

第二部分　汉唐石刻

南阳汉宗资墓石兽的历史记载与现状

1959年,南阳卧龙岗有二石兽被发现,发现者认为是宗资墓前的石兽。宗资墓石兽自唐宋以来代有记述,如果这一发现属实的话,当然是一项重要发现了,那么新发现的石兽是否就是文献记载中的宗资墓的石兽呢?

南北朝之前的陵墓石兽的发现,为数并不多,其中年代可考者均为东汉末年之物,以河南、四川两地居多,尤以河南南阳一地所出者为著名。

而文献记载最为著名者则推南阳汉宗资墓前的石兽,自唐代以来代有记述。

唐章怀太子李贤注《后汉书》,于《孝灵帝纪》"(中平三年)复修玉堂殿,铸铜人四,黄钟四,及天禄、虾蟆,又铸四出文钱"条后注曰:

> 天禄,兽也。……案:今邓州南阳县北有宗资碑,旁有两石兽,镌其膊一曰天禄,一曰辟邪。据此,即天禄、辟邪并兽名也。[①]

宋欧阳修《集古录》卷三"后汉天禄辟邪字"条曰:

> 右汉"天禄辟邪"四字,在宗资墓前石兽膊上。按《后汉书》:宗资,南阳安众人也。今墓在邓州南阳界中,前有二石兽,刻其膊上一曰天禄、一曰辟邪。余自天圣中举进士,往来穰(集本作襄)邓

---

① 《后汉书》卷八《孝灵帝纪》,中华书局校点本,第353页。

间,见之道侧,迨今三十余年矣。其后集录古文,思得此字,屡求于人,不能致。尚书职方员外郎谢景初家于邓,为余模得之,然字画(集本作或)讹缺,不如余见时完也。①

宋沈括《梦溪笔谈》卷二十一于此二石兽亦有记载:

至和中,交趾献麟,如牛而大,通身皆大麟,首有一角。考之记传,与麟不类,当时有谓之山犀者。然犀不言有鳞,莫知其的。诏欲谓之麟,则虑夷獠见欺;不谓之麟,未有以质;止谓之"异兽",最为慎重有体。今以予观之,殆天禄也。按《汉书》:"灵帝中平三年,铸天禄、虾蟆于平津门外。"注云:"天禄,兽名。今邓州南阳县北宗资碑旁两兽,镌其膊,一曰天禄,一曰辟邪。"元丰中,予过邓境,闻此石兽尚在,使人墨其所刻天禄、辟邪字观之,似篆似隶。其兽有角、鬣,大鳞如手掌。南丰曾阜为南阳令,题宗资碑阴云:"二兽,膊之所刻独在,制作精巧,高七八尺,尾鬣皆鳞甲,莫知何象而名此也。"今详其形,甚类交趾所献异兽,知其必天禄也。②

宋赵明诚《金石录》有"汉宗资墓天禄辟邪字"一条,卷十八跋尾曰:

右汉天禄辟邪字,在南阳宗资墓前石兽膊上。

赵书随后详辨《后汉书》的《宋均传》为《宗资传》之讹。③

---

① 《欧阳修全集》,影1936年世界书局本,北京:中国书店,1986年,第1132页。
② 〔北宋〕沈括:《梦溪笔谈》卷二十一,《四部丛刊续编》影明刻本,叶9—10。
③ 〔南宋〕赵明诚撰,金文明校证:《金石录校证》,上海:上海书画出版社,1985年,第337页。

大观三年，王采将"天禄""辟邪"四字的摹本收进《汝帖》。①

唐、宋时人关于南阳宗资墓前石兽的记载大抵集中在"天禄""辟邪"刻字，均言刻于兽膊之上，膊意为肩臂，通常也用指近肩的部分，而断其为宗资墓前石兽显然主要是依据了石碑文字。至于石兽形态，《梦溪笔谈》所载稍详：有角，有鬣，尾鬣皆有鳞，大如手掌。又云其高七八尺，制作精巧。以一宋尺当 30 厘米计②，则高 2.10—2.40 米。另据沈括以交趾所献似牛之独角兽为天禄，可知宗资墓前石兽铭"天禄"者乃独角，而另一铭"辟邪"者必非独角，循之他例，如洛阳涧西所出的一对分别是双角和单角，则可知为双角兽。宗资墓的位置，李贤所记在南阳县北。

元陆友仁《研北杂志》卷下云：

> 南阳宗资墓旁石兽，膊上有刻字曰天禄、辟邪。鲜于伯机少时曾至其地，亲见西门、北门各有二兽，但北门外者去资墓不远，故附会之。大军围襄阳，时士卒多病疟，模"天禄"二字，焚而吞之，即愈，人以为异。然辟邪已坏矣。③

陆友仁所记乃是得之于元代名士鲜于枢（伯机），鲜于枢亲见南阳西门、北门外各有二石兽，北门外者去宗资墓不远，所以认为是宗资墓的石兽，但其中的辟邪在元初已经损坏。

《研北杂志》提到南阳有两处石兽。

---

① 周到、吕品：《略谈河南发现的汉代石雕》，《中原文物》1981 年第 2 期。
② 梁方仲编著：《中国历代户口、田地、田赋统计》附录二"中国历代度量衡变迁表"，上海：上海人民出版社，1980 年，第 540—547 页。据此表可知，现存宋尺实物，除去律尺，一尺一般当今制 28—33 厘米，尤以 30—32 厘米居多，吴承洛《中国度量衡史》中推测一宋尺合 30.72 厘米，所以我取一宋尺＝30 厘米来计算。
③ 〔元〕陆友仁：《研北杂志》卷下，《宝颜堂秘笈》普集第八，民国石印本，第三十二册，叶 8。

不知何时,字迹磨灭,明南阳知府杨应奎重刻铭文,其《重镌汉宗资墓石兽膞字记》云:

> 余素知汉天禄辟邪字在南阳境中。嘉靖丙戌秋九月,调守是郡,间行北郭外三里许,有冢巍然,面南,隔路有石兽,左者欹侧卧,去其四足,右则折缺中半,埋之土中,几不可见,问之土人,曰是汉宗资墓前石兽也。因令仆夫起而筑之,细寻其字,无有也。又《一统志》云:宋均墓。在南阳县东北古城内,有二兽,左刻天禄,右刻辟邪,左刻为雷所轰。又云:城西五里,俗名麒麟冈者,大冢前亦有二石兽,形状相类。①

杨应奎所见石兽在南阳北门之外,都已损坏,铭文亦不存,他是问了当地百姓才知道是宗资墓的石兽。另外引《明一统志》知南阳县东北宋均墓有天禄、辟邪二石兽,其一为雷所轰;县西麒麟冈某墓有二石兽。《大明一统志》卷三十《南阳府》"宋均墓"条载:

> 在南阳县东北古城内,墓前有二石兽,蹲踞相向,状若羚羊,左刻天禄、右刻辟邪四字,古文最奇,左刻为雷所轰。②

关于南阳宋均墓,赵明诚已辨史传所谓宋均为宗资之讹。《大明一统志》不知是何根据? 在南阳东北的石兽,"状若羚羊"而铭"天禄""辟邪",是否《大明一统志》的作者所亲见? 又为何不记宗资墓? 这些都很使人疑惑。既"状若羚羊",则不应是猛兽一类的石兽。

清《嘉庆重修一统志》卷二百十二《南阳府三》并列宋均墓、宗资墓,

---

① 清光绪《南阳县志》卷十。转引自朱希祖:《天禄辟邪考》,载中央古物保管委员会编辑委员会编辑、朱希祖总编辑:《六朝陵墓调查报告》,南京:中央古物保管委员会,1935年。《六朝陵墓调查报告》后收入《民国丛书》第四编第87册。

② 《大明一统志》卷三十,南京大学藏明天顺内府刻本,叶14。

"宋均墓"条全然抄自《大明一统志》，"宗资墓"条又抄自欧阳修、沈括两家文字，均非亲见，其所谓"两存之以俟考据"实最无识见。①

钱大昕《潜研堂金石文字目录》中列有"天禄辟邪四字（篆书）"，跋尾曰：

> 右"天禄辟邪"字，在南阳县宗资墓前石兽膊上。左为"辟邪"，右为"天禄"，皆兽名也。石兽今已损坏，字亦摩灭，后人取《汝帖》旧文重模于石，点画虽似，然乏淳古之趣。②

钱大昕所说的重刻铭文应即明杨应奎重镌之事。

1935，朱希祖作《天禄辟邪考》时，就宗资墓石兽等作过一番详细的考察。其时他从董作宾处得到两种南阳石兽的照片共四张（董作宾南阳友人摄影），收录于文后，石兽皆有双角。其一标明为宗资墓石兽，可见至当时在南阳还是有人亲见所谓的宗资墓的石兽的。朱希祖认为标明为宗资墓的石兽为《明一统志》宋均墓的石兽，那是因为他认定《研北杂志》所记确为宗资墓石兽，而由《研北杂志》可知双角之辟邪已失，故题为宗资墓的双角石兽必非宗资墓石兽，而据《明一统志》，所谓宋均墓石兽正是只存双角的辟邪。他未注意到赵明诚已辨宋均为宗资之讹，《明一统志》所谓宋均墓按地望确实非宗资墓：宗资墓在南阳县北，此墓在南阳县东北，且石兽为羚羊状，看来是一不知墓主的汉墓。朱希祖的这一推断没有理由。朱希祖又认为无标题的石兽为麒麟冈之石兽，那是因为他考察所得南阳有三处石兽：他所谓的县北宗资墓、县东北宋均墓、县西麒麟冈，现在只余麒麟冈一处有可能了，便把另一件石兽推测为麒麟冈所有。

---

① 《嘉庆重修一统志》卷二百十二，《四部丛刊续编》影清史馆藏进呈写本，叶5。朱希祖《天禄辟邪考》已作了批评。
② 〔清〕钱大昕：《潜研堂金文跋尾再续》卷一，清嘉庆十年（公元1805年）嘉定瞿中溶等刻本，叶5。

1957年朱偰在一文中还称:"汉代现存的石兽,如南阳汉宗资墓的天禄辟邪。"①但他未必是亲见的。

1959年南阳卧龙岗的发现在1981年的一篇考古报道中作了比较详细的说明:头部、腿部有所残缺。"天禄"高1.65米、长2.20米,"辟邪"(字已漫漶)高1.65米、长2.35米,二石兽体型高大,造型没有多大差别,头前昂,不伸舌,颈后缩,胸前挺,作行进状,整个身体成一弧形,腹几近于地,前腿生双翼贴于腹,尾卷于臀下(图十五)。② 缺腿这一点与明杨应奎所见正同,但杨应奎所记右兽"折缺中半",所以有的学者怀疑其中有一件并非宗资墓石兽。③ 而从石兽高度看,都不合于宋人沈括所记,沈括所记的尺寸得自南阳令曾阜题宗资碑阴的文字,不会有

图十五　南阳卧龙岗石兽

---

① 朱偰:《修复南京六朝陵墓古迹中的重要发现》,《文物参考资料》1957年第3期。

② 周到、吕品《略谈河南发现的汉代石雕》(《中原文物》1981年第2期)文中称为"蹲伏状",误,盖因腿残之故,试比较一下南朝齐帝陵石兽姿态,便知是作"行进状"的了。这两件石兽现藏南阳汉画馆,《中国美术全集》收录了这两件石刻(中国美术全集编辑委员会:《中国美术全集·雕塑编》第2册《秦汉雕塑》,北京:人民美术出版社,1985年)。

③ 李零:《论中国的有翼神兽》,《中国学术》2001年第1期。

误。另外卧龙岗在南阳旧城西①,这也与宗资墓地望不合。看来把这两件石兽断定为宗资墓石兽是有很大的疑问的,这两件石兽可能即元陆友仁《研北杂志》和《大明一统志》所记的南阳城西的失名墓石兽。

报道未说到石兽角的情况②,由其中一件铭"天禄"来看,不管是最初的铭文还是后来重新模画的铭文,这一件应是单角的。另外一件如果是原来一对中的一件的话,当然这种可能性非常大,应是双角,我很怀疑这就是董作宾赠朱希祖南阳石兽照片中未题具体地点的一件。

(原刊《考古与文物》2004年增刊)

---

① 《嘉庆重修一统志》卷二百十《南阳府一》有"卧龙岗"一名,"在南阳县西南七里"(《四部丛刊续编》影清史馆藏进呈写本,叶15)。

② 李零文中说到南阳石兽单角者铭"天禄"、双角者铭"辟邪",应是指这再次发现的一对。

关于重庆忠县邓家沱石阙铭与墓主的推断

在三峡地区抢救性考古发掘过程中①,重庆市忠县县城西南约10公里的长江边上邓家沱遗址出土了一批石阙的残件。2007年,发掘者李锋先生公布了这批石阙材料,提供了残件的拼接复原图,知道原是一对,称为邓家沱石阙。参酌石阙附近曾经发现的大型砖墓,又可知是一对墓阙。阙身各有铭文,但都有残缺。因为铭文中未见年代信息,所以在公布材料的同时,李锋先生重点探讨了石阙的年代。首先,根据倒落的"石阙的9个构件中,有不少直接坐落在西周文化堆积层之上,其上部又被唐宋时期遗存所叠压",得出石阙晚于西周而早于唐宋;再根据石阙所在的文化层中出土的砖瓦为东汉到南朝所多见,将石阙年代大致确定在东汉到南朝。其次,从建筑形制上将邓家沱石阙与川渝地区的多座石阙进行比较,认为邓家沱石阙没有斗拱,是简化或退化的现象,因此时代要晚于结构完整的东汉中晚期石阙。再次,从画像题材和风格上将邓家沱石阙与川渝地区东汉晚期的石棺画像进行比较(因为川渝地区其他的石阙画像图案无从比较),得出邓家沱石阙也应属于东汉晚期。不过,也发现邓家沱石阙画像与石棺画像之间的差别是明显的,石阙上凤凰、天马、天禄等单幅画像图案在石棺中很难见到,因而又认为"不排除邓家沱石阙年代晚于石棺年代的可能"。还特别提到三国吴崇拜凤凰,曾三次因凤凰或凤鸟灵瑞而改年号,并在272年直接以凤

---

① 发掘的具体时间,或作2001至2003年(李锋:《重庆忠县邓家沱石阙的初步认识》,《文物》2007年第1期),或作2002年秋(孙华:《重庆忠县邓家沱阙的几个问题》,《文物》2008年第4期)。

凰为年号，从而认为石阙中的凤凰画像是这种灵瑞崇拜的影响结果，因此认为"邓家沱石阙的年代可能不早于三国时期"①。

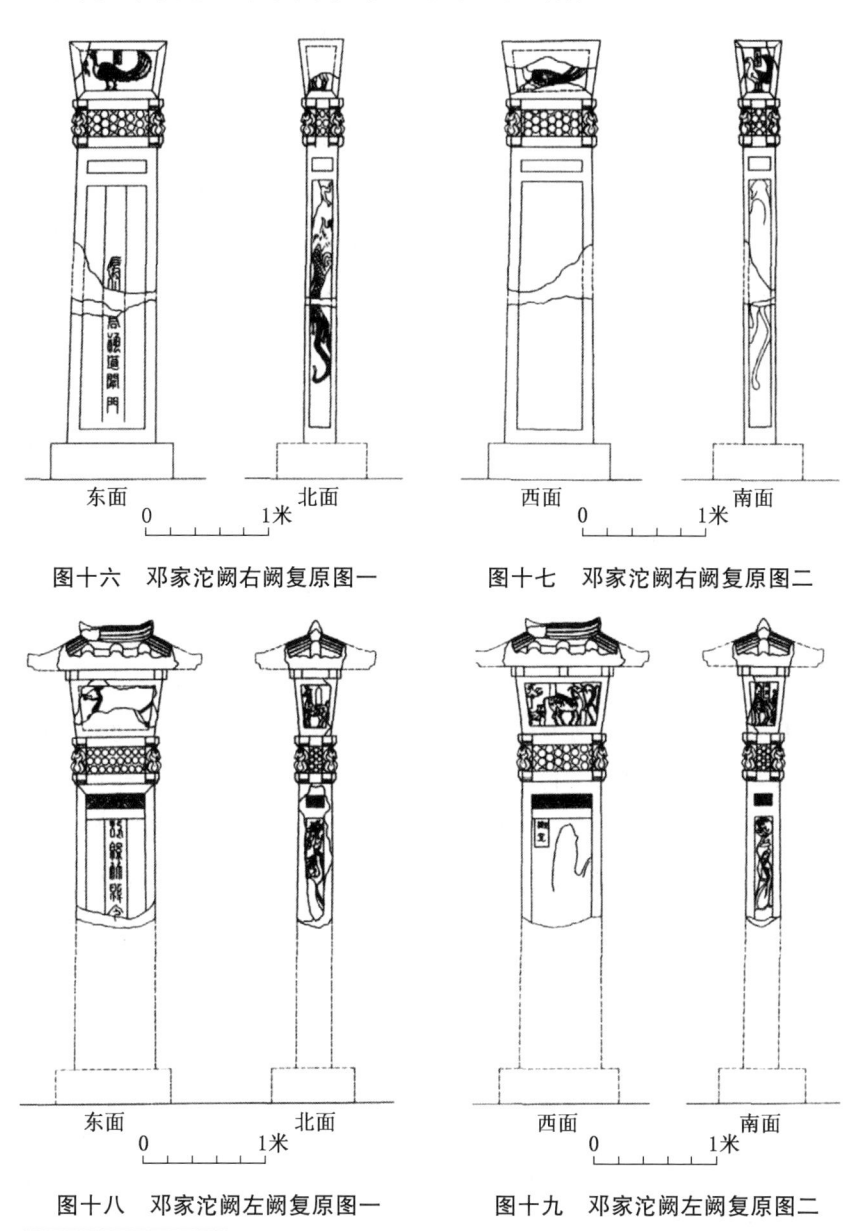

图十六　邓家沱阙右阙复原图一

图十七　邓家沱阙右阙复原图二

图十八　邓家沱阙左阙复原图一

图十九　邓家沱阙左阙复原图二

① 李锋：《重庆忠县邓家沱石阙的初步认识》，《文物》2007年第1期。

第一点从地层叠压关系以及石阙所在文化层共出遗物的年代，得出邓家沱石阙的年代为东汉到南朝，这显然是十分可靠的结论；但第二、三两点的比较，往往是有相当弹性的。可惜，作者在探讨年代时很少就石阙残铭作进一步的分析。

2008年，孙华先生综合已有的报告和他所掌握的基本测绘资料，重新绘制了邓家沱石阙的复原图（图十六、十七、十八、十九），也重点讨论了石阙的年代问题。他首先肯定了根据地层关系得出"该石阙的年代只能推定在西周以后至唐宋以前这个很大的时间范围内"的结论，并推测"该阙的倒仆年代应当在宋代"。对于文化层与石阙之间的关系，他还有这样的描述："根据李锋文章的介绍，'石阙上部被唐宋时期遗存所叠压，其下又叠压着西周时期文化遗存'，未见两汉及南北朝时期的文化堆积。因此，邓家沱阙的阙基坐落在西周文化层上，西周文化层的层表可能就是当时的地表。散落在地表的石阙构件被唐宋文化堆积叠压，没有石阙构件的地方，唐宋文化堆积肯定是直接叠压在西周文化层上。""石阙上部被唐宋时期遗存所叠压，其下又叠压着西周时期文化遗存"云云只是李锋先生文中关于地层的一处描述，另外还有一处更加详细的描述是："石阙的9个构件中，有不少直接坐落在西周文化堆积层之上，其上部又被唐宋时期遗存所叠压，所以，其年代应当晚于西周而早于唐宋。石阙构件所在的文化层中，主要的出土遗物有绳纹板瓦残片和侧面饰菱形回纹的花纹砖残块。在当地，这些遗物从东汉到南朝都比较流行。因此，邓家沱石阙的年代大致为东汉到南朝时期。"似乎，石阙有的构件出土于西周和唐宋两个文化层之间，有的构件出土于东汉到南朝的文化层之中。不过，原报告没有提供遗址地层剖面图，所以这一地层与石阙残件叠压关系的关键之处也就无法进一步查对了。

重要的是，孙华先生指出邓家沱这种无斗拱的石阙形制在四川盆地已发现的石阙中基本不见，但在重庆、四川及相邻地区发现的汉代画像材料中却很常见，故认为是汉代流行的样式。至于邓家沱石阙画像的伏羲、女娲、龙、虎，带有榜题的神兽等题材，也找到了东汉石阙、石棺、石碑、石祠等石刻中使用同类题材的例证。所以认为"邓家沱阙应属汉阙而非晋阙"。孙华先生还联系《金石录》《隶释》等宋代的金石文献关于汉代的广汉县令王君神道/广汉绵竹令王君神道的记载,提出邓家沱石阙就是王君阙的看法,由此也进一步释读和复原了阙铭[①]。不过,释读、复原阙铭的结论并不完全切合材料本身的情况,这也进而影响到了邓家沱石阙墓主及时代的推断。

本文试就邓家沱石阙的阙铭考释和墓主推断问题,再作一些探讨,以就正于两位学者。

一 已公布资料的比较

两位学者的文章都有关于阙铭的完整描摹与释读,但作为更原始、可靠的阙铭文字公布的拓本,只见于李锋先生文,并且也是不完整的。这不能不说是阙铭文字释读在资料方面的缺陷。好在所缺部分的文字,两家的摹本很接近。下面把两位学者公布的摹本、拓本以及铭文释读结果列出(表三),以便互相比较和进一步讨论。

参照拓片,可见孙华先生文中关于铭文的释读略有可商之处。其一,左阙保存四个字,而且第四个不够清楚的字可以肯定不是"县"字。其二,右阙文字的释读在文中出现了两处,但释读结果不同。应该是"君神道阙门"上有一字,因为阙身在此处断为两截,所以完全残毁了。再往上残存两字,字形都还比较完整。

[①] 孙华:《重庆忠县邓家沱阙的几个问题》,《文物》2008年第4期。

表三 邓家沱阙阙铭已公布拓本、摹本及释读、复原比较

	拓本		摹本		铭文释读		铭文复原	
	左阙	右阙	左阙	右阙	左阙	右阙	左阙	右阙
李锋:《重庆忠县邓家沱石阙的初步认识》					故绵竹■	□□①君神道阙门		
孙华:《重庆忠县邓家沱阙的几个问题》					故绵竹县令■	□□□长王■君神道阙门	汉故广汉长王君神道阙门	故绵竹县令王君神道阙门

说明:用■代替原文中"……","……"应该是表示缺字而不能确定字数多少的地方。

二 铭文的重新释读与复原

首先,应该肯定邓家沱石阙所铭是篆文,不是两位学者所说的隶书。李锋先生认为左阙为篆书,右阙为隶书。孙华先生认为是带有篆

---

① 原报告说:"上部有两个或三个字,漫漶不清。"

意的隶书。除"道"字外,其他铭文的笔画毫无波磔。

其次,左阙最上部"故绵竹"三字是清晰的,右阙最下部"君神道阙门"五字也是清晰的;而通过和其他篆文铭刻材料的比较,还是可以大致确定邓家沱石阙残缺的文字。

第一,左阙"故绵竹"下一字。据拓本,此字外部似乎是一"冂",比较模糊,里面中下部比较清晰,是"▨"形,如果中间的横笔是竖笔变形的话,此字与"令"字比较接近,如《汉印文字征》著录的"令其安汉"印①中的"▨"、《订正六书通》著录的"永新令印"②的"▨"字,暂且作"令"字看。

第二,右阙上部残存的第一字,完整,并且比较清楚。孙华先生释为"长"字,可取。

图二十 "墨丘中君"印

第三,右阙上部残存的第二字,大约保存了上部的四分之三以上,"从""丘"二字的可能性都很大。《汉印文字征》著录的"吕从印"的"▨"字、"公孙从印"的"▨"字,③与此完全相同。"丘"字的篆文,上部的两道横笔是出头的,但也有出头很少的例子,至《中国玺印类编》著录的"墨丘中君"④的"▨"字(图二十),则几乎不出头了。但如果作"从"字,"长从"作为一个词汇很少使用,检索中国基本古籍库,只见到

---

① 罗福颐编:《汉印文字征》卷九,北京:文物出版社,1978年,叶4下。
② 〔明〕闵齐伋辑,〔清〕毕弘述篆订:《订正六书通》,上海:上海古籍出版社,1981年,第314页。
③ 罗福颐编:《汉印文字征》卷八,北京:文物出版社,1978年,叶11上。
④ 〔日〕小林斗盦编,周培彦译:《中国玺印类编》,天津:天津人民美术出版社,2004年,第283页。又见《订正六书通》第142页,但完全写成了不出头的样子。

用于唐代府兵的文献例证①，而且"从"也不是姓，所以，很有可能是"丘"字。但不可能是"岳"字，加上"山"的话就显得字形太长了。更不可能是"王"字，如果"王"字上面一横伸出的笔画有这么长，那么，这个"王"字的形体显然太长了。

墓阙阙铭中地名的出现主要有两种可能，或是乡里，或是郡县一类地方官名前的地名。通常职官名在前、乡里名在后，所以"绵竹"应该理解成地方官名前的地名。如果"绵竹"作乡里来理解的话，就不便容纳职官名了。而如果死后归葬故里"绵竹"的话，出土地就应该是绵竹了。

综合以上释读，石阙现存的铭文状况如下：

左阙　故绵竹令■

右阙　■长丘□君神道阙门

基于阙身整面刻满铭文，正如孙华先生推测的每阙有十一字，铭文可以复原为：

左阙　故绵竹令□□□□□

右阙　□□□长丘□君神道阙门

"君"字上一字有可能是姓，也有可能是"府"字，而墓主姓"丘"。如果左阙后五字也是"君神道阙门"的话，那么右阙很可能是"君"字上缺一"府"字。这样左阙便是很合适的"故绵竹令丘府君神道阙门"，右阙则是"故□□长丘府君神道阙门"。如果"君"字上缺的是姓的话，前面的"长丘"就应当看成是地名了。不过，一般的阙铭以及石柱石榜题铭中所见的乡里地名是县一级的区划，长丘并非县名，所以"君"字上一字

---

① 《唐会要》载："（开元）十一年十一月二十日，兵部尚书张说，置长从宿卫兵十万人于南衙，简京兆、蒲、同、岐等州府兵及白丁，准尺八例，一年两番，州县更不得杂使役，仍令尚书左丞萧嵩与本州长官同拣择以闻。至十三年二月二十一日，始名彍骑。"（〔北宋〕王溥撰：《唐会要》卷七二《府兵》，北京：中华书局，1955 年，第 1298—1299 页。）《新唐书》载："（开元）十一年，取京兆、蒲、同、岐、华府兵及白丁，而益以潞州长从兵，共十二万，号'长从宿卫'，岁二番，命尚书左丞萧嵩与州吏共选之。明年，更号曰'彍骑'。"（《新唐书》卷五十《兵志》，中华书局校点本，第 1326—1327 页。）

以"府"字的可能性为大。

这种左右阙铭文不同的情况在汉代的石阙中很常见,南宋洪适《隶释》卷十三就有记载,如洛阳令王稚子二阙,分别铭:"汉故先灵侍御史河内县令王君稚子阙","汉故兖州刺史洛阳令王君稚子之阙",此阙东汉元兴元年(公元105年)立,原在四川省新都县(现成都市新都区),现已毁,残存"汉故兖州刺史洛阳"八字的拓本还可见;又如交阯都尉沈君二阙,分别铭:"汉谒者北屯司马左都侯沈府君神道","汉新丰令交阯都尉沈府君神道",此阙尚在四川省渠县。① 这两例,在洪适《隶续》卷五、十三中还存有图形及文字的摹本。

三 关于墓主的推断

孙华先生利用宋代金石著作中的信息推测邓家沱石阙的墓主很可能是汉代绵竹令王君。但仔细阅读所引文献,却并不能得出这一结论。以下先引孙华先生已经引用的三种文献,然后补充同时代的其他文献,从几方面综合说明邓家沱石阙不可能是宋代金石文献著录的绵竹令王君神道。

两宋之际,赵明诚《金石录》著录了"汉广汉县令王君神道"(目录第一百八),可见他收藏有拓本,并作有题跋,曰:

> 右汉广汉县令王君神道,建宁元年(公元168年)十月造。"县令"字作"苓"。汉人淳质,文字相近者多假借用之,如"县令"字人

---

① 〔南宋〕洪适撰:《隶释》卷十三,影清洪氏晦木斋刻本,北京:中华书局,1985年,第144、145页。并参高文主编:《中国汉阙》,北京:文物出版社,1994年,第43、87—89、96页。二阙拓片可见北京图书馆金石组编:《北京图书馆藏中国历代石刻拓本汇编》第一册,郑州:中州古籍出版社,1989年,第35、195页。

所常用,而尚假借,何耶?①

其中文字释读的错误,为南宋初乾道三年(公元 1167 年)成书的洪适《隶释》所更正,《隶释》卷十三有"绵竹令王君神道"条曰:

> 广汉绵竹令王君神道
> 右绵竹令王君神道九字,微杂篆体。"縣"字作日下木,略与"縣"字相混,故赵氏误作广汉县令,而谓其借苓为令也。欧阳公博收并蓄,顾弗深考姓名,字画多有误读者;德父治郡之余,专意金石刻,辨证亦甚精确,独此碑为可笑尔。②

南宋理宗时陈思《宝刻丛编》大致按照《元丰九域志》的行政区划编排,卷十九夔州路涪州下著录"汉广汉绵竹令王君神道",随后全引《金石录》《隶释》的跋语。虽然如此,但是很明确地记录了石刻的地点。

宋代文献中记载绵竹令王君神道的地点、时代、书体、铭文字数及内容等各方面基本信息是十分完整的,拿它和邓家沱石阙相比较,很容易发现两种石刻之间的差异。

第一,铭文书体不合。

《隶释》专录汉魏隶书石刻,更称绵竹令王君神道"微杂篆体",那么,应该是隶书了。南宋淳熙年间刘球作《隶韵》③,按字韵编排了各种石刻中的隶书文字的摹本,其中就包括绵竹令王君神道;"碑目"灵帝下列有"绵竹令王君碑",正文中则称"绵竹王君神道"。从此书正文中可

---

① 〔南宋〕赵明诚撰,金文明校证:《金石录校证》卷十六,上海:上海书画出版社,1985 年,第 292 页。
② 〔南宋〕洪适撰:《隶释》卷十三,影清洪氏晦木斋刻本,北京:中华书局,1985 年,第 147 页。
③ 〔南宋〕刘球编:《隶韵》,影清嘉庆秦恩复据石刻翻刻本,北京:中华书局,1989 年。《续修四库全书》第 23 册亦据此本影印。

以完整辑出"广汉绵竹令王君神道"九字隶书（图二十一）。比刘球稍晚的娄机，在庆历年间又辑《汉隶字原》①，但是照翁方纲的意见，乃是沿袭刘球《隶韵》而来的②。《汉隶字原》"碑目"中也有"广汉绵竹令王君神道"，并注明"在涪州"，正文也同样是有铭文的隶书，只是缺"神"字。《隶释》标题中的"绵竹"二字保留了原刻的字形，与《隶韵》所摹也很接近，足见《隶韵》所摹是可靠的。而邓家沱石阙的铭文却为方笔的篆文。

图二十一 "广汉绵竹令王君神道"摹本辑录

《金石录》之所以会把"竹""令"二字误为"苓"字，也肯定是因为铭文是扁平的隶书并且比较紧凑的缘故。这样扁平的隶书可以在沈君神道阙上看到。如果是像邓家沱石阙那样长方形的篆文，就不会将两个字误为一个字了。

第二，铭文内容不合。

宋人记录绵竹令王君神道的铭文为"广汉绵竹令王君神道"九字，各书无异词。邓家沱石阙的铭文显然不是这九个字。孙华先生认为宋人所得拓本不是全铭的假设是不能成立的。

第三，石刻地点不合。

《汉隶字原》《宝刻丛编》都说绵竹令王君神道在涪州。涪州，唐置，两宋因袭，范围包括今重庆市涪陵区、长寿区、南川市、武陵县等地，治所在今重庆市涪陵区。而邓家沱石阙在忠县附近，为唐代的忠州，宋初名忠州，属夔州路，治所在今忠县县城，南宋咸淳元年（公元 1265 年）升

---

① 〔南宋〕娄机辑：《汉隶字源》，《景印文渊阁四库全书》第 225 册。
② 参考嘉庆秦思复刻本前翁方纲《重刻淳熙隶韵序》。

为咸淳府,移治今忠县县城东二十里的皇华城①。《宝刻丛编》同样列出了夔州路下忠州的石刻。

孙华先生以为《金石录》中将绵竹令王君神道系于建宁元年十月造,是和刘让阁道题字混淆的结果,并进而认为《宝刻丛编》著录绵竹令王君神道在涪州,也同样源于和刘让阁道题字的混淆。这样的推测似乎也是不能成立的。首先,《金石录》的目录部分并没有著录刘让阁道题字,当然题跋中更不可见;《隶释》卷十六著录了刘让阁道题字,并有一跋,此为《宝刻丛编》所依据,但在《隶释》中刘让阁道题字并不和绵竹令王君神道排列在一起,大约无从混淆。其次,《宝刻丛编》按行政区划排列石刻,应该是比较注意石刻地点的;并且,此石在涪州还见于更早的《汉隶字原》一书的记载。

第四,出土的地层和历史上可供摹拓的时间不合。

既然邓家沱石阙构件为唐宋时期的地层所叠压,那么其仆倒时代当早于唐宋时期。而"绵竹令王君神道"却屡屡被北宋末年至南宋金石著作记载,赵、洪二人更是亲自获得拓本,《隶韵》也当是依据的拓本,此时"绵竹令王君神道"大约是竖立在原地的。但此时的邓家沱石阙却已经仆倒了,宋人大约无由得见。

当然,如果在唐宋时期之前跌落的是阙身之外的构件,那么宋代还是可能看到仍然竖立的阙身的。只是在报告中也不能读出究竟哪一块残件落在哪一地层的精确信息。或者仆倒后仍能摹拓文字,不过这却是难以深究的。

第五,关于"神道"所指的石刻种类。

"广汉绵竹令王君神道"并不能肯定是石阙上的铭文。大量的石柱石榜(即嵌于石柱上部刻文字的方形或长方形石块)也会铭刻

---

① 魏嵩山主编:《中国历史地名大辞典》,广州:广东教育出版社,1995年,第1067、649页;史为乐主编:《中国历史地名大辞典》,北京:中国社会科学出版社,2005年,第2448、1548页。

此类文字，如北京出土东汉元兴元年（公元105年）秦君墓石柱二件均铭"汉姑幽州/书佐秦/君之神道"①，河南省洛阳市出土西晋永宁元年（公元301年）韩寿墓石柱铭"晋故散骑常/侍骠骑将军/南阳堵阳韩/府君墓神道"②。

通常，金石书中所称神道者，必因铭文末两字为"神道"，而邓家沱石阙铭却题作"神道阙门"，看来宋人如果注意到此阙，倒很可能称之为"神道阙门"，而非"神道"。

综上所述，可以肯定邓家沱石阙不是宋代金石文献著录的绵竹令王君神道石刻。至于邓家沱石阙的墓主，很可能是史书缺载的一位绵竹令。自西汉至南朝，绵竹设县颇久，历史上会有大量的绵竹令存在，绵竹令这一线索并不能提供大致的墓主对象。《三国志》记载了一位绵竹令李升，在东汉末年被益州黄巾军所杀③，但详情不知，与前文推断的丘姓也不合。因为邓家沱石阙仆倒时间较早，正好在宋代金石学发达之前，因此金石著作中找不到任何线索。

而邓家沱石阙的时代问题，当然需要从石阙形制和阙身画像各方面与川渝及附近地区众多的石阙、石棺、石碑、石柱等石刻材料作全面的比较后，才可以得出比较精确的时间范围。这是李锋、孙华两位学者已经着手的工作，可惜得出的结论并不一致。也许需要在完全掌握两汉六朝时期川渝地区石阙建筑及石刻画像的时代及区域特征的基础上，再拿邓家沱石阙的情况进行系统的比较，才可以得出可靠的结论。本文并不拟就此作进一步的考察，不过想从石阙用于墓葬的流行时间，就邓家沱石阙的下限作一大致的推断。

中国古代墓葬在地表设置神道石刻，秦、西汉已有，但直到东汉中后期才大大流行起来。虽然魏晋有所谓的"碑禁"，也并不彻底。综合

---

① 北京市文物工作队：《北京西郊发现汉代石阙清理简报》，《文物》1964年第11期。
② 黄明兰：《西晋散骑常侍韩寿墓墓表跋》，《文物》1982年第1期。
③ 《三国志》卷三十一，中华书局校点本，第866页。

现有的遗存和《水经注》的记载，大致可以看到墓葬神道石刻从东汉到南朝的发展过程中，最大的变化在于石阙、石祠的废除。现在有大量遗存可考的东汉中后期——特别是四川、重庆地区——墓葬是大量使用石阙的[①]；同样有大量遗存可考的南朝帝王陵墓神道石刻，则说明至南朝时石阙、石祠已经全然不用。看来，变化的关键时期就是魏晋时期。今天，东晋墓葬神道石刻也有所发现，但无一例石阙。《宋书·礼志》载晋武帝咸宁四年（公元 278 年）诏曰："此石兽碑表，既私褒美，兴长虚伪，伤财害人，莫大于此。一禁断之。其犯者虽会赦令，皆当毁坏。"[②] 笔者以为"石兽碑表"指的是墓葬神道石刻常用的石兽、石碑、石柱三类[③]。诏书中没有提到石阙。西晋石柱在中原地区已有多例发现，也并无石阙的发现。看来，西晋神道石刻中大抵也是不用石阙的。那么，初步可以认为邓家沱石阙是西晋之前的遗物。

（原刊《中国国家博物馆馆刊》2013 年第 2 期）

[①] 近些年的新发现之前的材料，可以参见高文主编的《中国汉阙》。
[②] 《宋书》卷十五，中华书局校点本，第 407 页。
[③] 杨晓春：《南朝陵墓神道石刻渊源研究》，《考古》2006 年第 8 期。

从《金石录》的一则题跋推测甘肃泾川王母宫石窟的开凿者与开凿时代

今天甘肃泾川县城周围保存着多座北魏时期的石窟，最为著名的是南石窟寺。南石窟寺第1窟窟内原有一方《南石窟寺》碑，末题："大魏永平三年（公元510年）岁在庚寅四月壬寅朔十四日乙卯使持节都督泾州诸军事平西将□（军）□□泾□（二）州刺史安武县开国男奚康生造。"指明了南石窟寺系北魏永平三年泾州刺史奚康生所开。除了南石窟寺，还有王母宫石窟、丈八寺石窟、罗汉洞石窟、千佛寺石窟等，都有北魏时期的遗存，但具体年代不明，开凿者更是无从考察。[①] 其中的王母宫石窟虽仅有一窟，却是一座规模较大的中心柱窟，其开凿者与开凿时代不免引起学者特别的关心。

1929年，美国艺术史家华尔纳（Langdon Warner）在中国西北考古探险的过程中发现了王母宫石窟，因为王母宫石窟与云冈石窟第6窟有接近之处，中心柱四角各雕一驮塔的大象，因而华尔纳称之为"象洞"。[②] 张宝玺先生在此窟的调查报告中认为从造像风格来说，王母宫石窟已具有褒衣博带式造像的某些特点，但不及南石窟寺第1窟和北石窟寺第156窟明显，且王母宫石窟使用了平行阶梯式衣纹，因而认为王母宫石窟的创建早于北石窟寺第156窟和南石窟寺第1窟创建的永

[①] 张宝玺：《陇东石窟》，载甘肃省文物工作队、庆阳北石窟文物保管所编：《陇东石窟》，北京：文物出版社，1987年，第7—11页。

[②] 魏文斌：《20世纪早中期甘肃石窟的考察与研究综述》，《敦煌学辑刊》2005年第1期。

平二年①和三年。又将王母宫石窟与云冈石窟比较,认为"窟形、造像布局、造像风格比较接近云冈第六、九、十窟,更多地接近第六窟",根据学界一般的观点,云冈第 6 窟开凿于孝文帝都平城的后期,约相当于公元 5 世纪 90 年代,而推测王母宫石窟可能创建于孝文帝太和末年宣武帝景明、正始、永平之际,又以开创于 6 世纪初的可能性最大。至于其创建者,张宝玺先生检出孝文帝太和中期至宣武帝景明、正始、永平年间出任泾州刺史的张鸾旗、抱嶷、高绰、奚康生、元祐等人,封为安定王的元休、元燮,以及泾州的望族胡氏(胡国珍之女胡充华为宣武帝皇后)、皇甫氏(胡国珍妻家),认为"王母宫石窟很可能是他们之中的某个人倡导下创建的,起码不能排除他们参与创建的可能性"。② 在几年后出版的《陇东石窟》一书前言中,他大略仍保持了原有的看法,只在时代的下限推断方面稍有不同,说:"王母宫石窟没有留下开窟纪年题记和功德主姓名,它的造像风格显示了褒衣博带的某些特点,出现了双领下垂的大衣,在衣纹的处理上采用了平行阶梯式。佛像形体清秀,面部微露笑容。从造像风格上观察研究,它比邻近的南、北石窟要早,大体上和云冈第 6 窟近似,因此推论大约创建于北魏太和末或景明初,即公元五世纪末到六世纪初。"③马化龙先生从王母宫石窟为中心柱式石窟的基本形制入手,将之同云冈石窟作了比较,认为"无论窟型、规模、造像及装饰方面,都与云冈第 6 窟非常类似,都是方形大塔柱式;塔柱四面均设大龛,一面雕释迦、多宝二坐像",并且窟室面积与云冈第 6 窟也很接近,只是雕凿不及云冈第 6 窟精细——云冈第 6 窟为北魏皇室修建,因而认为能够主持开凿王母宫石窟的"当属北魏王公贵族"。于是又联

---

① 较晚的宋代以及清代的石刻文献记载北石窟寺第 156 窟开凿于永平二年,从其窟形、造像都与南石窟寺十分接近,甚至窟名也与南石窟寺相对看,这一时间是可取的,因而现在也正为学术界普遍接受。

② 甘肃省博物馆:《甘肃泾川王母宫石窟调查报告》,《考古》1984 年第 7 期。

③ 张宝玺:《陇东石窟》,载甘肃省文物工作队、庆阳北石窟文物保管所编:《陇东石窟》,北京:文物出版社,1987 年,第 9 页。

想到崇佛的胡太后胡充华，但是又认为不能说就是胡太后开凿的，因为胡氏被封为皇后是在永平三年（公元510年）之后，而王母宫石窟风格上却和太和十八年（公元494年）迁都洛阳前建设的云冈第6窟接近[1]。因为没有文字材料的保存，所以相关的时代推测只能限定在一个较长的时段，而至于开凿者的推测就更加困难了，似乎没有可以进一步探讨的线索。

但是北宋赵明诚所撰《金石录》的题跋部分有"后魏化政寺石窟铭"一条，对王母宫石窟的开凿者与开凿时代的研究不无有益的提示，本文试就此作初步的分析。

"后魏化政寺石窟铭"跋曰：

> 右《后魏化政寺石窟铭》。《北史》及《魏书》有宦者《抱嶷传》，云嶷终于泾州刺史，自言其先姓杞，后避祸改焉。今此碑题"泾川刺史杞嶷造"，疑后复改从其本姓尔。[2]

根据《金石录》，我们知道抱嶷/杞嶷（以下仅称抱嶷）也曾在泾州开窟。北魏的泾州下辖安定、陇东、平凉、平原、赵平、新平六郡，辖地相当于今天的宁夏泾源至陕西彬县（今彬州市）一带，治安定郡安定县，当今甘肃泾川县。[3] 对比《陇东石窟》所附"陇东石窟分布图"，可知今天泾川县城周围的石窟，在北魏时正处于泾州州治的附近。那么抱嶷所造石窟是泾州的哪一座石窟呢？

---

[1] 马化龙：《丝绸之路东段的几处佛教石窟——泾川王母宫与南、北石窟寺考察》，《西北师大学报（社会科学版）》1983年第4期。

[2] 〔南宋〕赵明诚撰，金文明校证：《金石录校证》卷二十一，上海：上海书画出版社，1985年，第395页。

[3] 参谭其骧主编《中国历史地图集》第四册《东晋十六国·南北朝时期》第54—55幅图（北京：地图出版社，1982年）。此图反映的是太和二十一年（公元497年）的情况。

查《魏书·阉官·抱嶷传》载:"太和十二年,迁都曹,加侍中、祭酒,尚书领中曹、侍御。后降爵为侯。……加嶷大长秋卿。嶷老疾,请乞外禄,乃以为镇西将军、泾州刺史,特加右光禄大夫。将之州,高祖饯于西郊乐阳殿,以御白羽扇赐之。十九年,被诏赴洛,以刺史从驾南征,常参侍左右。……军回还州。……后数年,卒于州。"[1]知抱嶷太和十九年(公元495年)前后曾任泾州刺史,太和十九年之后数年,卒于州,其卒年大约在太和末年(太和年号至二十三年)或宣武帝景明初年,则抱嶷所开石窟应当凿于此时。尤其可能是他初到泾州任上的太和十九年(公元495年)或更早的某时。

前面讲到有两位学者都认为王母宫石窟与云冈第6窟最为接近,按照宿白先生的意见,云冈第6窟完工于迁都洛阳的太和十八年(公元494年)之前[2]。而这正和抱嶷的开窟时间相吻合并稍早于抱嶷的开窟时间。《魏书·阉官·抱嶷传》又载抱嶷曾长时间在平城为官,作为宦官,与王遇(钳耳庆时)一道,深得高祖孝文帝、文明太后宠幸,他在泾州开凿的石窟,理应和云冈石窟有所接近。钳耳庆时在当时多次参与立寺开窟,宿白先生还曾推测云冈石窟中雕饰繁缛的第9、10双窟的就是钳耳庆时所开[3]。钳耳庆时精于佛教建筑,抱嶷或许会沾染一二。

此外,化政寺石窟窟内置碑,以记录开窟者的情况,这一点和时代稍晚于它的南石窟寺是完全一样的。从窟室的规模看,王母宫石窟高1米、宽12.6米、深13米,这样的规模大于丈八寺石窟(保存下来的一窟主尊造像高约4米,王母宫石窟中心柱下层各龛高4.4米)和罗汉洞

---

[1] 《魏书》卷九十四,中华书局校点本,第2022页。《北史·恩幸·抱嶷传》所记与之相同。

[2] 宿白:《云冈石窟分期试论》,《考古学报》1978年第1期,收入宿白:《中国石窟寺研究》,北京:文物出版社,1996年,第76—88页。

[3] 宿白:《〈大金西京武州山重修大石窟寺碑〉的发现与研究——与日本长广敏雄教授讨论有关云冈石窟的某些问题》,《北京大学学报(哲学社会科学版)》1982年第2期,收入宿白:《中国石窟寺研究》,北京:文物出版社,1996年,第89—113页。

石窟(残存下来的第10窟的主尊造像高约4米)窟室,而和南石窟寺第1窟(高11米、宽18米、深13.20米)接近,这似乎和抱嶷、奚康生二人都是泾州刺史的身份而能发动一州的力量营建一大窟不无关系。

根据以上所述,我推断王母宫石窟就是北魏太和末年泾州刺史抱嶷所开的化政寺石窟。而这是我们现在所知的陇东地区年代最早的石窟了。有了这样的认识,对于我们判断陇东地区时代较早的石窟之间的关系是有帮助的。比如王母宫石窟作为一座中心柱窟,其中心柱分为上下两层,下层平面呈正方形,上层平面呈八边形,这与多数的中心柱形式不同,颇具特色,而距离王母宫石窟不远的庆阳北石窟寺第1窟的中心柱形式与之完全相同。通常认为北石窟寺为北魏永平二年(公元509年)泾州刺史奚康生所开,那么很可能北石窟寺第1窟在中心柱形制方面受到了王母宫石窟的影响。

(原刊《敦煌研究》2008年第1期)

新公布佛教造像题记补释九则

一

四川省巴中市巴中西龛石窟，已经公布简单的调查报告[①]，其中10号龛左侧壁外有造像题记，释作：

> 菩萨圣僧金刚等郭玄亮毗季奉为亡考造前件尊容愿亡考乘此征日速登净土弥勒坐前同初会法开元三年岁次乙卯四月壬子朔

图二十二　巴中西龛石窟唐开元三年造像题记拓片

[①]　巴中市文物管理所：《巴中西龛石窟调查记》，《文物》1996年第3期。

对照拓片,第二行"郭玄亮"前似有一"右"字,"毗"当释为"昆","昆季"为常用词汇。

二

1990年成都商业街出土一批南朝造像①,其中齐建武二年背屏式造像(90CST⑤:6)题记文字释读如下:

齐建武二年岁次」乙亥荆州道人释」法明奉为七世父」母师徒善友敬造」观世音成佛像一」躯愿生生之处永」离三涂八难之苦」面都诸佛弥勒三」会愿同初首有识」群生咸将斯□发」果菩提广度

图二十三 成都商业街出土南朝齐建武二年造像题记拓片

---

① 张肖马、雷玉华:《成都市商业街南朝石刻造像》,《文物》2001年第10期。

对照拓片，最末一行"广度"后尚有字，似可补释为"一切"二字。第十行"发（發）"似可释为"登"。又第八行"都"为"睹"之别字。

三

上一批造像中的梁天监十年背屏式造像题记文字释读如下：

梁天监十年佛弟｜子王州子妻李兼女｜咸割身□敬造释｜迦石像一躯愿过｜去有亡父母值｜吾诸佛面观世｜尊普及三界五｜道众生普同｜斯愿

图二十四　成都商业街出土南朝梁天监十年造像题记拓片

对照拓片，可将第二行"州"改释为"叔"，第六行"观"改释为"睹"。古人名、字以"叔子"称者颇多。

四

四川省博物馆藏成都万佛寺出土造像①,其中梁中大同三年背屏式造像题记文字释读为:

中大同三□二」月七□比丘□」爱秦为亡□」兄及现□□□」敬造官世菩」萨一躯明□天」游神净土□□」兜率供养□」佛现□眷属」□□所常□□」□父王家六□□」切众生普同□□

图二十五　成都万佛寺出土南朝梁中大同三年造像题记拓片

对照拓片,可以将第三行"秦"改释为"奉",第六行"明"改释为"愿",第三行"亡"下一字释为"父"。又可知此题记大约每行六字(最后一行例外),所以有的行释文当有缺字,综合重新释文如下:

中大同三□二」月七□比丘□」爱奉为亡父□」兄及现□□□」敬造官世音□」萨一躯愿□天」游神净土□□」兜率供养□□」佛现

---

① 袁曙光:《四川省博物馆藏万佛寺石刻造像整理简报》,《文物》2001年第10期。

□眷属□」□所常□□□」□父王家六□□」切众生普同□□

五

西安市文物保护考古所收藏的一批西安出土隋代佛教造像①,其中隋开皇三年杨金元造四面塔像题记释读如下:

开皇三年七月十五日佛弟子杨金元□合门大小造玉像一……又愿七世父母因缘□属与一切众生□春喜乐□□始是……韦……清……

图二十六　西安出土隋开皇三年造像题记拓片

按此方塔底座四面刻题记,每面五行,每行三字,对照拓片,题记文字可补释为:

开皇三」年七月」十五日」佛弟子」杨金元」为合门」大小造」玉像一」□□□」□□□」又愿七」世父母」因缘倦」属与一」切众生」□眷喜」乐得复」始是□」□□□」清□□」□……

"倦"即"眷"之俗字。

---

① 翟春玲:《西安市出土的一批隋代佛道造像》,《文物》2002年第12期。

六

上一批造像中的大业元年魏善和造像题记,释读如下:

大业元年□月九日魏善和为家内大小敬释造迦牟尼像一区上为皇帝下及七世父母及所生父母并一切善知□普同成佛

图二十七 西安出土隋大业元年造像题记拓片

按第八行有未释之一字当为"识"之俗字。"善知识"为佛教常用词汇。

七

2004 年公布的故宫博物院藏曲阳修德寺造像窖藏中的两件有北魏"真王五年"纪年铭文的造像①,其中真王五年王起同造观世音立像铭文,录作:

---

① 胡国强:《两件北魏"真王五年"造像铭考》,《文物》2004 年第 9 期。

真王五年，佛弟子王起同造观世音像一区（躯）。上为皇帝国主、七世父母、现前居家眷属、边（遍）地众生，离苦得乐，行如菩萨，得道成佛。①

按其录文体例，当是以为原刻"边"字同于"遍"字，"遍地"为一词汇。② 而我觉得，"边地"即是。"边地"乃是中国佛教一习用语，是和"中国"——指佛法诞生和最早流传的中印度之地——相对应的，中国相对于中印度当然是属于边地了。"边地"一词多见于和此件造像差不多同时的《法显传》《释迦谱》等中国佛教著述以及各种佛教译著。所以，此处似不当于"边"字后括上一"遍"字，而使人误解。③

八

1999年甘肃省宁县出土一批佛教造像④，其中北魏太和十二年造像碑侧题记释读如下：

图二十八　甘肃宁县出土北魏太和十二年造像题记拓片

太和十二年岁次戊辰二月十二日弟子成丑儿合家眷属为七世父母历劫□□一切众生敬造石像

---

① 《曲阳白石造像研究》中录作遍（冯贺军：《曲阳白石造像研究》，北京：紫禁城出版社，2005年，页147）。

② 原附拓片此处不甚清晰。

③ 关于边地与中国的对立中的中国的确切含义，请参考杨晓春："'中国'和'印度'"，《学术研究》2005年第5期。

④ 甘肃省宁县博物馆：《甘肃宁县出土北朝石造像》，《文物》2005年第1期。

十四区

第二行"历劫"下二字未释,根据拓片,当为"诸师"二字。

九

2007年山东德州平原县出土一件残太子像①,像座之一面天保七年发愿文后题名,第十四行"褚□生",未释一字残断,似为"安"字;"亡兄褚明招",当作"褚明哲",其中"明"字或许是"朗"字;最后一行"妻□海妃",未释一字为"胥"字的异体字,此字《汉语大字典》收②。

图二十九　山东平原出土北齐天保七年造像题记拓片

佛教造像题记,数量巨大,而且有其独到的史料价值。然而题记铭文往往比较模糊,并且多用异体字、俗字,故而已有释文不免可以拾遗补阙之处。通常,如果能注意上下文和习用语,就可以解决其中的多数问题了。

(原刊《碑林集刊》第20辑,西安:三秦出版社,2014年)

---

① 张立明、蔡连国:《山东平原出土北齐天保七年石造像》,《文物》2009年第8期。

② 《汉语大字典》编辑委员会:《汉语大字典(缩印本)》,武汉:湖北辞书出版社,成都:四川辞书出版社,1992年,第859页。

固原唐墓所出八棱形石刻非石幢辨

《固原南郊隋唐墓地》①一书公布了数座内涵丰富的唐代墓葬,早已引起学界关注。其中有两座唐墓均出土了带榫的八棱形石刻。

一出史索岩夫妇墓,墓出志二方,知史索岩葬于显庆三年(公元658年),夫人安娘于麟德元年(公元664年)合祔。石刻为"青石质。通体呈八棱形,下残。顶上有一榫,榫呈四方形,稍残缺。八面有纹饰,为缠枝卷云纹。通高70、直径30、每面宽11、榫高10、榫径为15×17厘米"。② 报告未言出于何处,墓室平面及器物分布图亦未标明。一出82M2,墓志已失,报告据其中出土的开元通宝是武德开元而判断为初唐。此件亦青石质,残作三段,有两段出于墓室,有一段出于距墓室最近的一个天井,"两段复原后通体呈八棱形,顶部有一方形榫,边长16厘米,下部已残,残长87、直径33厘米"。石刻每面宽度报告未言明,据图和其直径尺寸可推算为大约12厘米。"上端有5.3厘米的边框,其下通体满布线刻图案,背景以缠枝宝相花为主,中间加饰海石榴等图案。缠枝宝相花间刻有两周人物、动物、怪兽等,每两面相对。"缠枝纹为主体纹饰,呈连续的竖S状。据动物和人物的方向可判断残存榫头的一端为下端,报告中误作上端,前一件报告中亦称存有榫头的一端为上端,但未附拓片,故无从判断其正误。报告作者推测石刻全长有150厘米。③

这两件石刻虽残,但形制大抵可见,可知是同类石刻,为八棱柱形、

---

① 罗丰编著:《固原南郊隋唐墓地》,北京:文物出版社,1996年。
② 罗丰编著:《固原南郊隋唐墓地》,北京:文物出版社,1996年,第38—39页。
③ 罗丰编著:《固原南郊隋唐墓地》,北京:文物出版社,1996年,第98—111页。

上下出榫（据残状为一端榫，推测另一端也当有榫），分别为一整件石刻中的一部分。

这种八棱柱形石刻的名称，发掘报告的作者都定为"石幢"（残件），但我以为应称"石灯台"（残件）。以下试证成此说。

先看石幢。

石幢，是一种常见的石刻，一般都作八棱形石柱形状，但也有少量作四面体、六面体、十六面体、圆柱体等等，这说明八棱形石柱之于石幢只是一种外在形式而已。佛教中的石幢①，是用来刻经的，所刻经以《佛顶尊胜陀罗尼经》②（或仅刻经咒）为最多，而石幢的流行也正恰恰与《佛顶尊胜陀罗尼经》的翻译和传布相表里。台湾学者刘淑芬认为"此经（指《佛顶尊胜陀罗尼经》）的流行广布促成了经幢的始创建立"③，又说"唐代人心目中的经幢，是指刻有'陀罗尼'的石刻，称为'石幢'"④。据经中说，可以把写好的陀罗尼咒安置在幢上、高山上、楼上、塔中，只要这些东西的影子照到人身上，或风吹了灰尘到它们上面然后又落到人身上，那就能免除人之罪业。现存最早的石幢为唐代永昌元年（公元689年）的，是在《尊胜经》翻译之后了。所以说石幢即是石经幢。《固原南郊隋唐墓地》所云石幢"没有纪年铭刻，又没有刻陀罗尼经者在时代上当早于前者（即永昌元年者）"是无从说起的。石幢来源于丝织的幢⑤，而选用石刻的形式正是为了刻经之不朽。至于固定为八棱形石柱的形状则是接受了已有石刻的影响，如石柱，而八棱形也正是便于刻经的。

---

① 还有少量的道教经幢。
② 此经有多个汉译本，收入《大正藏》卷十九"密教部"。
③ 刘淑芬：《〈佛顶尊胜陀罗尼经〉与唐代尊胜经幢的建立——经幢研究之一》，《"中央研究院"历史语言研究所集刊》第六十七本第一分，1996年。
④ 刘淑芬：《经幢的形制、形制和来源——经幢研究之二》，《"中央研究院"历史语言研究所集刊》第六十八本第三分，1997年。通过这两篇长文，可以了解经幢的基本情况。
⑤ 陈明达：《石幢辩》，《文物》1960年第2期。

再看石灯台。

石灯台常用于寺院和墓葬,想来灯火常明这样的寓意是很受欢迎的,《大汉原陵秘葬经·辨掩闭骨殖篇》云:"凡墓堂内安长生灯者,主子孙聪明安定,主子孙不患也。"[1]石幢产生之前,石灯台已见使用,石幢流行之后石灯台也多见使用[2],二者功能不同是显明的。而石灯台的形制也正是以八棱形石柱为主的。

陕西蒲城开元十二年(公元724年)睿宗桥陵陪葬墓惠庄太子墓[3]中出土了一件完整的石灯台,由灯座、灯身、灯台面三部分组成,三者以榫卯结构相互套接(灯身上、下两端出榫),通高92厘米,灯身呈正八棱柱状,长与高度比例为1∶8,固原所出因一端残而不得确知,但就残长论分别为1∶6、1∶7,若完整的话就可能在1∶8左右了;线刻的纹饰则更为接近(史索岩夫妇墓石刻纹饰未附图,姑不论,单以固原82M2石刻作比较),均是竖S形缠枝纹,枝叶细部表现如出一辙,这种纹饰是唐代石刻中常见于长条状空白处作装饰的,固原82M2石刻只是多用了一些动物、人物夹饰于缠枝花纹中间,而史索岩夫妇墓石刻按报告云为"缠枝卷云纹",想来也是一种S形构图的纹饰。

由不刻经而形制、纹饰接近惠庄太子墓灯台来看,固原唐墓所出八棱形石刻应是石灯台的一部分,也就是灯身部分。惠庄墓所出为完整器,故可轻易定名,固原所出为残件,便易与另外的一种八棱形石刻——石幢相混了,但考其究竟,还是可以明了是为灯台而非石幢。其实考古发现中石灯台灯身残件也不是很少见的,只是有铭文者才易确实其名称。比如西安唐青龙寺遗址3号遗址北侧T325第四层(唐代文化层)出

---

[1] 转引自徐苹芳:《唐宋墓葬中的"明器神煞"与"墓仪"制度——读〈大汉原陵秘葬经〉札记》,《考古》1963年第2期。

[2] 陈明达《石幢辩》一文中提到三座石灯台,时代分别为北齐、唐大历八年(公元773年)、渤海国时期。

[3] 陕西省考古研究所、蒲城县文体广电局:《唐惠庄太子墓发掘简报》,《考古与文物》1999年第2期。

土了一件八棱形的石刻,边长7.5厘米、残高57厘米、直径18厘米,刻《佛说施灯功德经》及"佛顶尊胜陀罗尼咒",因而定名为石灯台,灯台所立时间为唐文宗大和五年(公元831年)。据文字可知上半段残去,复原上半段刻文可见中间有空白,推测可能原有雕刻纹饰①。如果没有《佛说施灯功德经》的刻文,那就说不定也会有人把它误以为是石幢了。

至于灯台刻经,尤其是刻《佛顶尊胜陀罗尼经》或"佛顶尊胜陀罗尼咒",则是受了石幢刻经的影响,但刻经的灯台也终究是灯台,这一点陈明达先生有很好的说明②。

而随着石经幢的流行,也出现了墓葬中安置石经幢的做法,如大中二年(公元848年)高克从墓所出陀罗尼经幢,及李仁夫妇墓、白鹿原唐墓所出的石幢顶③。

1999年发掘的太原隋虞弘墓"在墓室出土2根完整的八棱柱和3根残八棱柱,4根为雕绘,1根仅有彩绘,花纹相同。另发现5个正好安放八棱柱的覆莲柱础,覆莲花瓣有8瓣和16瓣之别。柱高131—132、础高15—16厘米"。④ 因而说,固原唐墓所出八棱石刻残件亦不排除为类似虞弘墓所出八棱石柱的可能。虞弘墓所出八棱石柱下端有榫,花纹为竖S形缠枝纹,固原所出与之都是比较接近的;所不同者,主要在于虞弘墓所出八棱石柱有多件(因而可能是帐的立柱),而固原所出八棱石刻各墓只见一件(有两墓出),从这一点看,固原所出仍是以石灯台的可能性为大的。

(原刊《碑林集刊》第12辑,西安:陕西人民美术出版社,2006年)

---

① 中国社会科学院考古研究所西安唐城队:《唐长安青龙寺遗址》,《考古学报》1989年第2期。

② 陈明达:《石幢辨》,《文物》1960年第2期。

③ 参考徐苹芳:《唐宋墓葬中的"明器神煞"与"墓仪"制度——读〈大汉原陵秘葬经〉札记》,《考古》1963年第2期;李仁夫妇墓材料见中国科学院考古研究所编著:《西安郊区隋唐墓》,北京:科学出版社,1966年。

④ 山西省考古研究所、太原市考古研究所、太原市晋源区文物旅游局:《太原隋代虞弘墓清理简报》,《文物》2001年第1期。

隋《虞弘墓志》所见史事系年考证

1999年7月，太原隋虞弘夫妇墓经过考古发掘，出土了具有粟特美术特征图案的石椁及其墓志（虞弘及其妻各一），很快引起研究粟特、祆教、中外关系等内容的学者的关注。其中石椁部分图案和虞弘墓志在发掘简报中作了公布[①]。

虞弘墓志主要记载了墓主虞弘一生的履历，具有很高的史料价值，墓葬的发掘者和简报执笔者之一张庆捷先生还作专文考释了志文，就简报谈到的几个问题之外的一些问题作了说明[②]。此后，林梅村[③]、罗丰[④]、余太山[⑤]三位先生也分别就墓志的内容作了进一步的研究。就墓志志文而言，其中涉及的史事年代和地理两方面的内容是首先引起学者注意的，对此的研究也正是解读整篇文字首先要做的工作。几位研究者也都涉及这两大问题，但内涵丰富的墓志志文似仍有进一步释读的必要。

本文试在张庆捷、罗丰两位的研究基础上，以时间为纲，就其中所见的史事作进一步的梳理与考释。先对墓志加标点后录文如下。

《虞弘墓志》志盖题：

---

① 山西省考古研究所、太原市考古研究所、太原市晋源区文物旅游局:《太原隋代虞弘墓清理简报》，《文物》2001年第1期。
② 张庆捷:《〈虞弘墓志〉中的几个问题》，《文物》2001年第1期。
③ 林梅村:《稽胡史迹考——太原新出隋代虞弘墓志的几个问题》，《中国史研究》2002年第1期。
④ 罗丰:《一件关于柔然民族的重要史料——隋〈虞弘墓志〉考》，《文物》2002年第6期。
⑤ 余太山:《鱼国渊源臆说》，《史林》2002年第3期。

大隋故仪同虞公墓志

志文如下：

公讳弘，字莫潘，鱼①国尉纥驎城人也。高阳驭运，迁陆海□□□；□□」膺箓，徙赤县于蒲坂。奕叶繁昌，派枝西域；倜傥人物，漂注□□。□□」奴栖，鱼国领民酋长。父君陀，茹茹国莫贺去汾达官，使魏□□□□」朔州刺史。公承斯庆裔，幼怀劲质。紫唇鹔颔，白耳龟行。凤子□□□」之文，洞闲时务；龙儿带烟霞之气，迥拔枢机。扬乌荷戟之龄，□□□」月之岁，以公校德，彼有惭焉。茹茹国王，邻情未协，志崇通药，□□□」[芥]。年十三，任莫贺弗，衔命波斯、吐谷浑。转莫缘，仍使齐国。文宣□□」，焕烂披云。拘絷内参，弗令返国。太上控揽，砂碛烟尘，授直突都督。□」使折旋，歙谐边款，加轻车将军、直斋、直荡都督。寻迁使持节、都督凉」州诸军事、凉州刺史、射声校尉。贾逵专持严毅，未足称优；郭汲垂信」里儿，讵应拟娓。简陪闺闱，奋叱惊遹。功振卷舒，理署僚府。除假仪同」三司、游击将军。貂珰容良之形，佩山玄玉之势。郑袤加赏，五十万余。」[张]华腹心，同途异世。百员亲信，无所媿也。武平既鹿丧纲颓，建德遂」蚕食关左。收珠弃蚌，更悛琴瑟。乃授使持节、仪同大将军、广兴县开国」伯、邑六百户。体饰金章，衔绶簪笏。诏充可比大使，兼领乡团。大象」末，左丞相府，迁领并、代、介三州乡团，检校萨保府。开皇，转仪同三司、」敕领左帐内、镇押并部。天道茫昧，灾眚斜流。九转未成，刘兰滥尽。春」秋五十有九，薨于并第。以开皇十二年十一月十八日葬于唐叔虞」坟东三

---

① 仔细观察简报中公布的拓片，两"鱼"似为后改字。如果果真如此的话，倒是一个值得考虑的问题。我估计改之前是"虞"字，那么说明墓主人的家属认为应称"鱼国"而不是"虞国"，大概是为了存旧。

里。月皎皎于隧前,风肃肃于松里,镌盛德于长夜,播徽猷于」万祀。逎为铭曰:

水行驭历,重瞳号奇。隆基布政,派胤云驰。润光安息,辉临月支。簪缨」组绶,冠盖羽仪。桂辛非地,兰馨异土。翱翔数国,勤诚十主。扣响成钟,」应声如鼓。蕴怀仁智,篡斯文武。缓步丹墀,陪游紫阁。志闲规矩,心无」□□。秋夜挥弦,春朝命酌。彩威麟凤,寿非龟鹤。前鸣笳吹,后引旗旌。」□□□□,宏奏新声。日昏霜白,云暗松青。□[河]□树,永[闺][台][扃]。①

一、虞弘祖、父事迹

志文云:"公讳弘,字莫潘,鱼国尉纥驎城人也。高阳驭运,迁陆海□□□;□□膺箓,徙赤县于蒲坂。奕叶繁昌,派枝西域;倜傥人物,漂注□□。□□奴栖,鱼国领民酋长。父君陀,茹茹国莫贺去汾达官,使魏□□□□朔州刺史。"点明虞弘里贯后,说到华夏族由中原迁于四裔,这种将族源追溯到华夏族的说法在北方民族中很常见,如匈奴就是自称夏后氏之苗裔。"漂注"后缺字或可补为"北地"一类指方位的词汇,以和"西域"对仗。随后可补成"祖□奴栖"②,"使魏"一句,或可补为"使魏,弗令还,授朔州刺史"。

弘祖"□奴栖"为鱼国的首领,此无疑。领民酋长是宗主国授予附属部族首领的称号,有关北朝的史籍中多见,周一良先生考其任者为鲜

---

① 简报公布了拓片,但因制版不慎之故,最上一行只存半行,最下一行略去。张庆捷《〈虞弘墓志〉中的几个问题》一文中完整地刊布了墓志文字,本文据之,仍以□表示缺字、以[]表示补字。并与拓片作了对照,稍作更正,如改"录"为"箓"、改"愧"为"媿",另改正了一个印刷错误,改叶谷浑的"叶"为"吐"字。录文以」表示原志一行结束之处。

② 有学者认为也可能为"曾祖奴栖"。

卑或服属鲜卑之族,例外者或非汉族,或系胡化甚深之汉族。① 因此,张庆捷先生认为虞弘祖父所任为北魏的领民酋长,但从虞弘父亲、虞弘皆为柔然高官来看,莫若把虞弘祖父所任的领民酋长看作是柔然设于鱼国的称号。且可能有一服属北魏的部族当柔然势衰、柔然和北魏交好时转而服属柔然。虞弘祖父所领之"领民酋长"大概就是字面上的领有部民的部族首领的意思。而且,很可能是世袭的称号。

关于虞弘父亲虞君陀的一段文字,似可理解为虞君陀使魏而未还,虽然有缺字,但从朔州刺史一职为北朝官职看,可以作出这样的判断。其出使的时间,当该在其子弘出生之后,因为虞君陀大概未能回到鱼国,按后面关于虞弘生年的推测,即在534年后,张庆捷先生正是这样推断的,并说至多再提前到533年②;又当在虞弘十三岁出使波斯、吐谷浑之前,即在546年之前,不然虞弘不会以十三之龄任莫贺弗而出使,也许就是因为虞君陀使魏而未能回,尔后阿那瓌方任其子弘为莫贺弗,以其十三岁之龄衔命西使。

罗丰先生因为史载朔州永熙中改为云州,而认为虞君陀使魏应在永熙年(公元532—534年)或永熙年之前,于是对张庆捷先生判断的虞君陀使魏的时间上限即虞弘出生之年的说法未赞一词。③ 按他的说法,虞君陀使魏在北魏末年或之前,那也就是虞弘刚出生或出生之前。他引《洛阳伽蓝记》雁臣的说法以证明北夷酋长虽任职北朝仍可能再回到故国,大概是以此来解释虞君陀使魏和虞弘出生之间时间上的矛盾。罗丰先生把虞君陀使魏未返而任职北朝和北族酋帅子弟充任北朝近侍的情况联系起来考虑,很有启发。不过虞君陀所任并非近侍之职,这似

---

① 周一良:《领民酋长与六州都督》,《国立中央研究院历史语言研究所集刊》第二十本上,1948年;收入周一良:《魏晋南北朝史论集》,北京:北京大学出版社,1997年。
② 张庆捷:《〈虞弘墓志〉中的几个问题》,《文物》2001年第1期。
③ 罗丰:《一件关于柔然民族的重要史料——隋〈虞弘墓志〉考》,《文物》2002年第6期。

乎是罗丰先生没有考虑到的。

其实,从地名上来作的考虑,罗丰先生尚因有失察之处,以致固守虞君陀使魏应在永熙年或永熙年之前的看法。《魏书·地形志》"朔州"条注:

> 本汉五原郡,延和二年置为镇,后改为怀朔,孝昌中改为州。后陷,今寄治并州界。①

陷,指从东魏立场上来看的陷于西魏;今,指东魏武定年间(公元543—550年)。② 又《魏书·地形志》"云州"条注:

> 旧置朔州,后陷,永熙中改,寄治并州界。③

又《隋书·地理志》"弘化郡"条注:

> 西魏置朔州,后周废。开皇十六年,置庆州。④

综合可知,北魏朔州地当怀朔镇,后入西魏境;西魏仍设朔州,但侨置于今庆阳;而东魏则寄朔州治于并州,并改称云州。⑤ 则虞君陀出使的魏国,应为西魏。

其时,柔然为阿那瓌当政,联系后述虞弘出使波斯、吐谷浑、北齐,

---

① 《魏书》卷一百六上,中华书局校点本,第 2498 页。
② 《魏书·地形志》称:"今录武定之世以为《志》焉。……其沦陷诸州户,据永熙缩籍,无者不录焉。"中华书局校点本,第 2455 页。
③ 《魏书》卷一百六上,中华书局校点本,第 2500 页。
④ 《隋书》卷二十九,中华书局校点本,第 812 页。
⑤ 参考谭其骧主编《中国历史地图集》第四册《东晋十六国·南北朝时期》相关图幅(北京:中华地图学社,1975 年)。

可见阿那瓌施政之一斑,这和他在北魏支持下登上汗位的经历不无关系。史载东、西魏初年"竞结阿那瓌为婚好",随后,多有使节往来,后来柔然逐渐与东魏关系更为密切。①

二 虞弘履历

墓志主要记载了虞弘的生平,线索清晰,今试列一年谱,间下按语,以见其履历。其中不可确考年岁的地方,则前加"?"表示,并尽量将之考订在较小的时间段内,括注在后。

公元534年(北魏孝武帝永熙三年,东魏孝静帝天平元年),出生。

按:志文记虞弘开皇十二年十一月十八日葬,享年五十九岁,若以此年为其死年,五十九岁以虚岁计,则生年当公元534年。

公元546年(西魏大统十二年,东魏武定四年),年十三岁,仕茹茹(柔然)为莫贺弗,出使波斯、吐谷浑。

按:虞弘以十三岁之龄而任柔然的莫贺弗这么重要的官职,值得注意。首先,可猜测到虞弘的身份非同一般,他的祖父为鱼国领民酋长,为依附于柔然的鱼国的首领,父亲曾任柔然莫贺、去汾、达官。其次,他父亲作为柔然使臣出使西魏而未能回国,因而,柔然才可能在他少年时即委以重职。

此时,柔然在阿那瓌统治之下(公元522—552年在位,公元524年,当北魏正光五年,称可汗),与东魏交好,也在此年,阿那瓌以其爱女

---

① 《北史》卷九十八《蠕蠕传》,中华书局校点本,第3264页。

妻东魏权臣高欢①。此时的波斯为萨珊朝，在库萨和一世（Khusrau I）②（公元531—579年）的统治之下，面临着中亚最强大的力量哒哒人的攻击，最终联合突厥在公元557年之后不久打败了哒哒，并瓜分了哒哒的领土。③则阿那瓌派使波斯和哒哒的强大不无关系。此时的吐谷浑在夸吕（公元535—591年在位）④统治之下，夸吕自号可汗，以伏俟城为中心，控地东西三千里，南北千余里，一派内外修治的景象。⑤柔然派使吐谷浑，那在情理之中。⑥

可以说，此时的柔然欲与周边诸国都处于交好的状态。其原因，可能和柔然势力已不如以往，柔然役属下的高车屡有反叛，特别是阿那瓌察觉到其役属下的突厥的力量上升有关联。⑦也正在此年，柔然与突厥交恶。⑧

　　　？（公元550—551年），任茹茹莫缘，出使北齐。齐文宣帝留之，遂仕北齐。

按：志文在叙述完虞弘出使波斯、吐谷浑后紧接着说："转莫缘，仍使齐国。文宣□□，焕烂披云。拘挚内参，弗令返国。"可以看出，虞弘在出使波斯、吐谷浑回来后转任莫缘，接着以莫缘的身份出使北齐，因而可以把使齐同样看作是阿那瓌与四邻交好活动的一部分，时当北齐

---

① 《北史》卷九十八《蠕蠕传》，中华书局校点本，第3265页。
② 又译胡斯洛一世。
③ 〔英〕加文·汉布里主编，吴玉贵译：《中亚史纲要》，北京：商务印书馆，1994年，第80页。
④ 周伟洲：《吐谷浑史》"吐谷浑世系表"，银川：宁夏人民出版社，1985年。
⑤ 《北史》卷九十六《吐谷浑传》，中华书局校点本，第3185—3186页。
⑥ 《北史》卷九十八《蠕蠕传》，中华书局校点本，第3185—3186页。
⑦ 《北史》卷九十九《突厥传》，中华书局校点本，第3285—3286页。
⑧ 参考《柔然资料辑录》引《周书·突厥传》《隋书·突厥传》《北史·突厥传》（中国科学院历史研究所史料编纂组编：《柔然资料辑录》，北京：中华书局，1962年，第293—294页）。本文的写作，颇得这一部资料集的帮助。

文宣帝时(公元 550—559 年)。北齐代东魏后,与柔然阿那瓌仍旧交好①,但天保三年(公元 552 年)阿那瓌为突厥所破而自杀②。所以可以将虞弘使齐的时间定在天保元年(五月始)——天保三年二月阿那瓌自杀之间(公元 550—552 年)。《北齐书》载柔然遣使朝贡有四次:天保元年十月、十二月,天保二年二月、七月③,那么,把虞弘使齐的时间下限定在天保二年,想也应无大问题。或许即史载四次遣使中的一次。张庆捷先生考虑到天保五年(公元 554 年)柔然太子菴罗辰又叛齐(天保三年,受突厥攻击而南奔北齐),将虞弘被扣解释为因为柔然和北齐的这一次交恶,而将虞弘使齐定在天保三年到天保五年(公元 552—554 年)。④ 这一推断不可取。如果考虑虞弘被扣是因为菴罗辰叛齐,那么被扣时间应在菴罗辰叛齐之后,即天保五年三月⑤之后;况且这样的假设割断了虞弘使齐乃是出使波斯、吐谷浑这一系列出使活动中的一部分的内在联系;更何况天保三年阿那瓌自杀后,太子菴罗辰"拥众奔齐"⑥,遑论遣使。

其实,在柔然与东魏、北齐交好时也常有互扣使者的事情发生。⑦

有可能阿那瓌遣虞弘使北齐还是因为突厥势力上升威胁到柔然的缘故。

　　? (公元 550—559 年),仕北齐为直突都督。

---

① 《北史》卷九十八《蠕蠕传》载:"及齐受东魏禅,亦岁时往来不绝。"中华书局校点本,第 3266 页。
② 《北史》卷九十八《蠕蠕传》,中华书局校点本,第 3266 页。
③ 《北齐书》卷四《文宣纪》,中华书局校点本,第 54—55 页。
④ 张庆捷:《〈虞弘墓志〉中的几个问题》,《文物》2001 年第 1 期。
⑤ 据《北齐书》卷四《文宣纪》,中华书局校点本,第 58 页。《通鉴》同作三月,《周书·突厥传》《北史·突厥传》并作正月。"三""正"二字形近易讹。
⑥ 《北齐书》卷四《文宣纪》,中华书局校点本,第 58 页。《北史》卷九十八《蠕蠕传》,中华书局校点本,第 3266 页。
⑦ 《北史》卷九十八《蠕蠕传》,中华书局校点本,第 3264—3266 页。

按:志文云:"太上控揽,砂碛烟尘,授直突都督。"太上指齐文宣帝,故此亦为天保间事。这似乎说虞弘曾随齐文宣帝出征北方,因而被授予直突都督。

北齐设领军府,掌禁卫宫掖以及舆驾出入、督摄仗卫,下设左右卫、左右府,左右卫各设一将军,名左卫将军、右卫将军,又各有二武卫将军贰之,直突都督则又为武卫将军下属,从六品上阶。[①] 安排周边地区民族首领的子弟入值宫禁,是北朝隋唐时期一通例。

?(公元550—559年),出使北齐周边地区,加轻车将军、直斋、直荡都督。

按:志文云:"□使折旋,歙谐边款,加轻车将军、直斋、直荡都督。"乃承上而言,故亦可以认为是天保间事。

轻车将军,散品将军之一,从五品下阶。直斋、直荡都督,性质同直突都督。直斋,从五品下阶;直荡都督,从四品上阶。[②]

?(公元550—559年),寻迁使持节、都督凉州诸军事、凉州刺史、射声校尉。

按:志文承上"加轻车将军、直斋、直荡都督",云:"寻迁使持节、都督凉州诸军事、凉州刺史、射声校尉。"不可考知何时之事,若不是天保间事,则亦相去不远。

射声校尉,性质亦同直突都督,从四品下阶。[③] 但是何以从从四品上阶的直荡都督转为从四品下阶的射声校尉则使人费解。而志文称

---

① 《隋书》卷二十七《百官志中》,中华书局校点本,第758、767页。
② 《隋书》卷二十七《百官志中》,中华书局校点本,第758、766—767页。
③ 《隋书》卷二十七《百官志中》,中华书局校点本,第758、766页。

"迁"也不应及此。

不同于前两次授职,此次授予了地方官"都督凉州诸军事、凉州刺史"。而凉州不在北齐境内,故罗丰先生推测应是北齐侨置的凉州①。

？（公元 550—577 年）,除假仪同三司、游击将军。

按:北齐的仪同三司,位在三公下,正二品。② 游击将军,正四品上阶,性质亦同直突都督,非散号将军。③ 看来虞弘是一直保有禁卫宫掖的衔职的,而且还不断地升迁,由从六品上阶的直突都督迁至正四品上阶的游击将军。

志文随后称赞道:"貂珰容良之形,佩山玄玉之势。郑袤加赏,五十万余。[张]华腹心,同途异世。"又称"百员亲信,无所愧也"。亲信一称,多见北朝史籍,如《周书》载:伊娄穆"弱冠为太祖内亲信"④;刘雄"大统中,起家为太祖亲信"⑤。如《北史》载:陆逞"起家羽林监、周文内亲信"⑥;赵文表"起家为周文亲信"⑦。又《通典·职官·文散官》"光禄大夫以下"条:"（南）齐左右光禄大夫,皆据旧齿,位从公,开府置佐吏如公。年重加亲信二十人。"⑧看来"亲信"在南北朝时期是一职官专名。隋制:"王公以下,三品以上,又并有亲信、帐内,各随品高卑而制员"⑨,盖隋代承北周制度。则可见虞弘以仪同三司正二品之官而有亲

---

① 罗丰:《一件关于柔然民族的重要史料——隋〈虞弘墓志〉考》,《文物》2002 年第 6 期。
② 《隋书》卷二十七《百官志中》,中华书局校点本,第 765 页。
③ 《隋书》卷二十七《百官志中》,中华书局校点本,第 758、766 页。
④ 《周书》卷二十九《伊娄穆传》,中华书局校点本,第 499 页。
⑤ 《周书》卷二十九《刘雄传》,中华书局校点本,第 503 页。
⑥ 《北史》卷六十九《陆逞传》,中华书局校点本,第 2393 页。
⑦ 《北史》卷六十九《赵文表传》,中华书局校点本,第 2405 页。
⑧ 〔唐〕杜佑撰,王文锦、王永兴、刘俊文、徐庭云、谢方点校:《通典》卷三十四,北京:中华书局,1988 年,第 935 页。
⑨ 《隋书》卷二十八《百官志下》,中华书局校点本,第 782 页。

信。百员或非实指。

公元577年(北周建德六年、北齐承光元年),年四十四岁,仕北周,授使持节、仪同大将军、广兴县开国伯、邑六百户,充可比大使,兼领乡团。

按:志文云:"武平既鹿丧纲颓,建德遂蚕食关左。收珠弃蚌,更悛琴瑟。乃授使持节、仪同大将军、广兴县开国伯、邑六百户。体饰金章,衔锵簪笏。诏充可比大使,兼领乡团。"武平为北齐后主年号,代指北齐后主,建德为北周武帝年号,代指北周武帝,这里讲的是周并齐之事。齐祚至577年,北周武帝在位至578年,故可将虞弘入周定在这两年间,而尤以周初灭齐时,即577年可能性为更大。

据《周书·卢辩传》,仪同三司,九命,建德四年(公元575年)改仪同三司为仪同大将军[1],似乎入周后虞弘任职与他在齐时所任有一定的延续性。

"可比大使"中"可比"之意不明。《南齐书·魏虏传》:"诸曹府有仓库,悉置比官,皆使通虏、汉语,以为传驿。"[2]比官为北魏管仓库的官,但是"通虏、汉语"。如果理解"可"为适合之意,"比"即《南齐书·魏虏传》中比官的意思,却也和虞弘来自北族的身份有一定的相符之处。

可以看出,虞弘入周后,仍然充当使节。充当使节,可以说是虞弘政治生涯中的主要内容。

关于乡团,谷霁光先生《府兵制度考释》中说:"从西魏到隋,还有'乡兵'这一名号,一般也指府兵而言。因为府兵兵源一部分由乡兵转变而来,而府兵分驻各地,军坊之外,尚有乡团,所以有时又称乡兵。"[3]

---

[1] 《周书》卷二十四,中华书局校点本,第407页。
[2] 《南齐书》卷五十七,中华书局校点本,第985页。
[3] 谷霁光:《府兵制度考释》,上海:上海人民出版社,1962年,第16页。

"乡团原是府兵分散屯驻所在地方。"①"根据《隋书·百官志》,知军坊、乡团分指兵士比较集中的城乡地区,当军民分治时,军府分别设坊主、团主以治理民事。"②"团本是一种组织的称呼,用于军事上曰军团、乡团,军团是军事统领单位,乡团是军士聚居地区,引申为军事组织、乡兵组织。"③意思是乡团即乡兵组织,属于府兵系统。《府兵制度考释》第二章"西魏、北周时期府兵制度的形成"中详细介绍了府兵形成之初,吸收乡兵的情况。罗丰先生引述《府兵制度考释》时称"在北朝晚期兵制中,除人们熟知的府兵外,另一个就是乡兵。乡兵源于当地自卫武装力量,由本地豪门大姓担任统领。散居乡间的乡兵称作乡团,北周以大都督或仪同统领,居于本乡"④。似乎误解了谷霁光先生的说法。既称"乡团",则当属府兵,只是来源于乡兵(分散的地主武装),北朝府兵组织为军、团、旅、队⑤,称乡团应与此有关。

又据《周书·卢辩传》:"周制:……其仪同又加车骑大将军、散骑常侍。"⑥仪同为仪同三司省称,仪同三司改为仪同大将军后亦当如此。那么或许可以推测虞弘同时兼有车骑大将军。西魏六柱国领兵系统可以下表表示⑦:

---

① 谷霁光:《府兵制度考释》,上海:上海人民出版社,1962年,第17页。
② 谷霁光:《府兵制度考释》,上海:上海人民出版社,1962年,第17页,注②。
③ 谷霁光:《府兵制度考释》,上海:上海人民出版社,1962年,第138页。
④ 罗丰:《一件关于柔然民族的重要史料——隋〈虞弘墓志〉考》,《文物》2002年第6期。
⑤ 谷霁光:《府兵制度考释》,上海:上海人民出版社,1962年,第52—53页。
⑥ 《周书》卷二十四,中华书局校点本,第407页。"其仪同又加"数字为点校者据《北史》《通志》补。在校勘记中加按语说:"周制骠骑大将军例加开府仪同三司,车骑大将军例加仪同三司。"
⑦ 谷霁光:《府兵制度考释》,上海:上海人民出版社,1962年,第50—56页。

表四　西魏六柱国领兵系统职官示意表

六柱国大将军	六军	正九命
十二大将军	十二军	正九命
二十四骠骑大将军、开府仪同三司（简称为开府将军）	二十四军	九命
若干车骑大将军、仪同三司（简称为仪同将军）	若干团	九命
若干大都督	若干团	八命
若干帅都督	若干旅	正七命
若干都督	若干队	七命

至北周，"六军、十二军在统领系统上已无实职，名存实亡；二十四军则在组织系统上与统领系统上都保留着，其地位更显得重要"①。

如果虞弘以仪同大将军同时兼有车骑大将军的推测不误的话，则可知他本领一团，那怎么志文记载说"兼领乡团"呢？有两种可能，一是仪同将军、大都督所领之团又称乡团，一是另有乡团一称。我倾向于前者。

北周时期的乡团，还见于《龙山公□质墓志铭》：

> 周朝受大都督、龙山公，选补仪同。领乡团五百人，守隘三峡。②

谷霁光先生解释说："乡团与仪同连属，绝非偶然。"③但也可能龙山公□质是以大都督领乡团，何以看成是因为选补仪同的缘故呢？这在谷霁光先生书中未作解释。

隋制：左右卫，掌宫掖禁御、督摄仗卫，又各统亲卫，置开府，又有仪

---

① 谷霁光：《府兵制度考释》，上海：上海人民出版社，1962年，第64页。
② 转引自谷霁光：《府兵制度考释》，上海：上海人民出版社，1962年，第54页。据罗丰先生文，此志又载赵万里《汉魏南北朝墓志集释》卷八，题《隋龙山公□质墓志铭》，但"峡"作"硖"。
③ 谷霁光：《府兵制度考释》，上海：上海人民出版社，1962年，第54页。

同府,诸府皆领军坊,每坊,置坊主、佐;每乡团,置团主、佐①。看来,在隋代,乡团是属于掌宫掖禁御、督摄仗卫的左右卫系统的。但也正如谷霁光先生谈到的,"军坊乡团"制度到隋唐时有了较大变化②,显然其品秩已大大低于北朝。

公元 580 年(北周大象二年),年四十七岁,迁领并、代、介三州乡团,检校萨保府。

按:志文云:"大象末,左丞相府,迁领并、代、介三州乡团,检校萨保府。"大象有二年,大象末必指大象二年,即 580 年。此句"左丞相府"四字殊觉突兀。

此为"迁领并、代、介三州乡团,检校萨保府",指由兼领乡团迁领并、代、介三州乡团,前处未言兼领何处乡团,此处点明。而其使持节、仪同大将军两职应仍旧。"并、代、介三州乡团"的称法正说明乡团是屯驻地方的,《龙山公□质墓志铭》所见亦是屯驻地方的。

检校,代理的意思。③

不知虞弘所检校的萨保府为何州的萨保府。大多数学者以为是并州的萨保府,虽然以此种可能性最大,但志文并未明说。《隋书·百官志》载北齐、隋诸州有萨甫(萨保)④,并未言及设萨保府。由此志可见

---

① 《隋书》卷二十八《百官志下》,中华书局校点本,第 778 页。
② 谷霁光:《府兵制度考释》,上海:上海人民出版社,1962 年,第 54 页。
③ 《资治通鉴》卷一百七十八胡三省注:"隋制:未除授正官而领其务者为检校官。"[北京:中华书局,1987(1956)年,第 5539 页。]岑仲勉先生以为:检校,含代理的意思,作为未实授的称谓,玄宗朝后则意为虚衔(岑仲勉:《从唐代官制说明张曲江集附录诰命的错误》《续贞石证史》,收入岑仲勉:《金石论丛》,上海:上海古籍出版社,1981 年)。
④ 《隋书》卷二十七《百官志中》载鸿胪寺典客署"又有京邑萨甫二人,诸州萨甫一人"(中华书局校点本,第 756 页)。《隋书》卷二十八《百官志下》载"雍州萨保,为视从七品;……诸州胡二百户已上萨保,为视正九品"(中华书局校点本,第 790、791 页)。

北周设萨保府，可补史文不足。由近年出土的北周安伽墓志可知安伽为同州萨保，则周亦应于诸州设萨保。①

？（公元581—592年），仕隋，为仪同三司、敕领左帐内、镇押并部。

按：隋之仪同三司，为正五品上阶②，隋制："王公以下，三品以上，又并有亲信、帐内，各随品高卑而制员。"③所以张庆捷先生认为是以仪同三司领左帐内。④ 虞弘所领左帐内大概为丞相府帐内，张文所引实例，几乎都是如此，其中的姬威墓志更是记载到他在隋初以仪同三司领丞相府右帐内。所以，我有点怀疑"大象末，左丞相府，迁领并、代、介三州乡团，检校萨保府"一句中的"左丞相府"四字应置此处，作"开皇，转仪同三司、敕领左丞相府左帐内、镇押并部"。时间以开皇初年的可能性为大。

镇押，意不明。其镇押并部和前领并、代、介三州乡团应有关系。

592年（开皇十二年），年五十九岁，死，葬于并州。

按：虞弘死葬并州和他领并、代、介三州乡团亦应有关系。

三 "勤诚十主"之"十主"

铭词曰："桂辛非地，兰馨异土。翱翔数国，勤诚十主。"张庆捷先生认为所谓"十主"只是约数，认为虞弘"曾在十来个可汗和皇帝手下担任

---

① 陕西省考古研究所：《西安发现的北周安伽墓》，《文物》2001年第1期。
② 《隋书》卷二十八《百官志下》，中华书局校点本，第778页。
③ 《隋书》卷二十八《百官志下》，中华书局校点本，第782页。
④ 张庆捷：《〈虞弘墓志〉中的几个问题》，《文物》2001年第1期。

过官职,如柔然敕连头兵伐可汗,阿那瓌,齐宣帝、废帝、昭帝、武成帝、后主,北周武帝、宣帝、静帝,隋文帝等"①。按敕连头兵伐可汗为阿那瓌的称号②,据志文,虞弘初仕于柔然阿那瓌,经柔然、北齐、北周、隋,死于隋文帝开皇十二年,可知历柔然阿那瓌,北齐文宣帝、废帝、孝昭帝、武成帝、后主,北周武帝、宣帝、静帝,隋文帝,正是十主。张文所列有误,而"十"也是实指。

《虞弘墓志》涉及的问题尚多,现在还未见学者就之作全文注释,本文作的史事条理与考释的工作也只是初步的,希望对以后作全文注释有所助益,然其中定有不当之处,祈望有以指正。与虞弘墓志同出的还有虞弘夫人的墓志,遗憾的是还没能见到,或许其中有一些内容对于解读《虞弘墓志》是很有帮助的。

(原刊《文物》2004 年第 9 期)

---

① 张庆捷:《〈虞弘墓志〉中的几个问题》,《文物》2001 年第 1 期。
② 北魏正光五年(公元 524 年),阿那瓌号敕连头兵伐可汗,见《北史》卷九十八《蠕蠕传》,中华书局校点本,第 3263 页。

隋《虞弘墓志》所见"鱼国"、"尉纥驎城"考

一

1999年7月,山西太原隋虞弘夫妇墓经过考古发掘,出土了内涵丰富的石制葬具和随葬品,立刻引起了研究者的关注。其中有墓主夫妇的墓志各一方,是了解墓主情况的最重要材料,当2001年年初此墓的发掘简报①中公布了《虞弘墓志》的拓片及录文后,考释墓志文字的论文就有数篇,笔者也曾就墓志所见史实的年代问题作过考察,并提供了新的录文。② 其中"鱼国"、"尉纥驎城"二地的地望问题是《虞弘墓志》中一个最需解决的问题,因为这关涉虞弘的族属,然而却是众说纷纭。就管见所及,略有八种意见,以下按发表时间的先后略作摘引与评论。

1.《太原隋代虞弘墓清理简报》认为鱼国在中亚,理由是志文中有"派枝西域"一语,作者认为是指虞弘的祖先,而墓葬所出石椁图案中的人物是西域人的模样;又认为在虞弘祖父、父亲的时候鱼国向东发展,

---

① 山西省考古研究所、太原市考古研究所、太原市晋源区文物旅游局:《太原隋代虞弘墓清理简报》,《文物》2001年第1期。我原以为虞弘夫人的墓志可能会包含一些有价值的信息,颇希望此志能够发表。后来细细审视了发掘简报的出土器物平面图,发现此志乃是残志,志盖全,而志石只存一小角而已。此残志在太原市文物考古研究所编著的《太原隋虞弘墓》(北京:文物出版社,2005年)中作了公布。

② 杨晓春:《隋〈虞弘墓志〉所见史事系年考证》,《文物》2004年第9期。

"一度在北魏和柔然的交叉势力范围内"①。简报的第一执笔者为主持此墓发掘的张庆捷先生。

2. 荣新江先生在《隋及唐初并州的萨保府与粟特聚落》②一文中引及虞弘墓志的内容，提到"虞弘出自北方民族"，但未作具体论证。此文后来收入他的论文集《中古中国与外来文明》③，不过文字有所改易，称"鱼国不可考，但从虞弘祖父仕任于柔然，推知为西北地区的小国。虞弘应当属于西北民族"，这和原来的看法有所不同。而《中古中国与外来文明》所收的《北朝隋唐粟特聚落的内部形态》④一文中却又说"据墓志记载，虞弘是鱼国人。鱼国在史籍中没有记载，从他祖上和本人原是中亚柔然帝国的官员来看，鱼国是中亚的一个国家"，与前此的看法大不相同。所谓的"中亚柔然帝国"的称法并不确切，柔然是一"草原帝国"，只是在国力强盛时才把势力伸及中亚。

3. 张庆捷先生认为鱼国是"南北朝时期西域的一个小国或部落"。至于尉纥驎城，他则提出："韦纥与尉纥驎前两字读音相近，又都在西域柔然势力范围内，两者是否有联系？或者说，尉纥驎城是不是韦纥的一座城呢？鱼国和袁纥有无关系？甚么关系？这些问题，都有待进一步探研。"⑤张庆捷先生以为鱼国在西域的看法大致继承了此前简报中的看法，在此文中未作具体说明。关于尉纥驎是否与韦纥有关，也未进一步论证。而这一考虑方向正是笔者在 2001 年初读此志时的重点考虑之处。但张庆捷先生此文开篇又说其文"以期通过考释虞弘的个人经

---

① 山西省考古研究所、太原市考古研究所、太原市晋源区文物旅游局：《太原隋代虞弘墓清理简报》，《文物》2001 年第 1 期。
② 荣新江：《隋及唐初并州的萨保府与粟特聚落》，《文物》2001 年第 4 期。
③ 荣新江：《隋及唐初并州的萨保府与粟特聚落》，收入荣新江：《中古中国与外来文明》，北京：生活·读书·新知三联书店，2001 年，第 169—179 页。
④ 荣新江：《北朝隋唐粟特聚落的内部形态》，收入荣新江：《中古中国与外来文明》，北京：生活·读书·新知三联书店，2001 年，第 111—168 页。
⑤ 张庆捷：《虞弘墓志考释》，《唐研究》第七卷，北京：北京大学出版社，2001 年。

历,深入认识当时东西文化大交流以及西域'胡人'入华为官的社会背景",却是把虞弘当作西域胡人的。

4. 林梅村先生认为虞弘的种族为步落稽,简称稽胡,是一种杂胡,而步落稽之名来自突厥语的"鱼(balaq)";又认为鱼国可能出于中亚比千部落。至于尉纥驎城,他认为是中国北方草原的一个地名或部落名;又说北魏的"木来"、唐代的"墨离"、元代的"蔑克邻"、明代的"麦克零"或"乜克力"都是"尉纥驎"的异译,该城可能就是新疆伊吾县的下马崖古城。①

在林梅村先生关于虞弘的种族为步落稽的推测中,差不多与虞弘同时的虞庆则(《隋书》有传)的例子是重要的辅证。他说:"虞弘和虞庆则皆从鱼氏改为虞氏,似属同一家族,那么虞庆则的家族史或许能向我们披露一些虞弘祖先的活动轨迹。"但他关于虞庆则为稽胡的论证是存在问题的。《隋书·虞庆则传》载:

> 虞庆则,京兆栎阳人也,本姓鱼。其先仕于赫连氏,遂家灵武,代为北边豪杰。父祥,周灵武太守。庆则幼雄毅,性倜傥,身长八尺,有胆气,善鲜卑语,身被重铠,带两鞬,左右驰射,本州豪侠皆敬惮之。初以弋猎为事,中便折节读书,常慕傅介子、班仲升为人。仕周,释褐为中外府行参军,稍迁外兵参军事,袭爵沁源县公。宣政元年(公元578年),授仪同大将军,除并州总管长史。二年,授开府。时稽胡数为反叛,越王盛、内史下大夫高颎讨平之。将班师,颎与盛谋,须文武干略者镇遏之。表请庆则,于是即拜石州总管。甚有威惠,境内清肃,稽胡慕义而归者八千余户。②

---

① 林梅村:《稽胡史迹考——太原新出隋代虞弘墓志的几个问题》,《中国史研究》2002年第1期。

② 《隋书》卷四十,中华书局校点本,第1174页。

文中并未言及虞庆则种族，只是说他为京兆栎阳（今西安附近）人，其先人十六国时因仕于赫连氏而居灵武（今宁夏灵武）。唐人林宝《元和姓纂》虞姓条记曰"灵武回乐"，所述人物为虞庆则父虞祥、虞庆则、虞庆则子虞操三代，看来《隋书·虞庆则传》谓庆则"京兆栎阳人"当是其望，隋时虞庆则应居灵武，而非又从京兆栎阳迁灵武。《元和姓纂》又引虞氏《状》，云虞庆则一族本从会稽徙来，岑仲勉先生校《元和姓纂》时曾据《隋书·虞庆则传》"本姓鱼。其先仕于赫连氏，遂家灵武"的记载指出："此自承为会稽虞氏，非所谓数典忘祖者耶？"①实际上《元和姓纂》与《隋书·虞庆则传》的记述未必就存在矛盾。

林文说："虞庆则善骑射，通鲜卑语，自然和会稽虞氏无涉。从虞庆则本姓不难判断，此人当系稽胡。"此结论并无充分依据。首先，《隋书·虞庆则传》说庆则"初以弋猎为事"，并非"骑射"，而专门提到他"善鲜卑语"，似更能说明他非鲜卑族，甚至也可能并非北族；其次，传中记庆则北周宣政二年任石州（今山西离石）总管镇遏稽胡事，也似乎更能说明他本非稽胡（林文中未引宣政元年以后事）。至于从虞庆则的本姓鱼来判断他为稽胡，我以为更是无从说起的。而且据《周书·异域传·稽胡》的记载，稽胡分布在离石（今山西离石）以西、安定（今甘肃泾川）以东方七八百里的山谷之间②，虞庆则一族原居京兆栎阳，与稽胡分布地不合；再说灵武也并不在离石、安定之间，而是远在安定西北三百公里之地。

张庆捷先生《虞弘墓志考释》文中亦引及《隋书·虞庆则传》的文字，他又引《元和郡县图志》卷四关内道灵州灵武县条"后魏破赫连昌，收胡户徙之，因号胡地（中华书局贺次君点校本以为地字衍）城"的记载，认为庆则一家为胡户之一，因此而居于灵武。这样的解释是和《隋

---

① 〔唐〕林宝撰，岑仲勉校记：《元和姓纂》卷二，北京：中华书局，1994年，第229页。
② 《周书》卷四十九，中华书局校点本，第896页。

书·虞庆则传》"其先仕于赫连氏,遂家灵武"的记载完全不相合的,一"遂"字正说明虞氏家灵武是与仕于赫连氏相关的,前述虞氏很可能原居京兆栎阳,从叙述的语气考虑,似亦可反推居灵武前乃居京兆栎阳,则虞氏当从京兆栎阳徙居灵武。也许正当赫连勃勃退出长安、迁都统万之际。此亦与《隋书·虞庆则传》相关而需辨明者,遂于此一并叙述。

5. 余太山先生则将鱼国追溯到西方史籍提到的中亚古族Massagetae,居住在中亚阿姆河北岸的索格底亚那(Sogdiana)。认为志文"高阳驭运,迁陆海□□□;□□膺箓,徙赤县于蒲坂。奕叶繁昌,派枝西域;倜傥人物,漂注□□"的记载"旨在表明墓主虞弘之先为虞舜枝裔,曾随虞舜徙蒲坂,旋即远赴西域"①。而"尉纥驎城"所指文中没有论及。

余太山先生将鱼国放置在中亚的看法和张庆捷先生是有共通之处的,这都是和志文开头的"派枝西域"的理解有关的。"高阳驭运……漂注□□"大意是讲华夏族高阳氏的子孙散居中原之外而已,这当中的主旨是说边地诸族其原本出于中原,这是汉唐时期中国北方民族中颇多见的关于其种族根源性的认识,在北朝隋唐时期的墓志中尤其多见,而"漂注□□"之缺字或可补为"北地",所以不必因此而把鱼国看作西域之国。

6. 罗丰先生认为"鱼国,实际上可作部族理解",又说"'鱼国'是以鱼姓为主体的部族";认为"纥驎"读音上与《魏书·高车传》中的"纥突邻"最为接近,"所谓鱼国尉纥驎或即②突邻之异译,或为与之有关联之相邻部落,'尉'也许即'鱼'雅化后用字,尉纥驎或即鱼纥驎"。似乎又

---

① 余太山:《鱼国渊源臆说》,《史林》2002 年第 3 期。
② 原文此处大概丢了一个"纥"字。

因史载柔然早期曾得到过纥突邻部的庇护，认为鱼国与柔然有密切关系。① 罗丰先生将"尉纥驎"割裂成"尉"和"纥驎"来立论，但并未说明根据，似并不允当。

7. 周伟洲先生认为"'鱼国'即西迁至西域（今阿姆河北）的大月氏"，"鱼""月"同音，"鱼国"之名来自大月氏。于是认为"鱼国尉纥驎城当在今阿姆河北以求之"②。实际上，"鱼""月"二字并不同音，鱼，《广韵》作语居切，疑母鱼韵平声，月，《广韵》作鱼厥切，疑母月韵入声，一为平声，一为入声。周伟洲先生又称："笔者认为，一般说来，原留于南山（今祁连山）之小月氏后散居于北方各地，改姓'支'，称'支胡'；而远徙阿姆河之大月氏入居内地者，则大都改姓鱼氏（虞氏），取'月氏'之'月'为姓。"然而他并未能举出入居内地的大月氏人以鱼（虞）为姓的实例，而我们通常熟知的以"支"为姓的早期入华佛教僧人如支娄迦谶（支谶）、支谦都是中亚的月氏（大月氏国）人。为了说明大月氏曾服属于柔然，周伟洲先生引录了《魏书·西域传》（今本《魏书·西域传》系据原本于《魏书》的《北史·西域传》补）"（大月氏国）北与蠕蠕接，数为所侵"的记载，以及学者以为此记事在公元5世纪上半叶的看法，并推测"大约在5世纪30年代之后，任鱼国（即大月氏国）领民酋长之虞弘祖或父已投归柔然，且迁至漠北柔然可汗庭，任其职官"。似乎忽视了虞弘墓志所记其祖、父事当在公元6世纪初年，此时的柔然已处于衰弱的境地，其势力范围大约并不能达到那么远。

8. 最近，郭平梁先生提出鱼国是十六国时期的赫连夏国，并从而

---

① 罗丰：《一件关于柔然民族的重要史料——隋〈虞弘墓志〉考》，《文物》2002年第6期。此文又更名《一件关于柔然民族的重要史料——隋虞弘墓志》，收入其论文集《胡汉之间——"丝绸之路"与西北历史考古》（北京：文物出版社，2004年，第405—422页），文字有较大改动，但与本文要讨论的问题相关的部分的看法仍是保留的。

② 周伟洲：《隋虞弘墓志释证》，载荣新江、李孝聪主编：《中外关系史：新史料与新问题》，北京：科学出版社，2004年，第247—257页。

在赫连夏的疆域内找出薄骨律城（灵州城），将之比对为尉纥骥城。不过，他也是认为鱼国在西域的，于是又提出广义的西域是包括赫连夏国的说法。① 郭平梁先生全文论述的基础在于鱼国即赫连夏国的看法，但这一看法的论证过程却不无可商之处。文中为说明鱼国就是赫连夏国，引用了《隋书·虞庆则传》"虞庆则，京兆栎阳人也，本姓鱼。其先仕于赫连氏，遂家灵武，代为北边豪杰"的记载；随后说"不需要做任何解释就可以断定虞庆则的祖籍是赫连夏国"，接着因《隋书·虞庆则传》载虞庆则"本姓鱼"而说："这个鱼姓就把虞弘和鱼国联系到一起了"；最后根据古代进入中国的一些非汉族的国家、民族、部落的个人或群体往往有一个就是他们的国家、民族、部落名的汉式的姓而提出："'本姓鱼'的虞庆则和作为鱼国人的虞弘，或者说得更准确些，其先人，都是赫连夏国人，而赫连夏国当时又称作鱼国。"可见，他的结论——鱼国就是赫连夏国，所依以立论的只是《隋书·虞庆则传》开篇的一处文献记载，而这一段屡屡为研究者引用的资料只是说虞庆则本姓鱼、其先人仕于赫连夏国而已，总不能因为这一鱼（虞）姓家族仕于赫连夏国就说赫连夏国就是鱼国吧！至于虞弘为鱼国人，则是墓志文中明确记载的，本无需《隋书·虞庆则传》作中介。

郭文接着分析了《周书·稽胡传》，认为步落稽（稽胡）就是赫连夏国的遗民。唐长孺先生《魏晋杂胡考》②一文曾专考稽胡，把它主要看成是一种服属于匈奴的西域胡人，还指出稽胡在《北齐书》中称山胡，山胡一称可追溯到晋代。而赫连夏国的统治者赫连勃勃据《晋书·赫连勃勃载记》所云，为"匈奴右贤王去卑之后，刘元海之族也"③。并非如稽胡那样地服属于匈奴的其他种族，而是出于南迁匈奴的主支。

---

① 郭平梁：《〈虞弘墓志〉新考》，《民族研究》2006年第4期。
② 唐长孺：《魏晋杂胡考》，收入唐长孺：《魏晋南北朝史论丛》，北京：生活·读书·新知三联书店，1955年，第382—450页。
③ 《晋书》卷一百三十，中华书局校点本，第3201页。

郭文还引史乘中赫连夏国"雨鱼"的记载,以及勃勃改姓为赫连的事实,提出"其属下的其他的部落、臣民、百姓等则只能姓天降下来的'鱼'了;在一国之内,大多数人姓鱼,那就很容易被称作鱼国了",以此来进一步说明赫连夏国之所以称鱼国,但却不免牵强。

总的说来,我的看法与上述各位学者不尽相同,于是便条理成文,以就正于大家。

二

"鱼国""尉纥驎城"二地的地望在志文文字本身当中并无很好的说明。志文有关于此的直接记载就是开头的一句,其他如他祖父、父亲的事迹等也对这个问题的理解有所帮助,所以以下首先将志文的相关部分作一综合叙述:

1. 志文开头交代虞弘的名、字与籍贯:"公讳弘,字莫潘,鱼国尉纥驎城人也。"弘不知是否为音译的名词,虞弘这样的姓名是汉化的结果;"莫潘"应是音译的名词;"尉纥驎城"之"尉纥驎"应是音译的名词,"鱼国"之"鱼"很可能也是音译的字。①

2. 志文简单地谈到虞弘祖父和父亲的情况:"□□奴栖,鱼国领民酋长。父君陀,茹茹国莫贺去汾达官,使魏□□□□朔州刺史。"可见他的祖父为鱼国的领民酋长,不少学者理解领民酋长为北魏设在各游牧部落中的职官,我以为也可仅从字面去理解。而他的父亲则任官茹茹(柔然),并出使中原王朝。

3. 虞弘仕于多朝,他早年仕茹茹为使节。年十三,任茹茹之莫贺弗,出使波斯、吐谷浑,铭文中的"润光安息,辉临月支"即指出使波斯而言;后来转任莫缘,出使北齐。我认为虞弘之所以会以十三岁的年龄作

---

① 有学者认为"鱼"字实有其意,从而找出它对应的北方民族词汇,本文未取这种处理法,是因为看到鱼、虞、尉纥驎读音之间的联系。

为柔然的使臣出使各国，正因为他世袭了鱼国首领之位。综合看来，虞弘祖父的鱼国领民酋长的职官应该是柔然设在鱼国的。也就是说，鱼国与柔然有密切的关系，鱼国一度役属于柔然。

从以上揭示的三方面的信息看，可用于我们考察"鱼国""尉纥驎城"地望的有三方面的依据：①"鱼""尉纥驎"的读音，这是最主要的依据；② 柔然在北朝晚期时的势力范围，这是从历史的角度开展研究时必须考虑到的；③ 人名的特点，这在有其他资料参照的情况下有一定的参考价值。关于虞弘之字"莫潘"、其父名"君陀"、其祖父名"奴栖"，余太山先生曾举出过隋唐时期来华的索格底亚那人（粟特人，隋唐时期多称昭武九姓，其入华者习称九姓胡）所用汉名有"莫潘""莫盆"等，①蔡鸿生先生在分析九姓胡的胡名时，按照胡名的词尾为分出一"芬"型组，芬字为荣幸、幸运之意。② 这说明虞弘一族与粟特文化是有关系的，正如虞弘墓中所出石椁的图像所显示的。③ 不过要说明的是，虞弘姓，并非某一九姓胡人之姓，并不能因此就把虞弘简单说成是中亚粟特人。而且，名词的借用在古代中国的北方、西北民族中是相当普遍的，在这种情况下，借用的名词反而不能作为名词使用者族属判断的依据，所以以下并不以此作为推测的凭据。

---

① 余太山：《鱼国渊源臆说》，《史林》2002 年第 3 期。
② 蔡鸿生：《唐代九姓胡与突厥文化》，北京：中华书局，1998 年，第 40 页。
③ 其他两个人名尚无学者作专门探讨，我在此作一点初步的猜测，以供参考。第一，关于"君陀"。佛典中，记有一种名为"君陀"的花，如元魏婆罗门瞿昙般若流支译《毗耶娑问经》、元魏天竺三藏毗目智仙等译《三具足经忧波提舍》、隋天竺三藏阇那崛多译《佛本行集经》、唐代僧人一行记《大毗卢遮那成佛经疏》卷十二《转字轮漫荼罗行品第八》注君陀花曰："是西方花也，亦鲜白无比也。"则"君陀"可能是一个梵文词汇。第二，关于"奴栖"。《新唐书·波斯传》载石国东北"有弩室羯城，亦曰新城"，《大唐西域记》《新唐书·龟兹传》作笯赤建城，弩室/笯赤对译粟特词汇"新"［冯承钧原编，陆峻岭增订：《西域地名（增订本）》Nejkent 条，北京：中华书局，1980 年，第 69 页；华涛：《西域历史研究（八至十世纪）》，上海：上海古籍出版社，2000 年，第 129—130 页］。从读音看，"奴栖"与弩室/笯赤是比较接近的，"奴栖"也许也是一个粟特语词汇。

三

据《北史·高车传》记载，袁纥是北朝时期高车（敕勒、铁勒）六氏之一，活动于漠北地区，据《北史·高车传》《隋书·铁勒传》记载，韦纥是铁勒众多部落之一，活动于独洛河之北。袁纥、韦纥与后来的回纥（788年改称回鹘）关系十分密切。回纥在非汉文文献中几乎都被拼作Uyɣur(Uyghur)，如公元 8 世纪突厥文的《毗伽可汗碑》、《铁兹碑》（《牟羽可汗碑》）①，11 世纪阿拉伯文的《突厥语大词典》②，13 世纪波斯文的《史集》，③"韦纥""袁纥""回纥"等汉字译写都应是从此而来。

尉，《广韵》中有两读，一为纡物切，影母物韵入声，《汉字古音手册》④（第 114 页）拟作 ĭwət；一为於胃切，影母未韵去声，《汉字古音手册》（第 139 页）拟作 ĭwəi。同属影母。比较一下"尉纥骓"一名中的"尉纥"二字的读音 ĭwəi(ĭwət)—ɣət 和 Uyɣur 的读音，如果取"尉"读去声的话，读音是非常接近的，只是当时的汉语没有尾音读 r 的字，所以以入声字"纥"的尾音 t 译之，而以 t 译 r，在中古时期正是一通例。⑤ 从中古音看，我们甚至可以说以"尉纥"对译 Uyɣur 是比"韦纥""袁纥""回纥"对译 Uyɣur 更为接近原音的。《北史·高车传》记高车有吐突隣

---

① 冯家昇、程溯洛、穆广文编著：《维吾尔族史料简编》，北京：民族出版社，1958 年，第 7—13 页。

② 耿世民先生据古突厥文原文转写为 Uyɣur(耿世民：《古代突厥文碑铭研究》，北京：中央民族大学出版社，2005 年，第 163、222 页)。

③ Robert Dankoff 英译的《突厥语大词典》中转写成 Oyɣur(Robert Dankoff ed. & trans., *Compedium of the Turkic Dilects*, Cambridge, MA: Harvard University, 1982, p. 139)。

④ 《史集》俄译本转写作 Уйгур(Uigur)，参见余大钧、周建奇译：《史集》第一卷第一分册"部族名索引"，北京：商务印书馆，1992 年，第 356 页。

⑤ 郭锡良：《汉字古音手册》，北京：北京大学出版社，1986 年。

部、纥突隣部、侯吕隣部。① "隣"均用于部族名之末,尉纥骥之"骥"或许也当作如是观。那么,大略可以把"尉纥骥"看成是一个操突厥语的部族之名。

鱼,《广韵》作语居切,疑母鱼韵平声,《汉字古音手册》(第111页)拟作 ŋio。② 虞,《广韵》作遇俱切,疑母虞韵平声,《汉字古音手册》(第111页)拟作 ŋiu。"鱼""虞"两字读音非常接近。可以认为虞弘的"虞"乃是从他所在国名——鱼国所出,这是中国古代给来自西域的人士取姓的通例,其例甚多,偶尔见用于北方民族,现知有来自茹茹(柔然)者称茹姓的例子。③ 而鱼国的"鱼"和虞弘的"虞"又大概可以看作是 Uyɣur 的省译。也就是说,"鱼国"和"尉纥骥城"两个名称有着共同的来源。"鱼国"之称"国",多少显得有些特别,中原汉文文献称游牧政权或部族一般不用"国"。不过,也并非没有称国的例子,比如唐代慧琳《一切经音义》记柔然为"羺国"。④

公元 4 世纪末,柔然遭到北魏的打击,首领社仑放弃漠南,率众往漠北,征服敕勒诸部,建庭于弱洛水畔。北魏天兴五年(公元 402 年),社仑称可汗。这时的柔然,《魏书·蠕蠕传》《北史·蠕蠕传》称"其西则焉耆之北,东则朝鲜故地之西,北则渡沙漠、穷瀚海,南则临

---

① 如以"突厥"译 Turkut,突乃收声为-t 的入声字,以之对译 tur,参考伯希和:《汉译突厥名称之起源》,载冯承钧译:《西域南海史地考证译丛》第一卷,北京:商务印书馆,1995 年。

② 《北史》卷九十八,中华书局校点本,第 3275—3276 页。《魏书·高车传》所记与之相同。据中华书局校点本校勘记第〔五一〕条,"吐突隣部"在《北史·道武纪》《魏书·太祖纪》中作"叱突隣部","吐""叱"二字形近音异,必有一误。

③ 拟音均用国际音标,学术界所使用的北方民族语言的转写符号和国际音标有所不同,就本文所及,需要指明的是:转写不用送气符号',以 g 指国际音标的 [k]。还有,以往不同学者的不同转写习惯中,gh 等同于 q。见故宫收藏的正光三年(公元 522 年)《北魏茹小策合邑一百人造像碑》题名(施安昌:《北魏茹小策合邑一百人造像碑考》,《故宫博物院院刊》2002 年第 4 期)。

④ 〔唐〕慧琳:《一切经音义》卷九十一,《大正藏》卷五十四,No. 2128,第 833 页下。

大碛"。从公元 5 世纪起的八九十年间,柔然与北魏连年征战。从 5
世纪中期起,柔然控制下的敕勒不停反抗,尤其到了 5 世纪后期,柔
然势力日衰。公元 6 世纪初年,柔然内讧,已趋崩溃。①《魏书·太
祖纪》载:"(登国)五年(公元 390 年)春三月甲申,帝(北魏道武帝)西
征,次鹿浑海,袭高车袁纥,大破之。"②据《北史·高车传》,鹿浑海在
弱洛水西,弱洛水即土拉河,土拉河为鄂尔浑河支流,鄂尔浑河为色
楞格河支流,色楞格河注入贝加尔湖。《隋书》记独乐河北有韦纥,
《新唐书》记回纥位于娑陵水上。独乐河即土拉河,娑陵水即色楞格
河。可见从公元 4 世纪末到 7 世纪初,韦纥/袁纥的居住地一直是在
色楞格河流域一带。③

那么,公元 6 世纪初年役属于柔然的鱼国应该就是史书记载中的
韦纥/袁纥了。至于"尉纥驎城",大约应指鱼国牙帐所在之地,未必真
有一城。

四

虞弘墓葬浓重的祆教文化特色是引导许多学者将虞弘考虑为中亚
粟特胡人的一个重要因素,④但并不能因此而将虞弘的族属直接对应
为中亚胡人。

---

① 此段叙述参考内蒙古自治区蒙古语言文学历史研究所历史研究室、内蒙古大学蒙古史研究室编:《中国古代北方各族简史》,呼和浩特:内蒙古人民出版社,1977 年,第 103—109 页。关于"高车国",参考周伟洲:《敕勒与柔然》,上海:上海人民出版社,1983 年,第 44—53 页。
② 《魏书》卷二,中华书局校点本,第 23 页。
③ 冯家昇、程溯洛、穆广文编著:《维吾尔族史料简编》,北京:民族出版社,1958 年,第 17—18 页。
④ 对于虞弘墓石椁图像的风格,过去多数学者强调是粟特文化的影响,最近,齐东方先生撰文认为"虞弘墓石椁图像的内容及美术渊源应是波斯萨珊艺术,而不是粟特美术"(《虞弘墓人兽搏斗图像及其文化属性》,《文物》2006 年第 8 期)。

中国古代北方游牧民族是有其一贯的文化传统的，但因为相对于定居文明而言游牧的生产、生活方式不利于文化的积累与发展，游牧民族又是其南面以及西南面的定居文明的积极吸收者。至少从匈奴时代开始，北方游牧民族就已经与西域地区有着密切的联系，西域的商品大量进入蒙古高原，这样的联系一直持续到蒙古时代。柔然的佛教，主要通过西域的途径传入，其中也至少有一部分并非汉地佛教。而中亚的粟特商人在北朝时期就已经在蒙古高原活动了，他们的活动也超出了商业的范围，成为先进的粟特文化的传播者。一般认为，在回鹘西迁之前的大约公元8世纪，回鹘人就已经借用粟特字母创制了回鹘字母。还有学者根据吐鲁番出土的伴有柔然永康十七年（公元480年）纪年的汉文文书的粟特文突厥语文献推测公元5世纪末便有在柔然治下的操突厥语的民族开始使用了粟特文。① 在这种情况下，自然而然地造成了游牧民族与中亚粟特人的密切联系以及游牧民族一定程度地接受以祆教为主要特征的粟特文化。确实，虞弘墓葬中的祆教文化是粟特美术风格的。而这种外族文化的接受者首先又只能是游牧民族中的统治阶层。

看来，虞弘很可能是一位与粟特人关系密切且又接受了粟特文化的鱼国上层。当然，虞弘也可能是入居中原后才与粟特人有了密切的关系，因为他曾出使波斯，对中亚的宗教、文化应是比较了解的。

虞弘在北周时曾"检校萨保府"，检校即代理，或可说明他不一定信仰祆教，更非中亚胡人。关于这一点，荣新江、罗丰二位先生文中已有所讨论。荣新江先生认为虞弘"显然与粟特胡人关系密切，所以才被北周政府任命为检校萨保府的官员"，"虞弘去世时，其葬仪可能是由粟特人操办的"②；罗丰先生认为"看不出虞氏与萨保府之间有什么渊源关

---

① 库尔班·外力：《吐鲁番出土公元五世纪的古突厥语木牌》，《文物》1981年第1期。
② 荣新江：《隋及唐初并州的萨保府与粟特聚落》，《文物》2001年第4期。

系",并强调了"萨保府官员的职务,并不一定与个人信仰之间产生必然联系"①。他们的意见是可取的。

(原刊《西域研究》2007 年第 2 期)

---

① 罗丰:《一件关于柔然民族的重要史料——隋〈虞弘墓志〉考》,《文物》2002年第 6 期。

第三部分　唐代考古

唐长安未考定诸坊名之再探讨

唐长安诸坊之名大多可依北宋宋敏求《长安志》①而定,然最东一列坊(紧靠外郭城东墙)的最南几坊和朱雀街西第一列坊的最北几坊的名称却因《长安志》卷九有所脱漏和讹误而殊难考定。②

《长安志》卷九"唐京城三"开篇曰:"朱雀街东第五街即皇城东之第三街。街东从北第一坊尽坊之地筑入苑。"随后记这筑入苑的一坊及兴宁坊、永嘉坊、兴庆坊、道政坊、长乐坊、靖恭坊、新昌坊、升道坊、修德坊、立政坊、敦化坊、丰乐坊、安业坊、崇业坊、永达坊、道德坊、光行坊、延祚坊各坊的情况,结篇曰:"右朱雀街西第一街九坊。"诸坊之间有脱文是明显的,校订《长安志》出版的毕沅在其下的按语中就说道:"沅按:以上共十八坊,修德坊以上共九坊,立政坊以下共九坊,此内应有脱文。"

根据长安城考古调查的材料,东南角曲江池一带本有一缺角,有大约一坊多地最初未筑在城内,③这一情况文献中早经记载,如《太平御

---

① 有毕沅校订之《经训堂丛书》本,平冈武夫《唐代的长安与洛阳·资料篇》(上海:上海古籍出版社,1989年,汉译本封面、封脊所见书名无"篇"字,汉译本说明等处有"篇"字,有"篇"者佳)据之,《宋元方志丛刊》亦据之。

② 宋敏求《长安志》,前有熙宁九年(公元1076年)序。体制大抵依唐韦述《两京新记》,《两京新记》久佚,残存之卷三由朱雀街西第一列坊的最末四坊记起,故亦无能为助(平冈武夫《唐代的长安与洛阳·资料篇》对此作了完整的公布和整理)。

③ 陕西省文物管理委员会:《唐长安城地基初步探测》,《考古学报》1958年第3期。社科院考古所西安唐城发掘队公布的调查材料中曲江一带的情况依据陕西省文物管理委员会的这一成果(中国科学院考古研究所西安唐城发掘队:《唐代长安城考古纪略》,《考古》1963年第11期)。

览》卷一百九十七引《天文要集》:"宇文恺营建京城,以罗城东南地高不便,故缺此偶(隅)头一坊余地,穿入芙蓉池以虚之。"①又如吕大防《长安图》题记谓:"外郭东南隅一坊,始建都城,以地高不便,隔在郭外,为芙蓉园,引黄渠水注之,号曲江。"②值得注意的是《太平御览》所载"一坊余地"与考古调查所得十分吻合,考古调查所知正是缺最东南一坊而其西曲池坊东面有缺。只是后来的学者,如徐松等,都没有意识到这里所缺的一坊之地是隔在郭城墙之外的,只有到了筑夹城之后方又成为夹城内之地。因为缺一坊之地,所以最东的一列坊就比通常的十三坊少了一坊,为十二坊。

因而,单就《长安志》的缺漏记载而言,修德坊以上诸坊必定是属于最东一列坊的,丰乐坊以下诸坊必定是属于朱雀街以西的一列坊的,因为最东一列坊可容十二坊,朱雀街西一列坊可容九坊,也就是说,立政、敦化二坊属上属下都有可能。③

宋敏求于立政坊下注:"按《长安图》此坊分为谈宁坊,非是。"于敦化坊下注:"按《长安图》及(此)坊分为长和坊,非是。"否定了他所见的《长安图》将此两坊各分为二的做法。其实长安最东一列坊的南部四坊

---

① 《四部丛刊三编》本,第4、5页。
② 此图成后又刻于石,后图没石毁,拓片亦难见,至1934年,残石又经发现,可稍见吕图风貌。残图摹本见《唐长安城地基初步探测》一文和《唐代的长安与洛阳·地图篇》(上海:上海古籍出版社,1989年)。其中题记亦残,平冈武夫有迻录,见《唐代的长安与洛阳·地图篇》,可据。幸有《云麓漫钞》大致引用了这一段文字,上引即是根据《丛书集成初编》影《涉闻梓旧》本《云麓漫钞》卷八(第232—237页)。(铅排本我见有三种:古典文学出版社《中国文学参考资料小丛书》本、中华书局《唐宋笔记史料丛刊》本、辽宁教育出版社《新世纪万有文库》本,此处标点均有误处,遂使此一有关唐长安研究的重要文字支离不可卒读。)平冈武夫有据残存题记和《云麓漫钞》作的一个复原(亦有标点不确处),见《唐代的长安与洛阳·地图篇》。惜残图不存长安东南部的情况。
③ 一般的做法均将敦化坊作为最东一列坊中的一坊,平冈武夫除了取此一说法外又持此坊为朱雀街西第一列坊自北向南第二坊之说(《唐代的长安与洛阳·地图篇》,第22页)。先于他也作同样处理的有清董曾成《长安县志》中的图。

曾经在宣宗时期各分为二,事见《云麓漫钞》所引吕大防《长安图》题记,曰:"宣宗修宪宗遗迹,于夹城中开便门,自芙蓉园北入至青龙寺,俗号新开门①,自门至寺,开敦化以北四坊各为二。"由此可确定立政、敦化二坊为最东一列坊的最南二坊(如果怀疑《长安志》的缺漏还存在于立政、敦化二坊之间的话,当然这种可能性很小,也至少可以确定敦化坊为最东一列坊的最南一坊),再往南就到了芙蓉园,中间有城门可通,这各分为二坊的四坊在青龙寺所在的新昌坊之南。② 也就是说,今本《长安志》新昌坊后述及的四坊正是本来之数,阙文当在敦化坊之后,即缺朱雀街西第一列坊的最北二坊。至于宋敏求否定旧图分立政、敦化二坊各为二坊的原因,我想可能是因为他依据的是成书于开元十年(公元722年)的《两京新记》,而至宣宗年间方有分此四坊各为二坊之举,看来宋敏求所见的旧图是宣宗以后的。如宋敏求所见的旧图那样的处理另外又见于吕大防图,吕大防称他"大率以旧图及韦述《西京记》为本,参以诸书及遗迹",吕大防所用旧图和宋敏求所批评的《长安图》很可能在处理东南部方面有着共同的做法。宋敏求、吕大防二人生活年代接近,大概宋初流行的有关长安的图是将最东一列坊的最南四坊各分为二的。③

问题至此并没有解决。

四坊中的修德坊一名亦见于朱雀街西第三列坊的最北一坊(卷

---

① 现在西安尚有一名为"新开门"的村子,位置就在相当于唐长安城东南角一带。《唐代的长安与洛阳·地图篇》第62页所引的一幅地图中,新开门正当曲江池北,即是说和宣宗所开夹城门的位置很相合,而陕西省文物管理委员会《唐长安城地基初步探测》一文所引的地图中新开门的位置要稍偏东。

② 平冈武夫认为另有可能包括新昌坊为四坊(《唐代的长安与洛阳·地图篇》,第24、58页),这种可能性不存在,因为青龙寺占新昌坊东南部的四分之一,没有必要再将新昌坊一分为二以达青龙寺。而青龙寺业经发掘,由之也可确定新昌坊的位置。

③ 现存旧图中作如此处理的有南宋程大昌《雍录》(有《宋元方志丛刊》本)中的图。程大昌自称是以吕大防图为基础绘制的。

十),两处记载有大量雷同之处却又不完全一致。先分别抄之如下,原注以括号括出。

最东一列坊之修德坊:

次南修德坊。〔坊内有韦庶人父酆王元(玄)真(贞)庙,韦氏败后毁。〕

兴福寺。〔本王君廓宅。贞观八年太宗为太穆皇后追福,立为宏(弘)福寺。神龙元年改名。〕夹城。〔宪宗元和十二年,中尉第五守进以众二千筑夹城,自云韶过芳林门,至修德里以达兴福寺。又诏所筑夹城别开门曰元(玄)化,造楼曰晨晖。〕河西陇右副元帅同中书门下平章事李抱玉宅。

朱雀街西第三列坊之修德坊(略去毕沅按语):

朱雀街(缺西字)之第三街即皇城西之第一街。(南出安化门,北出芳林门入苑。)街西从北第一修德坊。(本贞安坊,武太后改。)

德明兴圣庙。(《礼阁新仪》曰:天宝二载建,在安化门内道西。贞元十九年祔献祖、懿祖神主于庙。)西北隅兴福寺。〔本右领军大将军彭国公王君廓宅。贞观八年,太宗为太穆皇后追福,立为宏(弘)福寺。神龙中,改为兴福寺。寺北有果园,复有万花池二所。太宗时广召天下名僧居之,沙门元(玄)奘于西域回,居此寺西北禅院翻译。寺内有碑,面文贺兰敏之写《金刚经》,阴文寺僧怀仁集王羲之写太宗《圣教序》及高宗《述圣记》,为时所重。《政要》:元和十二年,诏筑夹城,自云韶门过芳林门,西至修德坊,通兴福寺。〕右神策军营。(昭宗自华还京,以辅兴、修德二坊别设右神策军营。)

宋敏求此处的记述大抵依据韦述《西京新记》所载:

朱雀街西之第三街即皇城西之第一街。(南出安化门,北出芳林门入苑。)街西从北第一曰修德坊。西北隅兴福寺。(本左领军大将军彭国公王君廓宅,贞观八年,太宗为穆皇后窦氏追福立。制度华丽,为京城之壮观。寺内有碑,面文贺兰敏之写《金刚经》,阴文寺僧怀仁集王羲之书写太宗《圣教序》及高宗《述圣记》,为时所重。)

由文献来源和方位两方面均可判断《长安志》前一处修德坊有误,自徐松以来大多数学者都以此为误植。于是,在复原图中,或者在新昌坊南列升道、立政、敦化三坊,以为其南二坊之地为芙蓉园,如徐松①、平冈武夫②,那是因为尚未认识到东南角本有一坊之地隔在城外;或者在新昌坊南列四坊,以为最南一坊缺名,如宿白③(图三十)、马得志④(图三十一)、杨宽⑤、史念海⑥等,那是在长安东南部考古调查和发掘之后,有一坊之地隔在城外已成大家的常识;很少有学者坚持的一种意见是认为城内最东一列坊最南一坊之地是否设坊是值得怀疑的,因为这一坊恰处在土山之间的沟壑地带⑦,以此来解释《长安志》除去修德坊所剩为升道、立政、敦化三坊,而本有四坊之地乃无疑。这三种为处

---

① 〔清〕徐松:《唐两京城坊考》,北京:中华书局,1985年。
② 〔日〕平冈武夫:《唐代的长安与洛阳·地图篇》图一。平冈武夫又将广德、谈宁列作立政的异名,敦教、长和、通化列作敦化的异名。由上引《长安志》可知谈宁、长和非别名,而是另外分出的二坊的名称,此处是平冈武夫误解了《长安志》的原意。关于平冈武夫广德、敦教、通化三名的处理的评说详后。
③ 宿白:《隋唐长安城和洛阳城》,《考古》1978年第6期。
④ 马得志:《唐代长安与洛阳》,《考古》1982年第6期。
⑤ 杨宽:《中国古代都城制度史研究》"唐代长安城郭布局结构图",上海:上海古籍出版社,1993年,第170页。
⑥ 史念海:《中国古都和文化》"唐代长安外郭城街道及里坊图",北京:中华书局,1998年,第492—493页。
⑦ 中国科学院考古研究所西安唐城发掘队:《唐代长安城考古纪略》,《考古》1963年第11期。

理《长安志》缺漏而提出的方案均有其不足。第一种意见与考古材料不合,后两种意见与吕大防图题记不合。我以为这最东一列坊新昌坊以南有四坊是可以肯定的,名称可以由《长安志》确定为升道、□□、立政、敦化。① 其间所缺一坊的坊名,则可于《类编长安志》②中寻得一点消息。

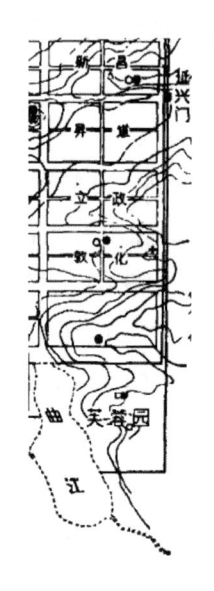

图三十　宿白作长安城平面复原图所见东南角状况 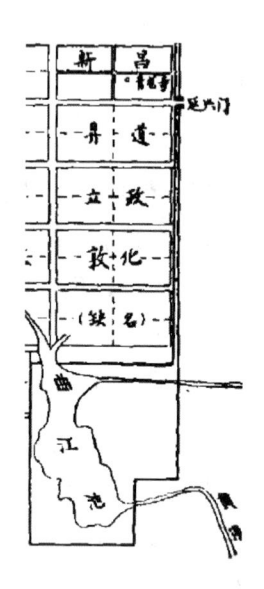　　图三十一　马得志作长安城平面复原图所见东南角状况

① 前一处修德坊下注"河西陇右副元帅同中书门下平章事李抱玉宅"一条不见于后一处修德坊下,李抱玉,两《唐书》有传(《旧唐书》卷一百三十二,中华书局校点本,第3645—3647页;《新唐书》卷一百三十八,中华书局校点本,第4619—4620页),《旧唐书》有"徙居京华"之语,《新唐书》有"徙籍京兆"之语,知其确实在长安有宅第,《旧唐书》又载其上言"今请割贯属京兆府长安县",代宗许之,则其宅第在朱雀街西。当然有可能就是在修德坊,徐松就是把此条径直调整到后一处修德坊下。那么也就是说,前一处修德坊名称有误且其下内容也不可能是朱雀街东某坊的。两处记载内容大抵相同,但文字又颇有异处,不是简单的错简,这不应是谙熟长安情况的宋敏求原本的错误,应是传抄中产生的错误。何以有此错误,这实在是让人难以解释。考虑到前引《云麓漫钞》升道坊以南有四坊的记载,我把《长安志》中此处的修德坊看作是名称错误以及由之而来的真正修德坊下的内容的误入。

② 《宋元方志丛刊》本与坊名相关的卷二乃据日本静嘉堂文库藏抄本补。

元骆天骧之《类编长安志》成于元贞二年(公元 1296 年),去宋敏求著《长安志》已逾二百年。由书前的引用书目可知是参考了宋敏求的《长安志》。[①] 其卷二列有长安坊名,朱雀街街东、街西各五十五坊。街西诸坊名大致和宋敏求《长安志》所载相同,唯叙述顺序稍有不同,差别较大的是"修德坊"作"善政坊",宋敏求书不误,由《两京新记》卷三而来,此吕大防图亦可证,或许骆天骧误,或许善政坊为修德坊别名。[②] 街东诸坊名则顺序颇为紊乱:

兴道坊	开化坊	光福坊	静善坊	兰陵坊
开明坊	安义坊	务本坊	崇义坊	长兴坊
靖安坊	安善坊	大业坊	昌乐坊	安德坊
永兴坊	崇仁坊	平康坊	宣阳坊	亲仁坊
永平坊	永崇坊	昭国坊	进昌坊	通善坊
通济坊	安兴坊	胜业坊	安邑坊	宣平坊
升平坊	修业坊	修政坊	青龙坊	道政坊
常乐坊	靖恭坊	新昌坊	升道坊	广德坊
新宁坊	常和坊	教化坊	修德坊	立政坊
客户坊	永昌坊	光宅坊	翊善坊	来庭坊
常乐坊	大宁坊	永嘉坊	兴宁坊	安仁坊

虽然也是由西向东一列一列地排列,但其间多有缺漏,可据《长安

---

① 引用书目中又列一同名之《长安志》,可见他不全据宋敏求《长安志》,所载坊名正有超出宋书的地方。

② 致误的原因,或许是骆天骧所见宋敏求《长安志》已是今天的模样了,他看见前面已有修德坊之名,就未取后一处修德坊之名,而从他处找出善政一名。但善政一名其他文献未见。

志》①将末尾所列永昌坊以下九坊调整入前,只余三坊不可补。(调整的坊外加☐☐☐表示,缺坊以"☐☐坊"表示,缺坊的名称可依《长安志》补。)

朱雀街东第一列坊:

兴道坊　开化坊　安仁坊　光福坊　静善坊　兰陵坊　开明坊　☐☐坊　安义坊

朱雀街东第二列坊:

务本坊　崇义坊　长兴坊　☐☐坊　靖安坊　安善坊　大业坊　昌乐坊　安德坊

朱雀街东第三列坊:

永昌坊　光宅坊　翊善坊　来庭坊　永兴坊　崇仁坊　平康坊　宣阳坊　亲仁坊　永平坊　永崇坊　昭国坊　进昌坊　通善坊　通济坊

朱雀街东第四列坊:

常乐坊　大宁坊　安兴坊　胜业坊　安邑坊　宣平坊　升平坊　修业坊　修政坊　青龙坊　☐☐坊

朱雀街东第五列坊:

永嘉坊　兴宁坊　道政坊　常乐坊　靖恭坊　新昌坊　升道坊　广德坊　新宁坊　常和坊　教化坊　修德坊　立政坊　客户坊

这样的话,新昌坊后所列则为升道、广德、新宁、常和、教化、修德、立政、客户八坊,修德一名列在此处,尤见宋敏求《长安志》的影响,据前面对宋敏求《长安志》的分析,当然这儿也应处理成坊名讹误,可得《类

---

① 《长安志》朱雀街东第三、四列坊中的错讹之处经徐松以来的诸多学者的研究,已获一致意见,于各家复原图可见。

编长安志》新昌坊后诸坊名为：升道、广德①、新宁、常和、教化、□□、立政、客户。

随后的问题是何以《类编长安志》较《长安志》多出了四坊？

对比一下《类编长安志》中的"新宁坊""常和坊"二坊名和《长安志》中否定的《长安图》中的由立政坊分出的"谈宁坊"一名和由敦化坊分出的"长和坊"一名，就可知《类编长安志》是以为这儿原有的四坊是各分为二的，所记八坊中教化、常和本为一坊，立政、新宁本为一坊，那么所余升道、广德、□□、客户四坊又本是怎样的关系呢？

《太平广记》有四处提及客户坊。一处谓客户坊有北门②，那么可见客户坊是有十字街的了，一般说来，不可能是皇城以南四列坊中的一坊；一处可见客户坊去平康坊菩提寺大约三十余里，③平康坊在皇城东南角外，长安城宽约十几里，三十余里的数目肯定有误；一处可见与新

---

① 平冈武夫（《唐代的长安与洛阳·地图篇》，第24页）因《类编长安志》在升道坊后列有"广德"，遂以为可能是立政坊的别名，这样的处理理由很不充分，要知道同在《类编长安志》中广德隔四坊又有立政之名。

② 《太平广记》卷二百六十三"飞骑席人"条："则天之废庐陵也，飞骑十余人于客户坊同饮。有一人曰：'早知今日无功赏，不及扶竖庐陵。'席上一人起，出北门进状告之。席未散，并擒送羽林，鞫问皆实。告者授五品，言者斩，自余知反不告，坐绞。"（中华书局校点本，第2056页）此条出《朝野佥载》。今存六卷本《朝野佥载》（《宝颜堂秘笈》普集，1921年文明书局石印本）未见此条。中华书局校点本句读作"席上一人起出，北门进状告之"，则北门非指客户坊的北门，乃告密所由之宫城的北门。

③ 《太平广记》卷三百八十四"牛生"条："牛生自河东赴举，行至华州，（遇鬼使，鬼使与书三封，嘱其难时次第开拆。）及至京，止客户坊，饥贫甚，绝食，忽忆此书，故开第一封，题云：'可于菩提寺门前坐。'自客户坊至菩提寺，可三十余里。饥困，且雨雪，乘驴而往，自辰至鼓声欲绝方至寺门。"（中华书局校点本，第2758—2759页）此条出《会昌解颐录》。

昌坊相去不远，由新昌坊去兴化坊较新昌坊去客户坊要远得多①；一处乃记武则天时的事情，也就是说，在宣宗开夹城中一门而分敦化坊以北四坊各为二坊之前就有了"客户坊"之名了。看来，把《长安志》中升道、□□、立政、敦化四坊所缺一坊名补为客户是很有可能的。② 由之可知广德为升道或客户所分出的一坊的名称。

综合上面对于《长安志》和《类编长安志》的分析，现在我们所能知长安最东一列坊新昌坊以南诸坊名的情况是：

宣宗开夹城门以前：

升道

客户

立政

敦化

宣宗开夹城门以后：

---

① 《太平广记》卷四百八十六"无双传"条："（王仙客）乃入京，访舅氏消息。至新昌南街，立马彷徨之际，忽有一人马前拜。熟视之，乃旧使苍头塞鸿也。鸿本王家生，其舅常使得力，遂留之。握手垂涕，仙客谓鸿曰：'阿舅、舅母安否？'鸿云：'并在兴化宅。'仙客喜极云：'我便过街去。'鸿曰：'某已得从良，客户有一小宅子，贩缯为业，今日已夜，郎君且就客户一宿，来早同去未晚。'遂引至所居，饮馔甚备。"（中华书局校点本，第 4003 页）

② 程鸿昭《唐两京城坊考校补记》于兴化坊徐松引《无双传》"且就客户一宿，来早同去未晚"。句下补："按客户犹言客舍也。《摭言》云牛僧孺谒韩愈、皇甫湜二公曰：可于客户税一庙院。据《摭言》及此《无双传》皆不谓坊里。《会昌解颐录》：牛生至京，止客户坊，自坊至菩提寺，三十余里。又《河东记》：段何赁屋客户里。此二书有坊里之名，意与《广异记》所云'杨元英开元中亡，已二十载，其子至治（冶）成坊削家识其父圹中剑'文同。客户坊、客户里、治（冶）成坊皆假借之称，不能定其所在。附记于此。"按牛僧孺谒韩愈、皇甫湜事程氏所引为《唐摭言》卷七中的一条，此事并见卷六，文稍异，谓：因命于客户坊僦一室而居'〔五代〕王定保撰：《唐摭言》，上海：上海古籍出版社，1978 年，第 75、64 页）。卷七的一条亦有坊字，程氏引误。所引《会昌解颐录》《河东记》《广异记》出《太平广记》。数条文献，或载客户坊有客舍，或出此，揣摩其文，并无客户坊为有客舍的坊里的意思，程氏以为"客户"非坊名之说不可取（程书载中华书局本《唐两京城坊考》，上引见第 205—206 页）。

升道、广德(?)

客户、广德(?)

立政、新宁(谈宁)

敦化(教化)①、常和(长和)

朱雀街西第一列坊的最北二坊之名徐松曾作了猜测,为后来大多数学者所接受,其实徐松只是作了一个猜测而已,并未提出确证。② 福山敏男③、杨宽、史念海采纳《类编长安志》中的记载,补为善和、通化二名,平冈武夫服膺徐松的权威性,只是把《类编长安志》中的记载作为一种异说,其实是全无必要的。在现有材料的条件下,可以初步采纳《类

---

① 宋敏求《长安志》在敦化坊下注"一作敦教坊",想是因为传抄刻印过程中将"教化"误作"敦教"了,"敦教"一名实在无从说起。如果这样的话,便更可证敦化、教化为一坊之二名。

② 徐松《唐两京城坊考》言及此二坊时,正文分别作:"从北第一光禄坊";"次南□□坊"。于光禄坊下注:"《长安志》于此处缺二坊,别无善本可证。李济翁《资暇集》永乐坊古冢下注云:光禄坊内亦有古冢。《新记》不载。时之以与永乐者对,遂目为王母台。张郎中谯云:常于杂钞中见光禄者,是汉朝王陵母墓,以贤呼为'王母',所以东呼为王公。 按光禄坊之名,不见《长安志》。既云与永乐相对,又云东呼为王公,是在永乐之西,恐两缺坊内有一名光禄者,今注于第一坊下,以俟考。"于□□坊下注:"《张元忠夫人令狐氏墓志》云:夫人卒于京兆府殖业里之私第。按以南数坊多以业为名,或此缺坊为殖业欤? 不言县而独言京兆府,以府廨在光德坊,与此坊相近,存之附考。"(卷四,北京:中华书局,1985年,第93页。着重号为引者所加。)

③ 《校注两京新记卷第三》,转引自平冈武夫《唐代的长安与洛阳·地图篇》,第32页。

编长安志》中的记载将《长安志》所缺这两坊名补作善和、通化。①

---

① 《长安志》未记通化一坊，但其他文献有一些记载。
《太平御览》卷一百八十引韦述《两京记》云："通化坊，东南郧公殷开山宅，西北颜师古宅，又有欧阳询宅，时人谓之吴儿坊。"（《四部丛刊三编》本，叶9。）而《长安志》载敦化坊有殷开山、颜师古宅，遂有人以为通化、敦化乃一坊之二名。
《旧唐书》卷一百七十《裴度传》载："（元和）十年六月，王承宗、李师道俱遣刺客刺宰相武元衡，亦令刺度。是日，度出通化里，盗三以剑击度，初断靴带，次中背，才绝单衣，后微伤其首，度堕马。会度带毡帽，故创不至深。贼又挥刃追度，度从人王义乃持贼连呼甚急，贼反刃断义手，乃得去。度已堕沟中，贼谓度已死，乃舍去。居三日，诏以度为门下侍郎、同中书门下平章事。"（中华书局校点本，第4414—4415页）一般都以为是裴度是在上朝途中遭到了刺杀。裴度在长安的宅第所在的坊见于文献的有：永乐坊（见《长安志》）、平乐坊（见两唐书《裴度传》及《通鉴》敬宗宝历二年注、文宗开成二年注，参考杨鸿年《隋唐两京坊里谱》，上海：上海古籍出版社，1999年，第49—50页）、兴化坊（见《长安志》），永乐、平乐似为同一坊，两处都道裴度的宅第正当横亘长安东西六冈的第五冈，兴化坊则有池亭，也就是园子。永乐坊在朱雀街东第二列坊自北向南第四坊，兴化坊在朱雀街西第二列坊自北向南第三坊。徐松（《唐两京城坊考》"安兴坊"条）、平冈武夫（《唐代的长安与洛阳·地图篇》，第23页）都认为裴度由永乐坊入朝（大明宫），必经安兴坊（朱雀街东第四列坊自北向南第三坊）之西，因安兴坊东达通化门，所以又名通化坊。这样的解释理由不够充分，一则通通化门的坊不止安兴坊一坊，兴宁、永嘉二坊较安兴坊更为靠近通化门，二则即使裴度由永乐坊入朝，经皇城东的街道要比经安兴坊西更为节省路程。所以，通化坊的位置不可以二氏说为准。而裴度兴化坊另有池亭，如果取《类编长安志》通化坊在朱雀街西第一列坊自北向南第二坊之说，则其位置正当兴化坊东北，由兴化坊入朝，必经它东北的一坊。由此看来，《类编长安志》的说法是很可以接受的。本文并不能排除裴度在通化坊的意思。以上主要是想说明通化为安兴坊别名之说不可取。
另有三条石刻材料：《大唐京兆府美原县丞元府君（复业）墓志铭并序》《唐京兆尹兼御史大夫赠吏部尚书京兆韦公神道碑铭并序》《国子监礼记博士赵正卿墓志铭并序》，前二称"长安通化里"，后一称"京师通化里"，墓志文言某人终某某坊（里），或直言，或前冠京师、西京、上都、京兆等，或冠京兆府某某县，或冠某某县，而府、县这些通名或省，如省称万年县为万年。长安郭城以朱雀街为界，东属万年县，西属长安县，所以省称长安者或是指整个郭城，或是指西半的长安县，但在墓志文中，坊名前冠长安者绝大多数是指长安县，少数是指万年县。因而，把两见之"长安通化里"理解成街西的长安县的通化里，我想是合适的。这也可作为肯定通化坊在朱雀街西的一个旁证。上引材料据杨鸿年：《隋唐两京坊里谱》，第279页。其他各家说法的查找也可利用此书。

于此，《类编长安志》的价值可见。①

补记：

文成后，读到辛德勇《隋唐两京丛考》一书（西安：三秦出版社，1998年），其中"大兴城的坊数及其变化和城东南隅诸坊""善和、通化与兴禄、殖业四坊""都亭驿考辨"三节与本文殊有共通之处，但结论不尽相同：

一、关于东南隅诸坊。《丛考》承福山敏男的处理法，据《类编长安志》将《长安志》升道坊南所缺的一坊补为广德坊，又作了一说明："广德犯隋炀帝讳，应为唐改坊名，其本名失考。"依本文所考，广德乃是唐宣宗分坊以后新出现的坊名（自不会避隋炀帝讳），而升道坊南一坊的旧名应为客户，这是我全面考察《类编长安志》得出的结论。

二、关于朱雀街西第一列坊最北二坊之名。《丛考》提到黄永年已先考定为善和、通化（《述〈类编长安志〉》，《中国古都研究》第一辑，浙江人民出版社，1985年），并据《长安志》敦化坊下所记殷开山宅、净影寺等在《类编长安志》中置于通化坊下，又据《续高僧传·慧远传》确考净影寺在朱雀街西要冲之处，来说明这些内容都是今本《长安志》在缺漏之后的误植，本应属下。这样，就很好地指出了今本《长安志》此处不仅有缺漏，还有因缺漏带来的通化坊下的内容窜入敦化坊下（先是通化坊之名在缺漏之列，但其下的具体内容还有保留，后来这些内容又被归于敦化坊之下），这是我未曾考虑到的。

（原刊蒋赞初主编：《南京大学历史系考古专业成立三十周年纪念文集》，天津：天津人民出版社，2002年）

---

① 这一问题的彻底解决有待于能够指明此处相关几坊位置的文字材料——尤其有可能的是墓志材料——的出土。

《云麓漫钞》中一则隋唐长安研究珍贵史料的校点

南宋赵彦卫所作《云麓漫钞》是一部价值很高的学术笔记，书中收罗的不少珍贵的资料，成为研究相关问题的重要史料。其中卷8所录的北宋吕大防所作关于《长安图》的题记（此条可称"《长安图》"条）[①]，便是隋都大兴城、唐都长安城研究的难得史料，对于有些问题的研究有着极高的价值。

[①] 吕大防是否为《长安图》的作者，大家意见不一，我以为他只是此图的刊布者，只有此图的题记才是他的作品。他的题记中说："予因考正长安故图，爱其制度之密而勇于敢为，且伤唐人冒疾，史氏没其实，聊记于后。"有"长安故图"之说。元人李好文早就发现了这一点，在他的《长安志图》的序中称："图（指《长安图》）旧有碑刻，亦尝锓附《长安志》后，今皆亡之。有宋元丰三年龙图阁待制吕公大防为之跋，且谓之长安故图，则前世固有之。"（《景印文渊阁四库全书》第587册，第471页）据"长安故图"之说认为《长安图》"前世固有之"。而认为《长安图》系吕大防所作的看法也由来已久，《云麓漫钞》中"《长安图》，元丰三年正月五日，龙图阁待制、知永兴军府事汲郡吕公大防命户曹刘景阳按视，邠州观察、推官吕大临检定。……大率以旧图及韦述《西京记》为本，参以诸书及遗迹考定"的说法便给人这样的印象，而南宋郑樵《通志》卷七十二《图谱略》"吕大防唐长安京城图，唐太极宫图、唐大明宫图、唐兴庆宫图三宫合为一图"（万有文库十通本，第838页）的简单记载也同样给人这样的印象。但赵、郑二人都没有李好文分析之严密，《云麓漫钞》转录吕大防题记时缺了包括前引"长安故图"之说的最后一整段文字，郑樵所说的"唐长安京城图"更是有违吕大防扬隋城抑唐城的本意（这些情况均请参本文后）。而南宋陈振孙《直斋书录解题》卷八"《长安图记》"条正是只把题记放在吕大防的名下（徐小蛮、顾美华点校，上海：上海古籍出版社，1987年，第242页）。

一 《云麓漫钞》排印本"《长安图》"条点校中的问题

虽然《云麓漫钞》"《长安图》"条于隋唐长安的研究价值颇高,可是其中的文字并不太易读,而在我所见的三种排印本《云麓漫钞》——《中国文学参考资料小丛书》本[1]、《唐宋笔记史料丛刊》本[2]、《新世纪万有文库》本[3]——中,此文标点都多有误处,因为点校者对隋唐长安研究并不熟悉,所以有些文字脱漏之处也未能抉出,因而本文试就这一资料重作校点,以便研究者利用。

《云麓漫钞》的版本源流比较复杂,唐宋笔记史料丛刊本《云麓漫钞》附有点校者傅根清先生所作《云麓漫钞源流考证》一文,详细地介绍了《云麓漫钞》的各种版本的源流和优劣。在此书的"前言"中,他介绍了点校时版本的利用情况,"是以十五卷本系统中抄写较精较全的清吴焯抄本为底本",并对校了其他四个十五卷本——明姚咨抄本、清吴骞抄本、清《四库》文渊阁抄本、清蒋光煦别下斋刊《涉闻梓旧》本和四个四卷本——明王肯堂郁冈斋抄本、明商濬半野堂刊《稗海》本、清李周南洗桐斋抄本、《笔记小说大观》本,还参校了其他的文献。校勘记反映了他的校勘成果,有关《长安图》的这一段文字共出校八条。

下文以《唐宋笔记史料丛刊》本转录的清吴焯抄本《云麓漫钞》为底本,录出其中的"《长安图》"条,并重加标点,唐宋笔记史料丛刊本的点校成果一并转录,原点校者多数时候并不指明何者为正确,故试着就不同版本的文字的正误作出说明。

---

[1] 〔南宋〕赵彦卫撰:《云麓漫钞》,上海:古典文学出版社,1957年,第116—118页。
[2] 〔南宋〕赵彦卫撰,傅根清点校:《云麓漫钞》,北京:中华书局,1996年,第140—142页。
[3] 〔南宋〕赵彦卫撰,张国星校点:《云麓漫钞》,沈阳:辽宁教育出版社,1998年,第86—88页。

关于今存诸本《云麓漫钞》均还存在的文字脱漏之处，日本学者福山敏男曾据南宋程大昌的《雍录》、元李好文的《长安志图》等作过补充，一并出校①；《长安图》以及吕大防的题记还曾刻于石，原石已毁，但其残石的拓片的照片为日本学者辗转保存下来，平冈武夫作了辨识②，这是比《云麓漫钞》所转录的吕大防题记更为准确的，可以校正《云麓漫钞》的文字，也一并出校。此外，有些可以校正原文之处，有些有助于文字理解的说明之处也一并出注。

点校中于平冈武夫的研究成果利用最多，是要在此特别指出的。

二 《云麓漫钞》"《长安图》"条的校点

《长安图》[一]。元丰三年正月五日[二]，龙图阁待制、知永兴军府事汲郡吕公大防命户曹刘景阳按视，邠州观察推官吕大临检定。其法以隋都城、大明宫并以二寸折一里；城外取容，不用折法；大率以旧图及韦述《西京记》为本，参以诸书及遗迹考定；太极、大明、兴庆三宫用折地法不能尽容诸殿，又为别图。[三] 汉都城。纵广各十五里，周六十五里，十二门，八街，九陌，城之南北曲折有南斗、北斗之象，未央、长乐宫在其中，未央在西，直便门，长乐在东，直社门。隋都城。外郭。纵十五里一百七十五步，广十八里百十五步，周六

---

① 〔日〕福山敏男：《长安城的东南角——吕大防长安图碑的复原》，《古代学》第2卷第4号，1953年。他的主要意见为平冈武夫所引录，我是从平冈武夫书中了解福山敏男的意见的，原文未见。平冈武夫书有两个汉译本，一题《长安与洛阳（地图）》（杨励三译，西安：陕西人民出版社，1957年），一题《唐代的长安与洛阳·地图篇》（李庆译，上海：上海古籍出版社，1991年），在复原的吕大防题记的标点等方面，后者存在着一些的错误，以下所引一般根据前者。

② 《长安图》图本身的残石曾在清代和民国年间发现一些，福山敏男在《长安城的东南角——吕大防长安图碑的复原》一文中就《长安图》作过复原，为平冈武夫所转引［《长安与洛阳（地图）》第七图］。从他的复原看，并无可以容纳题记的部分。

十七里,高一丈八尺,东西南北各三门,纵十一街,横十四街。当皇城朱雀门南北九里一百七十五步。[四]纵十一街,各广百步;皇城之南横街十,各广四十七步;皇城左右各横街四,三街各[五]六十步,一街直安福、延喜门,广百步。朱雀街之东,市一、坊五十五,万年治之;街之西,市一、坊五十五,长安治之。坊之制:皇城之南三十六坊,各东西二门[六],纵各三百五十步,中十八坊,广各三百五十步,外十八坊,广各四百五十步;皇城之左右共七十四坊[七],各四门,广各六百五十步;皇城左右之南六坊,纵各五百五十步;北六坊,纵各四百步。市居二坊之地,方各六百步,四面街各广百步,面各二门。皇城。纵三里一百四十步,广五里一百一十五步,周十七里一百五十步,纵五街,横七街,百司居之;北附宫城,南直朱雀门,皆有大街,各广百步;东西各二门,南三门。太极宫城。广四里,纵二里四十步,周十三里一百八十步,高三丈五尺[八],东一门,西二门,南六门,北三门。宫城之西有大安宫。唐大明宫城。在苑内,广二里一百四十八步,纵四里九十五步,东、北各一门,南五门,西二门。禁苑。广二十七里,纵三十里,东一门,南二门,北五门。西内苑。广四里,纵二里,四面各一门。东内苑。广二百五十步,纵四里九十五步,东一门。以渠道[九]水入城者三:一曰龙首渠,自城东南导浐至长乐坡酾为二渠,一北流入苑,一经通化门、兴庆宫由皇城入太极宫;二曰永安渠[十],导交水自大安坊西街入城,北流入苑,注渭;三曰清明渠,导坑水自大安坊东街入城,由皇城入太极宫。城内有六高冈横列,如乾之六爻。初,隋建都,以九二置宫室,九三处百司,九五不欲令民居,乃置玄都观、兴善寺。右汉、隋、唐宫禁城邑之制。[十一]而《西京记》云:"街东西各五十四坊。"《六典注》:"两市居其中四坊之地,凡一百一十坊。"今除市居二坊外,各五十五坊,当以《六典注》为正。[十二]又《六典注》[十三]:"土阁之西延英[十四]。"李庚赋:"东则延英耽耽。"当以庚赋为正。[十五]又《西京记》:"大兴城南直子午谷。"今据子午谷乃汉城所直,隋城南直石鳖谷西。[十六]又《唐志》:"大明宫纵一千八百步,广一千八十步。"今实计纵一千一百一十八步,广一千五百三十五步。此旧说之误也。[十七]唐高宗始营大明宫,于丹凤后南开翊善、永昌二坊各为二。[十八]外郭东北隅永福一坊筑入苑,先天以后为十六王内宅。又高[十九]宗以隆庆坊为兴庆宫,附外郭为复道,自大明宫经过通化门,磴道潜通以达此宫,谓之夹城;又制永嘉坊西[二十]百步入宫;外郭东南隅一坊,始建都城以地高不便隔在郭外,为芙蓉园,引黄渠水注之,号曲江,明皇增筑兴庆宫夹城直至芙蓉园。又武宗于宣政殿东北筑台曰望仙,今人误以为蓬莱山;武宗又修未央宫为通光亭。宣宗修宪宗遗迹,于夹城中开便门,自芙蓉园北入至青龙寺,俗号新开门,自门至寺,开敦化以北四坊各为二。此迁改之异也。大抵唐多仍隋旧,故吕公爱其制度之密,而伤唐人冒疾,[二十一]史氏没其实,遂刻而为图,故志之。[二十二]

[一]《唐宋史料笔记丛刊》本校勘记:"长安图此下原与上则合为一则而'长'上空一格,据《吴骞》本校语、《涉闻》本及文意正。"按:其说是,此为独立的一条,和前条无涉。

[二]《唐宋史料笔记丛刊》本校勘记:"正月五日 '正',《稗海》本、《洗桐斋》本作'五'。"按:现存的题记的残石存最末的部分,题"元丰三年五月五日龙图阁待制知永兴军府事汲郡吕大防题",作"五",可据改。此块题记残石文字见后文所录。

[三]平冈武夫把"隋都城、大明宫并以二寸折一里;城外取容,不用折法。大率以旧图及韦述《西京记》为本,参以诸书及遗迹考定。太极、大明、兴庆三宫用折地法不能尽容诸殿,又为别图"的话也当作吕大防题记原文来处理[平冈武夫:《长安与洛阳(地图)》,杨励三译,陕西人民出版社,1957年,第40页],我以为这样的处理并不可取。首先,原文是"其法以"这样的口吻把这段话引出的,很像出自赵彦卫之口;其次,"参以诸书及遗迹考定"也应是指吕大防。

但《云麓漫钞》中这段叙述又似乎并不完全是赵彦卫自己所言,应是本之吕大防题记而作了较大的改动,因而对于题记的复原只能提示有这么一部分介绍绘图法之类的文字而已。

以"《西京记》为本"的说法也是不准确的,在吕大防指出的"旧说之误"中,就有两处是指出《西京记》的错误的。

[四] 但据《云麓漫钞》并不知其所云的具体内容,此句文字有脱漏,可据元代李好文《长安志图》补。《长安志图》卷上引作:"当皇城朱雀门,曰朱雀街,亦曰天门街,南直明德门,南北九里一百七十五步。"(影印文渊阁四库全书本,第587册,第477页。)《云麓漫钞》脱十四字。这应属流传过程中的文字脱漏。此处叙述朱雀门,颇觉突兀,前言"纵十一街,横十四街",后作详细描述——"纵十一街,各广百步",似应相联。则相关文字可以调整为:"纵十一街,横十四街。纵十一街,各广百步;当皇城朱雀门,曰朱雀街,亦曰天门街,南直明德门,南北九里一百七十五步。"而《长安志》卷七云:"当皇城南面朱雀门有南北大街,曰朱雀门街,街东西广百步。"(经训堂丛书本,第六叶。)可见"广百步"系叙述朱雀街的文字;又据考古实测,长安郭城纵向的街道宽度不一,而以朱雀街为最宽(参见中国科学院考古研究所西安唐城发掘队:《唐代长安城考古纪略》,《考古》,1963年第11期),广百步应是朱雀街的宽度。则可能中间有所脱漏,而脱漏之处也许吕大防原题记已然,因为这些部分是吕大防引述的旧文。又影印文渊阁四库全书本《长安志图》引作"纵十二街,各广百步","十二"当作"十一"。

[五] 似应补一"广"字,以同前后例。

[六]《唐宋史料笔记丛刊》本校勘记:"各东西二门 '二',《稗海》本作'三'。"按:作"二"是,皇城以南四列坊因坊的面积较其他的坊为小,所以只有一条横街,因而只开东、西二门,《稗海》本误。

[七]《唐宋史料笔记丛刊》本校勘记:"皇城之左右各共七十四坊 '左右',《吴骞》本、《涉闻》本作'内'。"按:作"左右"是,皇城之内为百司所在,非坊区。

〔八〕《唐宋史料笔记丛刊》本校勘记:"高三丈五尺　'三',《郁冈斋》本、《洗桐斋》本作'二'。"按:作"三"是,吕大防题记残石正作"三"(此块题记残石文字见后文所录);《太平御览》卷一百五十六引《两京记》曰:"宫城东西四里,南北二里四十步,周回十三里一百八十步,高三丈五尺。"(一九六〇年中华书局再影四部丛刊影宋刊本,第759页。)北宋宋敏求《长安志》卷六云:"宫城东西四里,南北二里二百七十步,周一十三里一百八十步,崇三丈五尺。"(经训堂丛书本,第一叶。)《长安志》所谓宫城指太极宫。

〔九〕按:"道",在题记残石中作"导",作"导"是。

〔十〕现存一块残石为两格题记的左半部分,其中上一格存如下数行〔此据平冈武夫:《长安与洛阳(地图)》,杨励三译,陕西人民出版社,1957年,第39页,较小的字系平冈武夫补出〕:

宮	渠	自	以		門	禁	各	四	唐		太
由	一	城	渠		四	南	苑	十	大	丈	極
皇	北	東	四		內	廣	一	八	明	五	宮
城	流	南	里		門	二	南	步	宮	尺	廣
入	南	導	東		二	北	十	縱	城	周	四
太	入	水	十		內	廣	五	四	在	十	里
極	漸	入	五		五	四	七	門	苑	三	縱
宮	一	城	苑		門	里	里	西	之	里	二
二	經	者	廣		縱	二	縱	九	內	一	里
曰	通	長	二		二	縱	二	十	廣	百	二
永	化	樂	百		里	三	十	五	二	八	百
安	門	坡	五		五	十	步	步	大	十	四
㴲	興	醴	十		里	里	東	一	安	步	十
慶	慶	為	步		東	東	一	北	宮	高	步
	二	二	縱				百		六	三	
		渠				北		門		十	

图三十二　平冈武夫复原《长安图》吕大防题记之一

从中,我们可以看出《云麓漫钞》转录的吕大防题记虽非完全直录,但基本上还是照录吕大防题记而来的。

题记残石清晰地提示我们原有题记是分段的,还分不同的层次,分段的题记原文使我们可以更加清楚地读懂其中的内容。

［十一］参照题记残石单刻"（此）迁改之异"一行（见下引），"右汉、隋、唐宫禁城邑之制"一句原亦当单刻一行，系总指上面从"汉都城"到"兴善寺"的一段对汉时、隋时、唐时长安城的描述。

［十二］朱雀街东西各为五十四坊、五十五坊两种说法都是不准确的，因为长安城紧靠郭城东墙的最东一列坊的最南一坊之地隔在城外，并不设坊，朱雀街东西两部分的坊数是不一致的，何况在唐代还有分坊、撤坊之举。

［十三］《唐宋史料笔记丛刊》本校勘记："又六典注 '注'，原作'西'，属下读，于意难通，据《稗海》本、《吴骞》本、《涉闻》本正。"按：是。

［十四］《唐宋史料笔记丛刊》本校勘记："土阁之西延英 '土'，《文渊》本作'上'。"按：作"上"是，南宋程大昌《雍录》卷四"延英殿"条载："案《六典》，宣政殿前西上阁门之西，即为延英门，门之左即延英殿。"（中国古代都城资料选刊本，黄永年点校，中华书局，2020年，第66页。）而"阁"又当作"閤"。

［十五］按：关于吕大防题记根据李庚《两都赋》对《唐六典》的记载作的指正，南宋程大昌《雍录》卷四"延英殿"条认为系吕大防误，延英殿在紫宸殿西。（中国古代都城资料选刊本，黄永年点校，中华书局，2002年，第66—67页。）

［十六］此后有阙文，可据南宋程大昌《雍录》补。《雍录》卷三"唐西内太极宫"条引作："隋城南直石鳖谷，则已微西不正，与子午谷对也。"（中国古代都城资料选刊本，黄永年点校，中华书局，2002年，第51页。）

［十七］"此旧说之误也"原亦应单列一行，此系总结上面从"而《西京记》云"到"今实计纵一千一百一十八步，广一千五百三十五步"的一段指正旧有记载的误处的。

［十八］"唐高宗始营大明宫，于丹凤后南开翊善、永昌二坊各为二"一句，平冈武夫以为"'后'当作'门'"，作"唐高宗始营大明宫，于丹凤门南开翊善、永昌二坊，各为二"。［《长安与洛阳（地图）》，杨励三译，

陕西人民出版社，1957年，第41页。]按：平冈武夫所言可取。

[十九]“高”，平冈武夫指出是“玄”之误，[《长安与洛阳（地图）》，杨励三译，陕西人民出版社，1957年，第41页。]按：平冈武夫所言是。

[二十]“西”，平冈武夫指出当作南。[《长安与洛阳（地图）》，杨励三译，陕西人民出版社，1957年，第41页。]按：平冈武夫所言是。永嘉坊在兴庆宫北，兴庆宫扩大时，永嘉坊南部半坊之地入兴庆宫，此处的“西”当为“南”之讹。北宋宋敏求《长安志》卷九载：“（开元）四十年，又取永嘉、胜业坊之半增广之。”（经训堂丛书本，第二叶。）这一情况在残存的《长安图》中也有反映。

[二十一]《唐宋史料笔记丛刊》本校勘记：“而伤唐人冒疾　‘疾’，《稗海》本、《吴骞》本、《涉闻》本作‘袭’。”按：题记残石及《长安志图》所引均作“疾”。

[二十二]题记残石下一格如下[此据平冈武夫《长安与洛阳（地图）》，杨励三译，陕西人民出版社，1957年，第39页，较小的字系平冈武夫补出]：

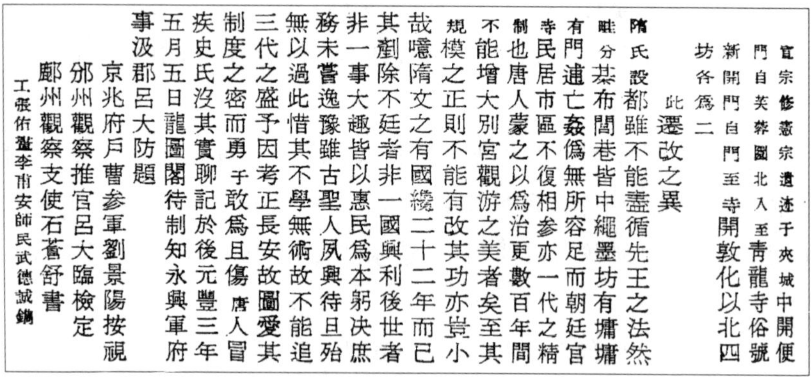
官宗修憲宗遺迹于夾城中開便
門自芙蓉圖北入至青龍寺俗號
新開門自門至寺開敦化以北四
坊各爲二
此遷改之異
隋氏設都雖不能盡循先王之法然
畦分棊布閭巷皆中繩墨坊有墉墉
有門逋亡姦僞無所容足而朝廷官
寺民居市區不復相参亦一代之精
制也唐人蒙之以爲治更數百年間
不能增大別宮觀游之美者矣至其
規模之正則不能有改其功亦豈小
哉噫隋文之有國纔二十二年而已
其剗除不廷者非一國興利後世者
非一事大趣皆以惠民爲本躬决庶
務未嘗逸豫雖古聖人夙興待且殆
無以過此惜其不學無術故不能追
三代之盛予因考正長安故圖愛其
制度之密而勇于敢爲且傷唐人冒
疾史氏沒其實聊記於後元豐三年
五月五日龍圖閣待制知永興軍府
事汲郡呂大防題
京兆府戶曹参軍劉景陽按視
邠州觀察推官呂大臨檢定
鄜州觀察支使石蒼舒書
工張佑盤李甫安師民武德誠鐫

图三十三　平冈武夫复原《长安图》吕大防题记之二

这大可以补《云麓漫钞》转录之不足，最后一整段的文字，表明了吕大防重视隋大兴城、轻视唐长安城的见解，这在历代研究隋唐长安城的学者当中是少见的，这层意思在《云麓漫钞》只是用简单的话转述了一下而已。而这一点就隋唐长安的研究史的研究而言是很重要的,平冈武夫曾就此作过说明。

另外,还可以看出《云麓漫钞》此条开头所说的按视者刘景阳的官衔是不完全的,"户曹"当作"京兆府户曹参军",因今本《云麓漫钞》均系晚出之本,所以也不能判断是否就是赵彦卫的疏漏,但从前面的缺漏多属于流传过程中的文字脱漏看,此处也应属此种情况。

元李好文《长安志图》引"吕氏曰"即题记的最末一大段,从"隋氏设都"至"石苍舒书",文字大致相同,但也有异处,校之如下:

表五 《长安图》吕大防题记校勘

原石行数	残石平冈武夫录文	李好文《长安志图》转录文字(影印文渊阁四库全书本,第587册,第478页)
1	然	(无)
2	綦	碁
3	官	宫
5—7	间不能增大别宫观游之美者矣至其规模之正则	(无)
8	噫	(无)
8	之	(无)
8	而已	(无)
9	铲	划
9	廷	庭
12	此	(无)
12	正	证
15	冒	媚
20	邠	并
21	支	(无)

三 关于吕大防题记的复原

　　《云麓漫钞》的记载是我们了解和复原吕大防题记的重要参考和依据。日本学者福山敏男曾利用长安图题记残石和《云麓漫钞》对于吕大防题记作过复原[1]；后来，日本学者平冈武夫在福山敏男的基础上利用版本更佳的《云麓漫钞》又再次作过复原，他谓"《云麓漫钞》已失原本（指吕大防题记）本来面目"[2]，确属实情。这从《云麓漫钞》本文也可以看出，比如开头说的"元丰三年正月五日，龙图阁待制、知永兴军府事汲郡吕公大防命户曹刘景阳按视，邠州观察、推官吕大临检定。其法以……"，特别是称"吕公大防"显出他人之口，最末又说到"大抵唐多仍隋旧，故吕公爱其制度之密，而伤唐人冒疾，史氏没其实，遂刻而为图，故志之"。但他因考虑到《云麓漫钞》并非直录吕大防题记而不够十分的自信。平冈武夫还就复原的吕大防题记作了分段，分段是符合原来题记的做法的，不过他的分段仍有可商之处，所以本文还想就吕大防题记的复原再作些工作。

　　就内容而言，可知吕大防题记系其引述、考证所刊布有关于长安城的旧图——《长安图》的文字。分作五部分，第一部分大约是介绍旧图的绘制方法，其原貌不可复原；第二至第四部分每一部分内容述完，都有总陈的一句话，分别为："右汉、隋、唐宫禁城邑之制""此旧说之误也""此迁改之异也"。赵彦卫《云麓漫钞》录出了前面的四部分的内容，但并未说明哪些是引录的文字，不过他过录的第二至第四部分这三部分文字是很忠实于吕大防题记原文的，只是原来的分段格式不易看出、眉目不太清晰罢了，所以，以《云麓漫钞》所录用作恢复吕大防题记之用还

---

　　[1] 〔日〕福山敏男：《长安城的东南角——吕大防长安图碑的复原》，《古代学》第2卷第4号，1953年，此据平冈武夫书所述。

　　[2] 〔日〕平冈武夫著，李庆译：《唐代的长安与洛阳·地图篇》，上海：上海古籍出版社，1991年，第37页。

是可靠的。

第二部分又分为两小部分的内容，"汉都城"和"隋都城"分别是其标题，"汉都城"下的内容比较简单，"隋都城"下的内容比较复杂。"隋都城"下分成"外郭""皇城""太极宫城""大明宫城""禁苑""入城渠水""城内六高冈"七个部分。所谓"汉、隋、唐宫禁城邑之制"是一种很完全的总结之语，宫禁正是指以唐代内容为主的太极宫、大明宫和禁苑而言的。不列唐都城一目，正可见吕大防是扬隋城而抑唐城的，虽然如此，在叙述隋城时仍不得不大量杂以唐城的内容。

从题记残石看，"大明宫城""禁苑""入城渠水"均低一格处理，"禁苑"下的西禁苑和东禁苑再低一格。比较麻烦的是"太极宫城"部分，原已残缺严重。平冈武夫在补第一块题记残石时，将第一行的缺字补为"太极宫城广四里纵二里二百"十二字而成太极宫城"纵二里二百四十步"，实际上今存《云麓漫钞》的各种版本都作"纵二里四十步"，何故平冈武夫此处偏偏不依《云麓漫钞》呢？太极宫城"纵二里二百四十步"也是有所本的，如北宋宋敏求《长安志》卷六云："宫城东西四里，南北二里二百七十步，周一十三里一百八十步，崇三丈五尺。"①有"二百"字样。平冈武夫之所以弃现成的《云麓漫钞》不用而转据《长安志》等的记载，显然是考虑了题记的格式问题。如果照《云麓漫钞》补为"太极宫城广四里纵二里"十字，则有关太极宫城的叙述就要低两格了，也就是说要比唐大明宫以及禁苑的叙述还要低一格，而补为"太极宫城广四里纵二里二百"十二字则恰好顶格，但此条其后各行则低二格。孰是孰非，我觉得颇难判断。但是总的说来，我还是觉得平冈武夫弃《云麓漫钞》不取是危险的。不管怎么说，吕大防所据刻的《长安图》反映的都是唐中期以后的情形，宋敏求《长安志》卷九于郭城最东一列坊中的立政坊下注："按《长安图》此坊分为谈宁坊，非是。"于敦化坊下注："按《长安图》

---

① 〔北宋〕宋敏求：《长安志》，《经训堂丛书》本，叶1。

及（此）坊分为长和坊，非是。"①宋敏求所批评②的《长安图》应即吕大防所据刻的《长安图》（至少也应是同一类的图），而郭城最东一列坊最南几坊的分坊是在宣宗以后了（参本文前述）。现存旧图中作如此处理的还有南宋程大昌《雍录》中的"唐都城内坊里古要迹图"，程大昌自称是以吕大防图为基础绘制的。③ 而高宗以后，唐朝的宫城实已移至以大明宫为主的其他地方，叙述太极宫时反较大明宫再低一格也并非完全没有可能。考虑到吕大防是扬隋城而抑唐城的，其前的"外郭""皇城"两条可以设想是顶格的。"汉都城""隋都城"二标题也许可以单列一行。

第四部分在题记残石中保存了最末的部分，虽然残损严重，但可以毫无异议地补全，平冈武夫所补我完全同意。补全后，可见两方面的重要格式，一是总陈的话要低三格，二是唐代高宗、玄宗、武宗、宣宗各时期的"迁改之异"分别为四节并低一格。

第三部分的内容在题记残石中没有保留，可粗略地仿照第四部分的已知情况，分为四节，每节均低一格。

第五部分则在题记残石中有几乎完整的保留，所缺几字可据《长安志图》补出。

另外，现存的题记残石为相联的两大格，都可以知道最末的文字的状况，因而可以大致推定原来就应是两格题记。

根据这些情况，我们现在大致可以更好地恢复吕大防题记的原貌了。

（原刊《中国历史地理论丛》2005年第3辑）

---

① 〔北宋〕宋敏求：《长安志》，《经训堂丛书》本，叶6。
② 宋敏求的批评是错误的。
③ 〔南宋〕程大昌撰，黄永年点校：《雍录》卷三"唐都城内坊里古要迹图"文字说明，《中国古代都城资料选刊本》，北京：中华书局，2002年，第53页。

再论南唐二陵对唐代陵寝制度的承袭问题

位于今南京牛首山南、祖堂山西侧一座名为高山的小山南麓的南唐二陵——南唐烈祖李昪及其皇后宋氏的钦陵和中主李璟及其皇后钟氏的顺陵,是中国古代帝陵制度研究中得到了特别关注的两个实例。这是1949年后最早发掘的帝陵,并且很快公布了完整的考古报告《南唐二陵发掘报告》[①],为南唐以及五代十国时期帝陵制度的探讨,提供了难得的考古资料,甚至在唐代帝陵的研究中也常常充当重要的辅助资料的角色。

从陵寝制度的角度看,南唐二陵有如下的一些特点:(1)三室制。其中钦陵前、中室为砖筑,后室为石筑,顺陵三室均砖筑,二陵均仿木构建筑。(2)三室左右皆有侧室。钦陵前室左右各一、中室左右各一、后室左右各三;顺陵前室左右各一、中室左右各一、后室左右各二。(3)石棺床(原报告称棺座)。位于后室中部,北端插入墓室北墙的壁龛中。(4)星图和石刻江河(顺陵无石刻江河)。位于后室,起到象征天地的作用。(5)玉石哀册。钦陵出土玉哀册二套的残片,原置于石函中,分别属于烈祖李昪和皇后宋氏,填金;顺陵出土石哀册二套的残片,分别属于中主李璟和皇后钟氏,未见填金。(参见图三十四)

---

① 南京博物院编著:《南唐二陵发掘报告》,北京:文物出版社,1957年。

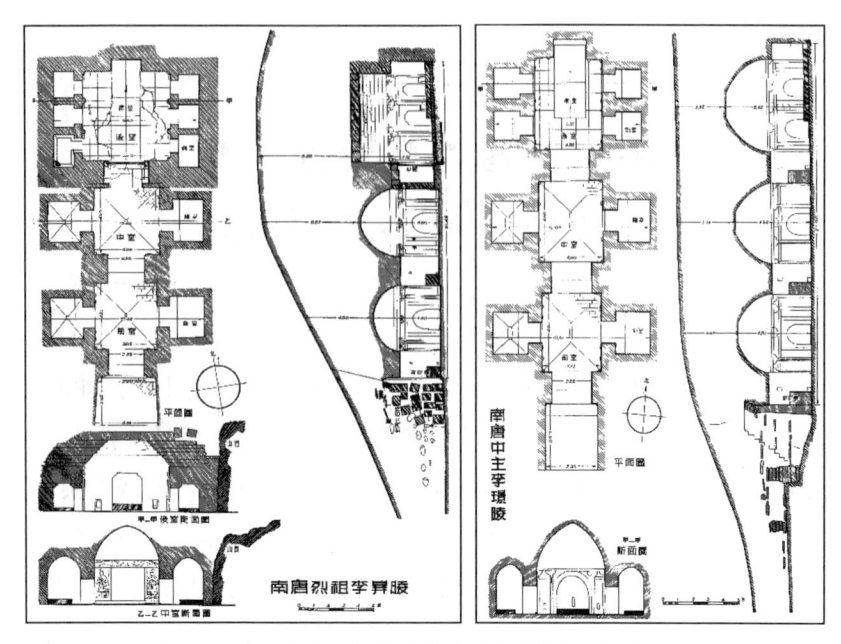

图三十四　南唐二陵平、剖面图(左:钦陵　右:顺陵)

这是在地下的墓室(玄宫/地宫)及表现身份的室内陈设和器物使用方面的一些突出的特点。二陵在帝陵制度方面非常一致,顺陵完全承袭了钦陵的制度,只是顺陵较钦陵简约。也就是说,二陵反映的是南唐时期完整的陵寝制度。初创的钦陵之石室相较后继的顺陵之砖室,更显示出石室是南唐一代帝陵在规制上有意识的考虑的结果。

陵园是帝陵制度不可分割的组成部分。南唐二陵地表的陵园情况基本不明,只知道是依山为陵,有圆形封土。而按照唐代、北宋乃至此前此后的帝陵制度,地表当有空间明确的陵园范围以及体现等级的神道石刻。此外,还可能有陪葬墓。

早有学者提出南唐二陵继承了唐代帝陵制度的看法,并为不少学者所接受。也正是在这样的认识下,才可能利用南唐二陵的资料来帮助开展唐代帝陵玄宫制度的推测工作。近来,随着唐代帝陵(包括以帝陵礼葬且有帝号的皇亲墓)以及五代、北宋帝陵相关发掘工作的开展,为我们从更广阔的视野来观察南唐二陵提供了切实的条件,也为我们重新认识南唐二陵在陵寝制度方面对于唐代的继承问题创造了条件。本文试着重新考虑唐代帝陵的玄宫制度,并结合五代、北宋帝陵的玄宫制度,就南唐二陵对唐代陵寝制度的承袭问题谈谈自己的看法。

一 学者对于南唐二陵在陵寝制度方面继承唐制的论述

一般认为南唐二陵在陵寝制度方面继承了唐代的制度,这一意见早在《南唐二陵发掘报告》中就有比较详细的论述。

主持南唐二陵发掘的曾昭燏先生,在《南唐二陵发掘报告》第二章第三节《论南唐二陵陵墓本身的制度及其装饰艺术》部分,通过墓地的选择和墓的建造方法,建筑布局,立面处理,细部结构,柱、枋、斗拱和室顶上的彩画,雕刻六方面的分析,得出:"南唐二陵,无论从建筑方面,从彩画方面,从雕刻方面,处处表现着上承唐代的余绪,同时反映着割据江南一隅的小朝廷的经济文化状况。"其中具体到陵寝制度继承唐代的分析,则主要有三个方面:第一,南唐二陵倚山为坟,而唐陵自太宗昭陵以下,多用此法;第二,南唐二陵为三室制,各有侧室,而此种制度在"唐代似乎成为帝王陵墓的规定格式",马令《南唐书》卷十五《郑元素传》记温韬发昭陵,"中为正寝,东西厢列石床"[①],正寝即主室,东西厢即侧室;第三,后室用石制棺床,唐墓多见。同时也指出封土形制方面南唐二陵与唐陵的差异——南唐二陵为圆形封土,而唐陵多做成方形层台状。[②]

南唐二陵发掘的主要参加者和报告的主要执笔者蒋赞初先生,在第四章第四节《论二陵出土的陶俑所代表的身份》部分,也涉及南唐二陵陵寝制度的渊源问题。他特别引用了几段传世文献来说明问题。

---

① 这一记载,先见于《新五代史》卷四十《温韬传》,中华书局校点本,第441页。

② 南京博物院编著:《南唐二陵发掘报告》,北京:文物出版社,1957年,第39—43页。

其一是北宋马令《南唐书》卷十三《儒者传》的两段记载：

> 烈祖山陵，元宗以熙载知礼，遂兼太常博士。时江文蔚判寺，所议虽同，而谥法庙号皆成于熙载之手。

> 时南唐礼仪草创，文蔚撰述朝觐、会同、祭祀、宴享礼仪上之，遂正朝廷纪纲。烈祖殂，元宗以文蔚知礼，宜董治山陵事，除文蔚工部员外郎，判太常事，以议葬礼。于是烈祖山陵制度，皆文蔚等裁定。①

并指出："韩熙载、江文蔚两人都是熟悉唐代旧礼的人物，并且都是后唐的进士，让他们来营治山陵事，显然会承袭唐代的制度的。"

其二有关服饰制度，引南宋陆游《南唐书》的记载：

> 周宗……从宣州节度使。入觐，赐宴，元宗亲为折幞头脚，以表殊礼。

又引同书戚光《音释》：

> 折幞头脚，见李建勋等画影，皆软里公服，一如盛唐也。

并提出："由此可见，我们必须以唐朝的制度作为依据，来讨论这些俑所代表的身份。"②

所以，《南唐二陵发掘报告》的"结束语"有如下的总结：

---

① 按上引两段文字，分别为《南唐书·儒者传》中《韩熙载传》和《江文蔚传》的记载。

② 南京博物院编著：《南唐二陵发掘报告》，北京：文物出版社，1957年，第77页。

无论从建筑方面,从彩画方面,从雕刻塑像方面,处处表现着南唐艺术是承袭唐代的,有的差不多完全摹仿唐代的作风,有的则颇有新的创造。整个说起来,它是因袭多而创造少。①

不过,以上曾昭燏先生所论三室制问题,所引文献记载说明昭陵主室有东、西二侧室,似乎并不能说明唐代帝陵是三室制。蒋赞初先生所引马令《南唐书》中的文献资料,对于说明南唐二陵对唐代制度的承袭,当然有非常突出的说服力。但地下的玄宫制度,现存《通典》《唐会要》以及《旧唐书·礼仪志》《新唐书·礼乐志》等有关唐代礼制的传世文献均少记载,似乎南唐时人要想得知,应该也会有相当的困难。

二 唐代帝陵玄宫制度的重新探索

长久以来,在没有唐代帝陵直接考古材料的情况下,多数学者根据唐前期"号墓为陵"的二墓——懿德太子李重润墓、永泰公主李仙蕙墓②都是双室制,南唐二陵及前蜀王建永陵均为三室制,乃至法门寺唐代地宫为三室制等,推测唐代帝陵为三室制,而且很可能都是石室。也有部分学者认为唐代帝陵是双室制,甚至还有学者认为不排除单室的可能,但论证比较简单。③ 以上意见当然都有其可取之处,不过实际上又均无确证。此外,还有学者认为:"唐代帝陵的玄宫形制与山陵形式有关。'依山为陵'的唐陵,使用的是三个主室附加若干侧室的玄宫,这

---

① 南京博物院编著:《南唐二陵发掘报告》,北京:文物出版社,1957年,第94页。

② 懿德太子李重润墓、永泰公主李仙蕙墓二墓之"号墓为陵",有明确的历史文献记载,见《新唐书》相关的列传。章怀太子李贤墓虽然文献上没有号墓为陵的明确记载,但形制与此二墓同。

③ 学者的不同意见,可以参见沈睿文:《唐陵的布局:空间与秩序》,北京:北京大学出版社,2009年,第297—302页。

种形制始于唐太宗昭陵。'封土为陵'的唐陵，使用的是传统的长斜坡墓道的土洞单室或砖砌单室的玄宫。"①这一看法角度独到，且颇具新意。只是认为唐太宗昭陵为三室，文献证据似乎也并不充分。《新五代史·温韬传》载温韬发昭陵后所见，"中为正寝，东西厢列石床"，前已分析为一个墓室加两个侧室的形制，如果是前后相连三个墓室的形制，不应作如此记载。而且，封土为陵者似乎并不能看成是唐代称帝者的陵寝形制的常态。

《唐会要》记昭陵有"五重石门"，学者颇以为是说明昭陵玄宫为三室的重要证据。查《唐会要》载贞观十八年太宗诏云：

《礼记》云："君即位而为椑。"庄周云："息我以死。"岂非圣人远鉴深识，著之典诰。恐身后之日，子子孙孙，尚习流俗，犹循常礼，功四重之椽，伐百祀之木，劳扰百姓，崇厚坟陵。今先为此制，务从俭约，于九嵕之上，足容一棺而已。②

按此诏又载《旧唐书·太宗纪》《文苑英华》《册府元龟》《唐大诏令集》《资治通鉴》等，均作贞观十一年，③从贞观十年葬文德皇后于昭陵的记载看，贞观十一年的记载为是。甚至可以认为，昭陵的营建和文德皇后之卒有密切的关系。

《唐会要》引录此诏后记："至二十三年八月十八日，山陵毕。"并注曰：

陵在醴泉县，因九嵕层峰，凿山南面，深七十五丈，为玄宫。缘山傍岩，架梁为栈道，悬绝百仞，绕山二百三十步，始达玄宫门。顶

---

① 崔世平：《唐代帝陵玄宫形制探析》，《中国文物报》2008年7月18日。
② 〔北宋〕王溥撰：《唐会要》卷二十《陵议》，上海：上海古籍出版社，1991年，第457页。
③ 〔日〕池田温编：《唐代诏敕目录》，西安：三秦出版社，1991年，第32页。

上亦起游殿。文德皇后即玄宫后,有五重石门。其门外于双栈道上起舍,宫人供养如平常。及太宗山陵毕,宫人欲依故事留栈道,惟旧山陵使阎立德奏曰:"玄宫栈道,本留拟有今日,今既始终永毕,与前事不同。谨按故事,惟有寝宫安供养奉之法,而无陵上侍卫之仪。望除栈道,固同山岳。"上呜咽不许。长孙无忌等援引礼经,重有表请,乃依奏。①

"玄宫门"设于山体表面进入山体内部的入口处,既云"文德皇后即玄宫后,有五重石门",则似原有门一道,而现在仍在此处设置五道门,所以才接着说"其门外于双栈道上起舍,宫人供养如平常"。揣摩注文中的叙述,可以体味出其中"五重石门"的描述是与墓室的多少并无关联的。五重石门之设,当是结合了防盗②与以后重新开启的双重目的。

另外,从诏书云"足容一棺而已"看来,昭陵玄宫似乎也不应该是多室制——虽然如多数学者所猜测的未必是真正的那么小。前文也已经述及,如果是前中后三室制,温韬发陵所见也就不会仅仅是"中为正寝,东西厢列石床"了。

而僖宗靖陵之用土洞,和晚唐国力衰微关系密切,后文所述五代后唐太祖建极陵之用石室、后周恭帝顺陵因要求薄葬而用砖室,正可说明制度上之应用石室。

更为关键的是,在借助南唐二陵的材料作辅证时,都不能首先解决其论证的前提,即南唐二陵在玄宫制度方面是完全承袭唐代制度

---

① 〔北宋〕王溥撰:《唐会要》卷二十《陵议》,上海:上海古籍出版社,1991年,第458页。

② 因山为陵者,以多重石条封塞墓道,是防盗的主要措施,乾陵、桥陵的墓道经过试掘,均是如此。参见陕西省文物管理委员会:《唐乾陵勘查记》,《文物》1960年第4期;王世和、楼宇栋:《唐桥陵勘察记》,《考古与文物》1980年第4期。另参沈睿文:《唐陵的布局:空间与秩序》,北京:北京大学出版社,2009年,第179页。

的——毕竟唐朝延续时间颇长,而南唐二陵修筑的时代距离唐代帝陵制度定型的盛唐时期已经为时颇久。

近来,有学者充分利用复原的唐《丧葬令》关于墓葬制度的一段记载,讨论了其中的一些特点,可以给唐代帝陵玄宫制度的研究不少有益的启发。这一令文曰:"诸葬,不得以石为棺椁及石室。其棺椁皆不得雕镂彩画、施户牖栏槛,棺内不得有金宝珠玉。"①讨论者认为:"诸葬"云云,说明令文针对的是诸臣之葬,于是可以进而说明唐代帝陵的墓室为石室,用石棺椁,并且只有帝陵才可以这么做;这样的规定,大概出现在开元二十五年;此前皇亲贵戚墓葬用石棺椁,是特殊的礼遇,称"别敕葬",并非常态,而开元二十五年后,皇亲贵戚墓葬用石棺椁已非常少见。②

帝陵作为一种制度,并不仅仅为称帝者所用,追为皇帝者,乃至皇后等人,都有可能成为帝陵的实际使用者。追为皇帝者的陵寝,与"狭义"的称帝者的陵寝会有所不同,但仍是"狭义"的帝陵研究的重要的参考。最近一些年来,除了唐僖宗靖陵,还有让皇帝李宪惠陵、奉天皇帝李琮齐陵得到发掘,一度称帝的史思明的陵(当代学者习称为"史思明墓")在1981年已得到发掘,唐昭宗和陵则在1984年作过勘探。虽然或为晚唐国势衰微之时的帝陵,或为追封为帝者的帝陵,或为短时期称帝一方者的帝陵,但这些广义上的"帝陵"资料的公布,还是为我们重新考虑唐代帝陵制度——特别是作为帝陵制度主体的称帝者的陵寝制度——创造了条件。

以下是中晚唐时期的五个个案:

---

① 同样的记载,又见《通典》卷八十五《凶礼·丧制》"棺椁制"条:"大唐制,诸葬不得以石为棺椁及石室。其棺椁皆不得雕镂彩画、施户牖栏槛,棺内又不得有金宝珠玉。"(王文锦、王永兴、刘俊文、徐庭云、谢方点校,北京:中华书局,1988年,第2299页)按《通典》成书于贞元十七年(公元801年)。

② 王静:《唐墓石室规制及相关丧葬制度研究——复原唐〈丧葬令〉第25条令文释证》,《唐研究》第十四卷,北京:北京大学出版社,2008年,第439—464页。

(一) 唐让皇帝李宪惠陵

唐睿宗李旦长子李宪,让位于其弟玄宗李隆基,开元二十九年(公元 741 年)薨。"帝以宪实推天下,有高世之行,非大号不称,乃追谥让皇帝……赠妃元为恭皇后,葬桥陵旁。……号其墓曰惠陵。"[1]营办葬事时,"所司请依诸陵旧例,圹内置千味食",在裴耀卿的建议下,有所减省,但可见制度上是"依诸陵旧例"的。[2] 即李宪虽未称帝,仍是以帝陵礼葬的。惠陵为唐让皇帝李宪和皇后元氏之陵寝,位于今陕西渭南蒲城县桥陵镇三合村,系桥陵最大的一座陪葬墓。2000 年,经过考古发掘,随后出版了报告。

惠陵地下结构,系由墓道、过洞、天井、壁龛、甬道和墓室六部分组成[3],坐北朝南,全长 59 米。甬道中置木门、石门各一道。墓室为砖室,平面呈外弧方形,南北长 5.7 米,东西宽 5.65 米,高 10.08 米。墓室顶部为星图。墓室西部置石椁一具。甬道、墓室中出土了残玉简,可区别为四副,一为让皇帝哀册,二为恭皇后哀册,另两副与文献所载让皇帝、恭皇后谥册均不符。[4] (参见图三十五)

(二) 唐奉天皇帝李琮齐陵

李琮为玄宗长子,肃宗李亨长兄。"(天宝)十一载(公元 752 年)薨,赠靖德太子,葬于渭水之南细柳原,仍于启夏门内置庙祔享焉。肃宗元年(至德元年,公元 756 年)建寅月九日,诏追册为奉天皇帝,妃窦

---

[1] 《新唐书》卷八十一《让皇帝宪传》,中华书局校点本,第 3598 页。并参《旧唐书》卷九十一《让皇帝宪传》,中华书局校点本,第 3012—3014 页。
[2] 《旧唐书》卷九十一《让皇帝宪传》,中华书局校点本,第 3014 页。
[3] 关于墓葬地下形制的总体描述,学者标准并不一致,考虑到并不易误解,本文未作统一。
[4] 陕西省考古研究所编著:《唐李宪墓发掘报告》,北京:科学出版社,2005 年,第 10—18、225—243 页。

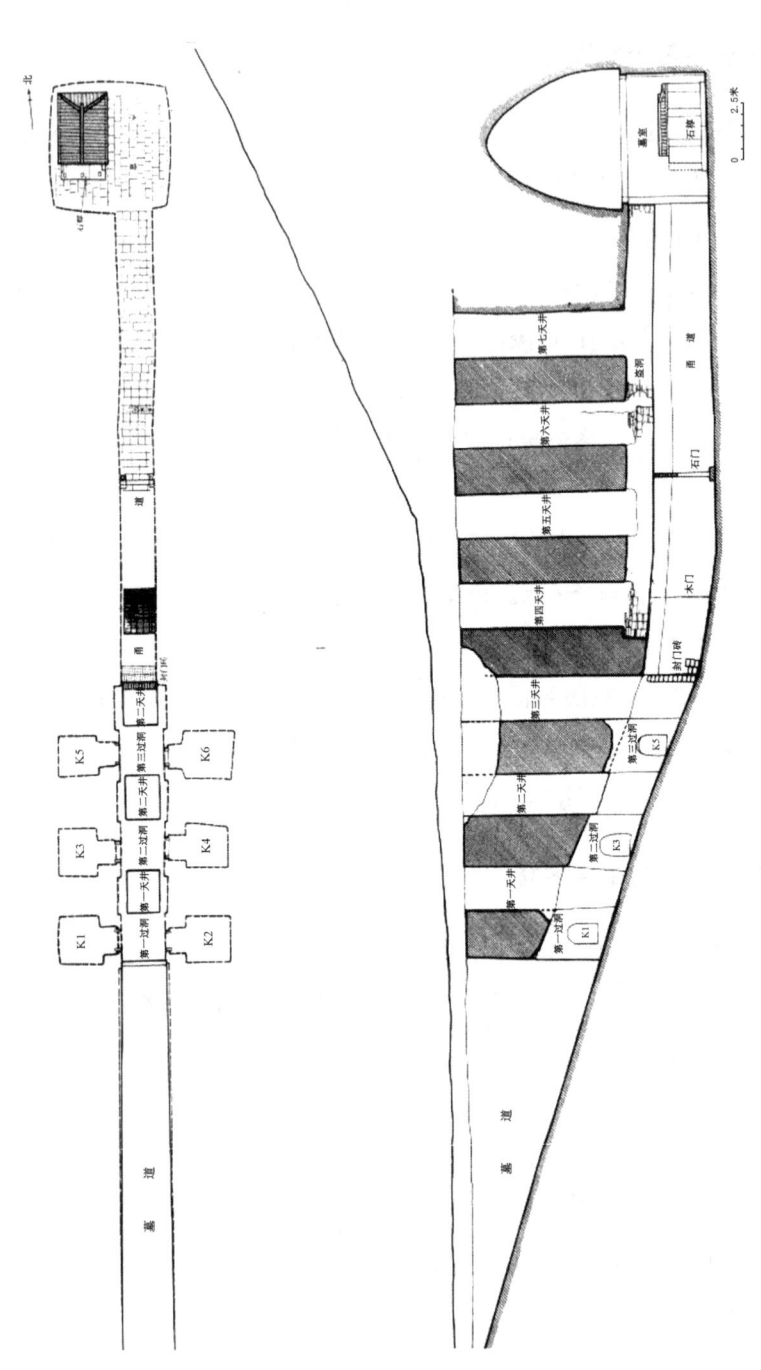

图三十五 唐让皇帝李宪惠陵平、剖面图

氏为恭应皇后,备礼改葬于华清宫北齐陵。"①即李琮虽未称帝,但改葬的时候是以帝陵礼葬的。齐陵位于今西安市临潼区新丰镇西,2003—2004年经过考古发掘。报告尚未出版。

齐陵的地下结构,由长方形斜坡墓道、甬道、天井、墓室四部分组成。墓室有石椁,可容双人。出土了哀册,平面为正方形,边长80厘米,计566字,记载了与墓主人有关的事迹,盖文为"奉天皇帝恭应皇后哀册之文"12字;2件谥宝为汉白玉制成,均呈正方形,边长约10厘米,分别篆刻"奉天□帝之宝""恭应皇后之宝"。② 墓室为砖室,长4.38米,宽4.73米,高7.6米。③

(三) 大燕应天皇帝史思明墓

《新唐书·史思明传》载:"乾元二年(公元759年)正月朔,(史思明)筑坛,僭称大圣周王,建元应天……夏四月,更国号大燕,建元顺天,自称应天皇帝。"④上元二年(公元761年),史思明卒。宝应元年(公元762年),葬于良乡东北岗。⑤ 史思明墓位于今北京丰台区王佐乡林家坟西约100米处。1981年经过发掘,此前1966年曾出土过一些文物。

"墓葬坐落于风化的砂岩中,墓底距地表5米。"坐北朝南,原有高大的封土堆。地下部分由长斜坡墓道、甬道、墓室三部分组成。斜坡墓

---

① 《旧唐书》卷一百〇七《靖德太子琮传》,中华书局校点本,第3258页。另参《新唐书》卷八十二《奉天皇帝琮传》,中华书局校点本,第3606页。按《新唐书》作天宝十载薨,又称"墓号齐陵"。

② 《唐玄宗长子墓出土大批文物 首次发现汉白玉谥宝》,news.sina.com.cn/c/2003-01-23/0135884399.shtml。《唐玄宗长子墓掘出珍贵文物》,http://www.wenweipo.com/GB/? paper.wenweipo.com/2003/01/24/CH0301240031.htm。2010年11月2日浏览。

③ 陕西省考古研究所编著:《唐李宪墓发掘报告》,北京:科学出版社,2005年,第251页。

④ 《新唐书》卷二百二十五上《逆臣传上》,中华书局校点本,第6430页。

⑤ 〔唐〕姚汝能撰,曾贻芬点校:《安禄山事迹》卷下,上海:上海古籍出版社,1983年,第44页。

道长 20.6 米、宽 6 米，靠近甬道处有对称的小龛 4 个。墓室为方形石室，东西长 5.54 米，南北宽 5.05 米，东西两端为长方形的侧室（原报告称耳室）各一，亦为石结构，东侧室已被破坏，西侧室尚存 10 层石条痕迹，东西长 3.1 米，南北宽 2 米，残高 2.4 米①。墓室中残留棺床石。出土了残玉哀册和谥册各一套，哀册中有"昭武皇帝崩于洛阳宫玉芝""帝朝义孝乃因心亲惟□□"等字样，谥册中有"昭武皇帝庙称"等字样，说明墓主为史思明。②（参见图三十六）

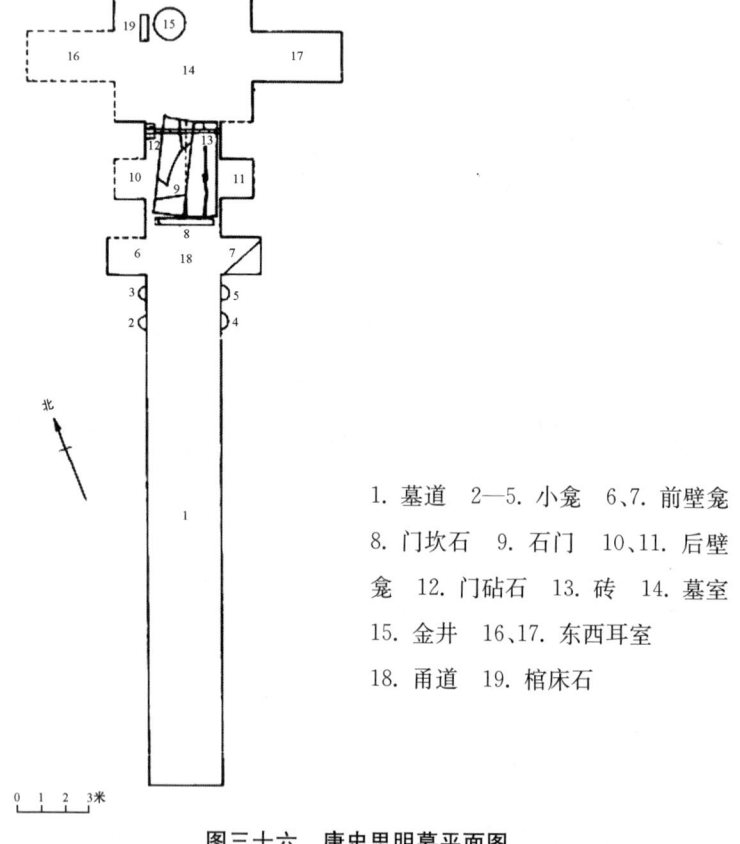

1. 墓道　2—5. 小龛　6、7. 前壁龛
8. 门坎石　9. 石门　10、11. 后壁龛　12. 门砧石　13. 砖　14. 墓室
15. 金井　16、17. 东西耳室
18. 甬道　19. 棺床石

图三十六　唐史思明墓平面图

---

① 从平面图看，被破坏的似乎是西侧室。
② 北京市文物研究所：《北京丰台唐史思明墓》，《文物》1991 年第 9 期。

有学者认为史思明墓是三室制,并把它看成论证唐代帝陵为三室制的重要资料。其实,史思明墓可以看作一个主室和两个侧室,甬道旁则为四个壁龛,甬道部分也不能看作墓室。

(四) 唐僖宗靖陵

唐僖宗李儇,文德元年(公元 888 年)卒,葬靖陵,封土为陵。靖陵位于陕西省咸阳市乾县东北约 10 公里处的丘陵台地上(今阳峪镇南陵村东南约 150 米处)。1995 年经过考古发掘。这是唯一一座经过发掘的唐代皇帝陵寝。

靖陵地下部分总长 44.18 米,由墓道、甬道和一个墓室组成。墓室为土洞,东西长 5.8 米,南北宽 4.5 米,穹窿顶,东西壁各开三龛,南壁东西两侧各开一龛。墓室中以石碑、石块、方砖、条砖砌成东西 4.4 米、南北 3.1 米的棺床。墓室中出土了玉哀册残片。[①]

(五) 唐昭宗和陵

唐昭宗李晔,天祐元年(公元 904 年)卒,天祐二年(公元 905 年)葬和陵,封土为陵。偃师市顾曲镇曲家寨村南、景山唐恭陵西北三里一处俗称为"铺塌冢"的土冢,一般认为就是和陵。1984 年作了调查和勘探。

可知墓葬坐北朝南。地宫由青石条垒砌拱券,南北长约 8 米,东西宽约 4 米,距现在的地表深约 11.5 米。地宫正南的斜坡墓道,南北长约 60 米,东西宽约 3 米。[②]

以上五例,(一)、(二)、(四)、(五)封土为陵,并且都是单室,其中

---

① 陕西省考古研究所编:《陕西新出土唐墓壁画》"图版说明",重庆:重庆出版社,1998 年,第 22 页。刘向阳:《唐代帝王陵墓》,西安:三秦出版社,2003 年,第 324—325 页。《唐僖宗靖陵》,http://www.xydqw.com/wwgj/201012/t20101231_309682.htm,2011 年 3 月 31 日浏览。

② 赵振华、王竹林:《东都唐陵研究》,《古代文明》第四卷,北京:文物出版社,2005 年,第 244 页。

（一）、（二）为砖室，（四）为土洞，（五）用石室；（三）则介于依山为陵和封土为陵之间，用石室。

从唐太宗昭陵开始，效法汉陵采取依山为陵的陵寝形制，奠定了唐代帝陵依山为陵的基本制度。唐德宗时封演所撰《封氏闻见记》在谈及历代墓葬神道石刻时便称："国朝因山为陵。"①此后，虽然有封土为陵的形式在帝陵中的使用，但是我们可以发现封土为陵的帝陵往往具有一些特殊性。

除了上述的（一）、（二）、（四）、（五）四陵，唐代封土为陵的帝陵还有：位于关中的三原县太祖李虎永康陵、咸阳市世祖李昺兴宁陵、三原县高祖李渊献陵、三原县敬宗李湛庄陵、三原县武宗李炎端陵，位于河北隆尧的献祖李熙建初陵、懿祖李天赐启运陵，位于河南偃师的李弘恭陵。②其中的太祖、世祖、献祖、懿祖四陵为追封为帝者之陵；李弘恭陵、让皇帝李宪惠陵、奉天皇帝李琮齐陵亦均系追封为帝者之陵。开国皇帝高祖之陵的建设系在制度未定之时。敬宗李湛庄陵、武宗李炎端陵、僖宗李儇靖陵、昭帝李晔和陵四陵系称帝者之陵，但是端陵、靖陵、和陵营建时已是晚唐国力衰微之时，完全可以看作是制度简化的结果。正像一般的唐墓在中唐以后都向着简约化的方向发展③一样，我们可以认为唐代帝陵也在向着简约化的方向发展。靖陵之土洞墓室，且无侧室，也未见石椁痕迹，正应当作帝陵制度简约来看待的。④敬宗庄

---

① 〔唐〕封演撰，赵贞信校注：《封氏闻见记校注》，北京：中华书局，2005年，第58页。

② 关于唐代帝陵的基本情况，可以参考沈睿文：《唐陵的布局：空间与秩序》"唐陵情况一览表"，北京：北京大学出版社，2009年，第36—39页。末帝哀帝李柷温陵也是封土为陵，但哀帝未以帝陵礼葬，也可以不考虑在内。

③ 宿白：《西安地区的唐墓形制》，《文物》1995年第12期。秦浩编著：《隋唐考古》，南京：南京大学出版社，1992年，第141－167页。

④ 近来，沈睿文先生提到唐代帝陵可能经过了三室制到一室制的变化，已经注意到靖陵材料的价值（沈睿文：《唐陵的布局：空间与秩序》，北京：北京大学出版社，2009年，第302页）。

陵、武宗端陵,位于三原县,此处系唐代祖陵所在,太祖永康陵、高祖献陵皆是封土为陵的形制,庄陵之采纳封土为陵,或许还有这样的影响在内。

综合以上叙述和分析,并结合前述唐《丧葬令》的规定,可以认为唐代帝陵在玄宫方面的基本特征很可能是:(1)单一墓室,左右各有一个侧室。(2)墓室(包括侧室)为石室,可以凿岩而成,也可以砌石而成。(3)使用石棺床、石椁。(4)使用玉哀册和谥册。单室制,与已经发掘的几座两晋南北朝的帝陵,特别是北朝晚期的帝陵是相仿的。

早有学者提出西安地区的唐代双室墓,只出现于唐高宗至睿宗的五十余年间,不是广泛存在的墓葬形式,而是特定历史时期的特殊墓葬,系由当时特定的历史背景所决定。[1] 最近,又有学者提出唐代"亲王、公主墓规格一般采用较高大之单室,平面呈外弧近方形";"因政治斗争等原因死于非命的帝室至亲,平反昭雪后往往以双墓室礼重新厚葬,且规格较大"。[2] 这些意见都很值得重视。需要补充说明的是,此类双室墓仍是砖砌的墓室。此外,还有学者提出法门寺塔唐代地宫的三室并非一时形成。[3] 如此看来,原来推测唐代帝陵为三室制的另外两个重要的理由也就不能成立了。

三 五代、北宋帝陵的玄宫制度

五代、北宋时期可以考知比较确切的地下状况的帝陵及后陵,有后唐太祖李克用建极陵、后周恭帝顺陵、北宋太宗元德李皇后陵三例:

(一) 后唐太祖李克用建极陵

奠定后唐建国基础的沙陀将领李克用,卒于天祐五年(公元908

---

[1] 齐东方:《略论西安地区发现的唐代双室砖墓》,《考古》1990年第9期。
[2] 陕西省考古研究所编著:《唐李宪墓发掘报告》,北京:科学出版社,2005年,第252页。
[3] 李志荣:《〈法门寺考古发掘报告〉读后》,《文物》2008年第2期。

年)。①《五代会要》载:"同光元年(公元923年)闰四月,追尊武皇帝,庙号太祖,葬建极陵。(注:在代州雁门县。)"②又《新五代史》载:"子存勖立,葬克用于雁门。"③可见其陵营建时间在同光元年(公元923年),是以帝陵礼葬的。

建极陵位于今山西代县七里铺村。历来多受破坏,1989年进行了发掘修理。封土高10米,周长60余米。地下由墓道、墓门、甬道、墓室四个部分组成。墓道通长30余米。墓室为圆角方形的石券穹窿顶结构,直径9.7米,顶高5.56米,由10根石头方柱撑起。墓室除南面的券洞外,东、西、北三面均浮雕有直棂窗、门户。墓室中央置放有长方形棺木,形状为束腰须弥座式,东西长6.7米、南北宽3.37米、高0.5米。④ 所谓的长方形棺木,当即棺床。

(二) 后周恭帝顺陵

后周末帝恭帝柴宗训顺陵,位于今河南新郑市郭店镇,建成于北宋开宝六年(公元973年)。1991年,顺陵被盗,随后文物工作者作了勘察,发现了两幅壁画,对于地宫制度也有所知。详细的考古报告未见。

墓葬坐北朝南,地面有封土。地下由砖砌墓室、甬道和土坑竖穴墓道三部分组成。墓室平面呈圆形,直径6.2米,高约7米,穹窿顶,绘天文图。⑤

顺陵制度减省,与其已不在位应当有关。

---

① 《旧五代史》卷二十六《唐书》卷二《武皇纪下》,中华书局校点本,第362页。《新五代史》卷四《唐本纪·庄宗上》,中华书局校点本,第39页。
② 〔北宋〕王溥撰:《五代会要》卷一《追谥皇帝》,上海:上海古籍出版社,1978年,第10页。
③ 《新五代史》卷四《唐本纪·庄宗上》,中华书局校点本,第39页。
④ 杨继东:《五代艺术精品——极建陵》,《沧桑》1995年第3期。杨继东:《极建陵》,《文物世界》2002年第5期。后唐太祖陵号,除了前引《五代会要》,《旧五代史》亦作建极陵。
⑤ 李书楷:《五代周恭帝顺陵出土壁画》,《中国文物报》1992年4月5日。

(三) 北宋太宗元德李皇后陵

李氏为太宗妃,真宗生母。"太平兴国二年(公元977年)薨……真宗即位(至道三年,公元997年),追封贤妃,又进上尊号为皇太后。有司上谥曰元德。咸平三年(公元1000年),祔葬永熙陵。"①当是以后陵之礼安葬的。

李皇后陵位于今河南巩义市北宋陵区(西村乡滹沱村东北),是宋太宗永熙陵的祔葬后陵之一。1984—1985年,经过考古发掘,随后出版了发掘报告。这是北宋陵区唯一一座经过考古发掘的地宫。

地下部分由墓道、甬道、墓室三部分组成。墓道呈斜坡状,有台阶。甬道中部为石门一道,门上线刻武士形象各一。墓室平面接近圆形,径7.95米,墓顶作穹窿状,高12.26米,砖砌,仿木构建筑,也雕刻出家具等陈设。墓室中部安置石棺床,墓室底部发现填金玉册,分别为谥册和哀册。②(参见图三十七)

根据学者从盗洞进入宋太宗永熙陵墓室和祔葬永厚陵的宣仁圣烈高皇后墓室的简单记录③,以及文献中有关各帝陵及部分后陵"黄堂"的记载,有学者将北宋帝陵地宫形制和结构的演变大致分为三个阶段:"第一阶段为砖砌单室墓,约包括永安、永昌、永熙三陵及祔葬于三陵的后陵;第二阶段仍为单室墓,但改为石构,包括永定、永昭二陵及祔葬后陵;第三阶段墓室分为上下层,即在石砌墓室内又建造石椁,包括永厚、永裕、永泰三陵及祔葬诸后陵。"④

---

① 《宋史》卷二百四十二《元德李皇后(李贤妃)传》,中华书局校点本,第8610—8611页。

② 河南省文物研究所、巩县文物保管所:《宋太宗元德李后陵发掘报告》,《华夏考古》1988年第3期。河南省文物考古研究所编:《北宋皇陵》第四章《元德李皇后陵地宫的清理》,郑州:中州古籍出版社,1997年,第308—337页。

③ 傅永魁:《巩县宋陵》,《河南文博通讯》1980年第3期。傅永魁、周到编著:《巩县石窟寺·宋陵·杜甫故里》,郑州:中州书画出版社,1981年。转引自秦大树:《宋元明考古》,北京:文物出版社,2004年,第130页。

④ 秦大树:《宋元明考古》,北京:文物出版社,2004年,第130—131页。

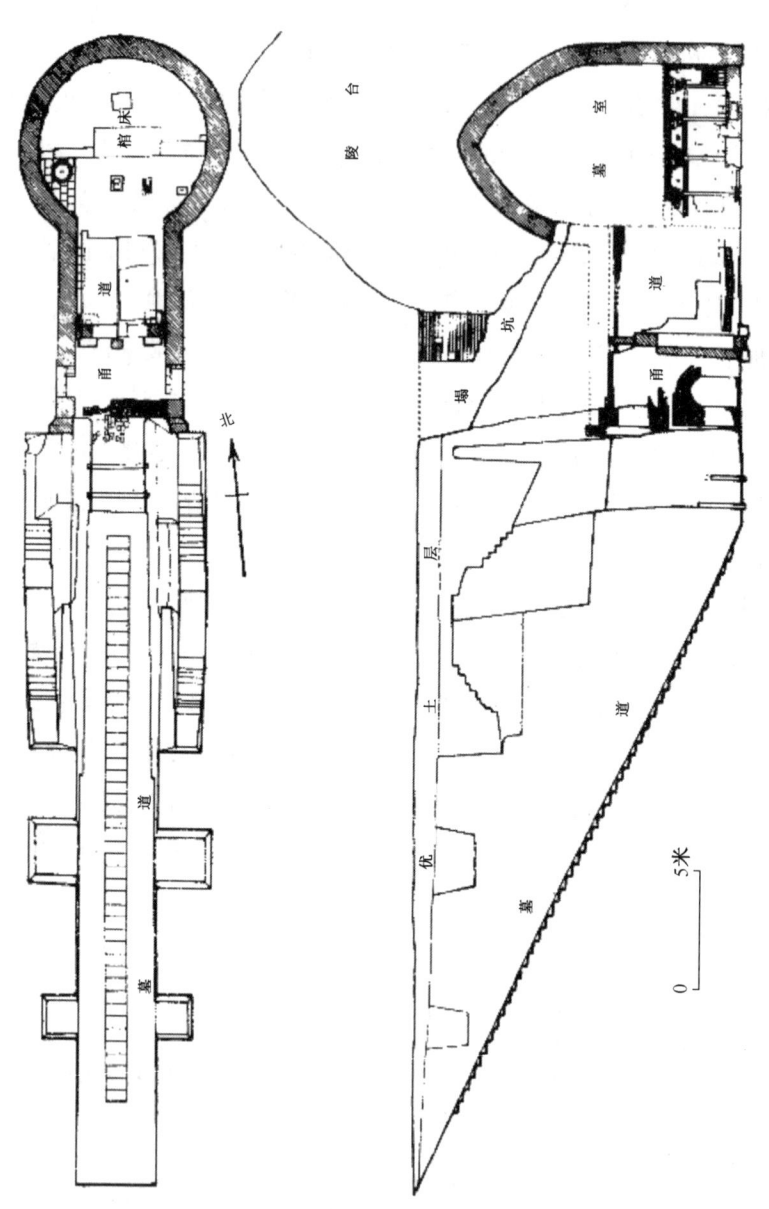

192 南朝陵墓神道石刻暨中古考古论集

图三十七 北宋太宗元德李皇后陵平、剖面图

总之,北宋帝陵玄宫,都是单室制。平面圆形单室砖墓,被认为是五代至北宋初年最高等级墓葬的典型形制。[①] 不过,第二阶段改砖构墓室为石构,似可认为是制度恢复的结果,因此在北宋《天圣令·丧葬令》中才会有继承唐令的如下一段规定:"诸葬,不得以石为棺椁及石室。其棺椁皆不得雕镂彩画、施户牖栏槛,棺内又不得有金宝珠玉。"[②]天圣为宋仁宗年号,仁宗陵号永昭,此时改用石室,而恰巧在令文中重申"诸葬,不得以石为棺椁及石室",或许有所联系。

四 再论南唐二陵对唐代陵寝制度的承袭问题及其在十国帝陵中的位置

由以上所述看来,南唐二陵是唐宋帝陵发展史上的一个"异数"。南唐二陵是三室制,且是地地道道的三室制,大异于唐宋帝陵。

除了三室制与单室制的不同,南唐二陵与盛唐帝陵还有其他的不同之处。其一,南唐二陵所谓的依山为陵,远不像盛唐帝陵那样深凿入山体,是依山为陵和封土为陵的结合体,甚至更多地体现出封土为陵的特点。其二,南唐二陵未见石椁痕迹,一般认为石椁是唐代皇亲墓葬多用的体现身份的葬具,李宪惠陵、李琮齐陵均见使用,更是帝陵规制不可或缺的一部分。[③]

不过,所谓南唐二陵之继承唐制,在使用石墓室(包括侧室)、石棺

[①] 丁晓雷:《五代十国墓葬》,北京大学考古文博学院硕士学位论文,2001年。转引自王静:《唐墓石室规制及相关丧葬制度研究——复原唐〈丧葬令〉第25条令文释证》,《唐研究》第十四卷,北京:北京大学出版社,2008年,第454页。

[②] 天一阁博物馆、中国社会科学院历史研究所天圣令整理研究课题组:《天一阁藏明抄本天圣令校证》(上),北京:中华书局,2006年,第206页。

[③] 最近,南京市博物馆正在开展南唐二陵陵园的考古工作,已知四周有明确的方形垣墙,二陵西南分布着大型的夯土台基,当为享殿所在。相信随着工作的继续开展、资料的公布,南唐二陵陵寝制度的讨论会有新的进展。就现有迹象看来,我们可以说南唐二陵的陵园制度也与唐代帝陵有很大的差异。

床、玉册等方面仍是有所表现的；并且，南唐二陵很可能承袭的是盛唐的制度。所以，我们也可以把南唐二陵的陵寝制度，一定程度上看成是"复古"的结果——正如元代戚光《南唐书音释》所言南唐服饰方面的状况，"一如盛唐也"。当然，这一"复古"之于南唐而言，具体的内涵是次要的。

五代十国时期，南、北方帝陵玄宫规制的差异甚大，北方为单室制，南方多三室制。但是，我们细加分析便可以发现，南唐二陵之外，一般被认为属于三室制的几座经过考古发掘的十国帝陵，如前蜀高祖王建永陵[1]、后蜀高祖孟知祥和陵[2]、南汉高祖刘䶮康陵[3]，实际上和南唐二陵的三室制在形制上有很大的不同。前蜀王建永陵和南汉刘䶮康陵之竖三室制类似于直筒，且均无侧室，是以木门（矮墙）来将一个大的空间区隔为三个小的空间的；因为没有设置侧室，所以有的墓室是承担类似于南唐二陵的侧室那样的集中放置随葬器物的功能的。后蜀孟知祥和陵为横三室制，规模较小的位于两侧的二室，看作是侧室应是更合适的。此外，吴越国王钱元瓘墓（杭 M27）[4]、钱元瓘元妃恭穆王后马氏康陵[5]，三室制的形制比较明确，但是相比南唐二陵也有所不同。这两座吴越墓的中室和后室，均无侧室，且两室连接部位也不是明显的甬道。

这么看来，南唐二陵在十国帝王陵中，也仍是有其特殊性的。

（原刊南唐二陵文物保护管理所编，夏仁琴主编：《南唐历史文化研究文集》，南京：南京出版社，2015 年）

---

[1] 冯汉骥：《前蜀王建墓发掘报告》图八，北京：文物出版社，2002 年，第 10 页。
[2] 成都市文物管理处：《后蜀孟知祥墓与福庆长公主墓志铭》，《文物》1982 年第 3 期。
[3] 广州市文物考古研究所：《广州南汉德陵、康陵发掘简报》，《文物》2006 年第 7 期。德陵现在视作二室，是和墓室铺底砖在盗扰过程中被全部撬起，故而无法判断现在所称的前室是否还有像康陵中室、后室之间的砖砌矮墙有关的。从总体形制看，德陵、康陵二陵的墓室极其相仿。
[4] 浙江省文物管理委员会：《杭州、临安五代墓中的天义图和秘色瓷》，《考古》1975 年第 3 期。
[5] 杭州市文物考古所、临安市文物馆：《浙江临安五代吴越国康陵发掘简报》，《文物》2000 年第 2 期。

第四部分　中古考古相关文献札记

唐僧清彻《金陵塔寺记》考略

明末顾起元《客座赘语》卷四"金陵寺塔记"条云：

> 祠部郎葛公所著《金陵梵刹志》四十余卷，一时大小寺院亡不详载，大都据见在者，详其建置之始末。元、宋以前，微不能举，文献无征，固宜尔也。因考唐僧清澈著《金陵寺塔记》三十六卷，又唐僧灵偘著《摄山栖霞寺记》一卷，二书皆亡，第名载于史志耳。此书若存，六帝之都，四百八十寺之盛，必更有可考据者。山川不改，遗迹莫稽。余尝过太冈寺，睹其凋落，为诗吊之，落句："可怜佛土还成坏，况复人间罗绮场。"寺在昭代犹尔，又何论千百年而上者哉。①

顾起元熟谙南京史地，《客座赘语》乃其专记南京史地的一部笔记。他对于佛教寺院的史迹，因《金陵梵刹志》于宋、元以前的著作"微不能举"，于是颇为感慨两位唐代僧人关于金陵佛寺之专书的不传，而记下了如上的一条。查《新唐书·艺文志》著录：

> 清彻《金陵塔寺记》三十六卷
> 灵湍《摄山栖霞寺记》一卷②

---

① 〔明〕顾起元撰，谭棣华、陈稼禾点校：《客座赘语》卷四，北京：中华书局，1987年，第134页。
② 《新唐书》卷五十九，中华书局校点本，第1528、1529页。

其他如《旧唐书·经籍志》《宋史·艺文志》等并不著录此二书,则《客座赘语》所云史志当指《新唐书·艺文志》。然上引《客座赘语》误清彻为清澈、误《金陵塔寺记》为《金陵寺塔记》、误灵湍为灵偁,并不可据。

清彻其人,《宋高僧传》有传,题《唐钟陵龙兴寺清彻传》,曰:

> 释清彻,未知何许人也。周游律肆,密护根门,即无常师,唯善是与。初于吴苑开元寺北院道恒律师,亲乎闻奥,深该理致,而钟华望无不推称。宪宗元和八年癸巳中,约志著记二十卷,亦鸠聚诸家要当之说,解《南山钞》,号《集义》焉。或云后堂至十年毕简,今豫章、武昌、晋陵讲士多行此义。尝览此记,繁广是宗。彻未知其终。①

诚如赞宁在传末所云,"彻公言行,无乃太简乎",这是极简略的一篇传记。可见仅至一百多年后的北宋初年,清彻的行事就已经不太清楚了。或许正因如此,其著《金陵塔寺记》一事也未见提及。不过,据此可知清彻为钟陵(今江西进贤县)龙兴寺僧人,唐宪宗元和八年(公元813年)仍在世。

《金陵塔寺记》一书,《新唐书》之后,还为北宋仁宗时《崇文总目》所载②,此后不见著录,大约佚失已久③,当代学者也鲜有提及④。究其原

---

① 〔北宋〕赞宁撰,范祥雍点校:《宋高僧传》卷十六,北京:中华书局,1987年,第389页。

② 〔北宋〕王尧臣、王洙、欧阳修等纂:《崇文总目》卷十,《景印文渊阁四库全书》第674册,第125页。

③ 宋濂《句容奉圣禅寺兴造碑铭》云:"按《金陵塔寺记》,初名永定。梁武帝时有大桑门宝亮主之,帝方尊崇释乘,闻亮精通义学,命撰《涅槃经疏》。参订辨博,允契先佛甚深微妙之旨,寺因籍之增重,与诸大刹争雄。"(〔明〕宋濂:《宋学士文集》卷十五《銮坡集》卷五,《四部丛刊》影明正德刻本,叶7。)虽然提到《金陵塔寺记》,但并不能肯定是从原书而来的。

④ 就我所见,南京大学中文系曹虹教授释译的《洛阳伽蓝记释译》(新北:台湾佛光文化事业公司,1998年)一书的前言中曾略及此书。

因,和古人称引典籍时喜用略称不无关系,《金陵塔寺记》是很容易略称为《塔寺记》的,于是便和其他的类似书名的典籍容易混淆起来。但是,只要我们能够仔细分析内容,还是能够辨析出属于《金陵塔寺记》的文字的。

一

称引《金陵塔寺记》而径直用此名的,大约只有唐代名僧澄观的《大方广佛华严经随疏演义钞》。

此书是就澄观为《华严经》作疏——《大方广佛华严经疏》再作的注释,注释时抄录了大量的材料,故引及此书。澄观书或作六十卷,或作九十卷,其九十卷本的卷七十七引用了《西域记》(按即《大唐西域记》)的大段文字,在其中的瞿萨旦那国王城西南二十余里牛角山的记载后云:

> 释曰:据此亦为圣居。或指江表牛头者,即金陵南四十里有山名牛头,谓由此山有双峰故。一名双阙,一名天阙,一名南郊,一名仙窟,皆以累朝改革不定。按《域地志》云:此山高一千四百尺,周回四十七里。准《西域记》及《旧华严经·菩萨住处品》:心王菩萨告诸菩萨言:东北方边夷国土名牛头。若按《新经》云:疏勒国有一住处名牛头山。如前所引《西域记》文。此与真丹处则异也。

并注曰:

> 此文见《金陵塔寺记》。[1]

---

[1] 《大正藏》卷三十六,No. 1736,第604页上、中。

澄观关于南京城南的名胜牛头山(今称牛首山)的叙述当出自《金陵塔寺记》,《域地志》或是南朝陈顾野王著《舆地志》之讹。

按澄观《宋高僧传》《广清凉传》有传[1],《佛祖历代通载》记唐代宗广德五年(公元767年)澄观奉诏入内敕译《华严》,并略述其生平[2],知澄观生于开元戊寅(二十六年,公元738年),卒在元和年间(公元806—820年),春秋七十余。但据《宋高僧传》点校本校勘记引《华严悬谈会玄记》,澄观"开成己未(四年,公元839年)卒,年一百二"。《宋高僧传》澄观传末述及其《行状》,传中记述大略即从此而来[3],似乎《宋高僧传》的记载是更可靠的。澄观是华严名家,贞元三年(公元787年),写成《大方广佛华严经疏》,《大方广佛华严经随疏演义钞》之作则在此后。《宋高僧传》称他"乾元中(公元758—759年)依润州栖霞寺醴律师学《相部律》。本州依昙一,隶《南山律》,诣金陵玄璧法师,传关河《三论》。《三论》之盛于江表,观之力也。大历中(公元766—779年),就瓦棺寺传《起信》《涅槃》""又谒牛头山忠师、径山钦师、洛阳无名师,咨决南宗禅法"。他在南京活动多年,而此时《金陵塔寺记》已写成,故能在他后来的著述中称引。从澄观的经历看,他对牛头山是有一定了解的。前面推测澄观关于牛头山的叙述出自《金陵塔寺记》的记载还考虑到了其中引用的《域地志》(《舆地志》)的文字最有可能为《金陵塔寺记》所原引,而非澄观所引。关于《金陵塔寺记》成书时间下限的推测,见后文。

由《大方广佛华严经随疏演义钞》之称引,我们虽然并不能窥得《金陵塔寺记》的确切面目,但至少可以知道唐乾元、大历年间,《金陵塔寺

---

[1] 〔北宋〕赞宁撰,范祥雍点校:《宋高僧传》卷五,北京:中华书局,第104—107页。〔北宋〕延一:《广清凉传》卷下《宛委别藏》第91册,《五台山清凉传》,南京:江苏古籍出版社,1982年,第180—185页。

[2] 〔元〕念常集:《佛祖历代通载》卷十四,《大正藏》卷四十九,No. 2036,第601页中。

[3] 关于《宋高僧传》资料来源的这一特点,请参考陈垣先生《中国佛教史籍概论》中的叙述(上海:上海书店出版社,1999年,第31页)。

记》已见流传。

二

虽然直接称引《金陵塔寺记》比较少见,所幸唐人许嵩《建康实录》注中所引之《塔寺记》,细审其中内容,并排除其他以"塔寺记"命名的典籍,仍可以发现此《塔寺记》即清彻之《金陵塔寺记》,这对我们了解《金陵塔寺记》的内容乃至成书时间都是很有帮助的。

查《建康实录》引《塔寺记》有四处。第一处为东晋谢尚的小传后的注:

> 案,《塔寺记》:今兴严寺,即谢尚宅也。南直竹格巷,临秦淮,在今县城东南一里二百步。尚尝梦其父告之曰:"西南有气至,冲人必死,行当其锋,家无一全,汝宜修福建塔寺,可禳之。若未暇立寺,可杖头刻作塔形,见有气来,可拟之。"尚寐惧,来辰造塔寺,遂刻小塔施杖头,恒置左右。后果有异黑气,遥见西南从天而下,始如车轮,渐弥大,直冲尚家,以杖头指之,气便回散,阖门获全。气所经处,数里无复孑遗。遂于永和四年舍宅造寺,名庄严寺。宋大明中,路太后于宣阳门外大社西药园造庄严寺,改此为谢镇西寺。至陈太建元年,寺为延火所烧。至五年,豫州刺史程文季更加修复,孝宣帝降勅,改名兴严寺至今也。[①]

第二处为南朝宋元嘉二年"置清园寺,东北去县二里"记事后的注:

> 案,《塔寺记》:驸马王景琛为母范氏,宋元嘉二年,以王坦之祠

---

① 〔唐〕许嵩撰,张忱石点校:《建康实录》卷八,北京:中华书局,1986年,第225页。

堂地与比丘尼业首为精舍。十五年,潘淑仪施西营地以足之,起殿。又有七佛殿二间,泥素精绝,后代希有及者。置严林寺,西北去县四十五里,元嘉二年,僧招贤二法师造。①

第三处为南朝宋元嘉四年"置永丰寺,去县七十里"记事后的注:

案,《塔寺记》:元嘉四年,谢方明造。本名长乐寺,为同郡延陵有之,改焉。毕置南林寺,建康城南三里,元嘉四年,司马梁王妃舍宅为晋陵公主造,在中兴里,陈亡废。②

第四处为南朝梁天监二年"置法王寺,北去县二十里"记事后的注:

案,《塔寺记》:(梁)武帝造。其地本号新林,前代苑也。梁武义军至,首祚王业,故以"法王"为名。大同九年于寺侧起王游苑,尚书令沈约为寺碑文,美武功也。③

四条记事均关南朝,最晚的记事为南朝陈时。④ 则此《塔寺记》至少是隋后之书。查清彻书之前,以《塔寺记》名者有三书:

其一,南朝宋僧昙宗著。按《高僧传》卷十三《宋灵味寺释昙宗传》

---

① 〔唐〕许嵩撰,张忱石点校:《建康实录》卷十二,北京:中华书局,1986年,第411页。
② 〔唐〕许嵩撰,张忱石点校:《建康实录》卷十二,北京:中华书局,1986年,第418页。
③ 〔唐〕许嵩撰,张忱石点校:《建康实录》卷十七,北京:中华书局,1986年,第673—674页。
④ 其中第三条末有"陈亡废"之语,不能判断是否一定是《塔寺记》的文字。按《建康实录》卷十七梁武帝天监元年立长干寺条引用了《梁书》的一大段文字,末有"陈亡,寺内殿宇悉皆焚烬,今见有石塔三层,高一丈二尺,周围八尺,形状殊妙,非人工焉,鸟雀不敢栖息"云云,经与《梁书》原书比较,知系许嵩之语。

记昙宗著《京师塔寺记》二卷①,卷十四述及昙宗书则称《京师寺记》②。此书亦已佚,《高僧传》卷一《竺法兰传》引有一条③;《世说新语》卷二《言语》"高坐道人不作汉语"条南朝梁刘孝标注引《塔寺记》一条④,亦应是昙宗《京师塔寺记》的佚文。昙宗书显非《建康实录》所引者。昙宗书《隋书·经籍志》著录,却作《京师寺塔记》二卷⑤。

其二,南朝梁人刘璆著。《法苑珠林》卷一百《传记篇·杂集部》著录:"《京师塔寺记》二十卷。右此一部,梁朝尚书兵部郎中兼史学士臣刘璆奉敕撰。"⑥知为南朝梁人著作,则亦显非《建康实录》所引者。唐初法琳《辩正论》引有一条,有的版本称"梁外兵尚书刘璆《晋塔寺记》",有的版本称"梁外兵尚书刘璆撰《塔寺记》"⑦。唐道宣《大唐内典录》⑧著录,称:"梁外兵郎刘璆奉敕撰《杨都寺记》一十卷。"⑨《法苑珠林》引《晋南京寺记》一条⑩,或即刘璆书。刘璆书《隋书·经籍志》著录,作《京师寺塔记》十卷,注:录一卷,刘璆撰⑪,未书作者时代。昙宗、刘璆二书《隋书·经籍志》均作《京师寺塔记》,似不确。

---

① 〔梁〕慧皎撰,汤用彤校注:《高僧传》,北京:中华书局,1992年,第513页。
② 〔梁〕慧皎撰,汤用彤校注:《高僧传》,北京:中华书局,1992年,第524页。
③ 〔梁〕慧皎撰,汤用彤校注:《高僧传》,北京:中华书局,1992年,第7页。
④ 余嘉锡:《世说新语笺疏(修订本)》,上海:上海古籍出版社,1993年,第100页。
⑤ 《隋书》卷三十三,中华书局校点本,第985页。
⑥ 〔唐〕道世:《法苑珠林》,影《影印宋碛砂版大藏经》本,上海:上海古籍出版社,1991年,第694页上。《中华大藏经》影印赵城金藏本同(第72册,第720页上)。
⑦ 〔唐〕法琳:《辩正论》,《大正藏》卷五十二,No. 2110,第539页中,校勘记(42)。
⑧ 〔唐〕道宣:《大唐内典录》卷十,《大正藏》卷五十五,No. 2149,第331页下。
⑨ 〔唐〕道宣:《大唐内典录》卷五、卷十,第277页下、322页上。
⑩ 〔唐〕道世:《法苑珠林》卷三十一,第241页下。
⑪ 《隋书》卷三十三,中华书局校点本,第985页。

其三,隋僧灵裕著。隋费长房《历代三宝纪》①、唐道宣《大唐内典录》著录灵裕《塔寺记》一卷②。灵裕,《续高僧传》有传③,由北齐入隋,卒于大业元年(公元605年),其《塔寺记》约著于北朝晚期至隋开皇年间。灵裕书名称与《建康实录》所引完全一样,但此书只有一卷,而《建康实录》所引却是相当详细,且灵裕为北方僧人,因此《建康实录》所引似亦非灵裕书。

又隋法经等《众经目录》著录《塔寺记》十一卷④,未书作者,详情不明。此书或即灵裕书而卷数有误。

总的看来,是以晚出而卷帙较丰的唐僧清彻的《金陵塔寺记》最有可能为《建康实录》所引的《塔寺记》。而由《建康实录》所引的《塔寺记》的具体内容,我们同样可以得出这样的看法。

《建康实录》所引《塔寺记》第一条云临秦淮之兴严寺"在今县城东南一里二百步",按唐代南京的县名县治有所更易,对此,《太平寰宇记》卷九十"江宁县"条记载最为简要:"隋平陈,废丹阳郡,并秣陵、建康、同夏三县入焉。开皇十年移治于冶城。唐武德六年又移白下,改为白下县。贞观七年移还冶城。九年复为江宁县。至德二年置昇州,县名不改。至上元二年以童谣之言改为上元县。"⑤《建康实录》则云:"晋永嘉中,王敦始为建康,创立州(按指东晋初年的扬州)城。今江宁县城,所置在其西偏,其西即吴时冶城,东则运渎,吴大帝所开,今西州桥水是

---

① 〔隋〕费长房:《历代三宝纪》卷十二,《大正藏》卷四十九,No. 2034,第105页上。
② 〔唐〕道宣:《大唐内典录》卷五、卷十,第277下、322页上。
③ 〔唐〕道宣:《续高僧传》卷九,《大正藏》卷五十,No. 2060,第495页中—498页上。
④ 〔隋〕法经等:《众经目录》卷六,《大正藏》卷五十五,No. 2146,第146页中。
⑤ 〔北宋〕乐史撰,王文楚等点校:《太平寰宇记》卷九十,北京:中华书局,2007年,第1775—1776页。

也。"①冶城即今朝天宫一带,当时的秦淮河大约为穿过今南京城南的内秦淮,运渎入秦淮,扬州州城称西州则是与东府相对之故。《塔寺记》所谓东南一里二百步至秦淮之县治必定是在冶城一带。据此则可见《塔寺记》完全是贞观以后的唐人的描述口吻,这益发说明只有清彻《金陵塔寺记》才有可能是《建康实录》所引者。

三

除去《建康实录》所引以上四条外,还有《太平广记》中的刘薛(即其他文献中记载的刘萨诃,法名慧达)故事一条注明出自《塔寺记》:

> 晋太元九年,西河离石县有胡人刘薛者,暴疾亡,而心下犹暖。其家不敢殡殓,经七日而苏。言初见两吏录去,向北行,不测远近。至十八重地狱,随报轻重,受诸楚毒。忽观世音语云:"汝缘未尽,若得再生,可作沙门。今洛下、齐城、丹阳、会稽,并有阿育王塔,可往礼拜。若寿终,不堕地狱。"语竟,如坠高岩,忽然醒寤。因此出家,法名惠达。游行礼塔,次至丹阳,未知塔处。乃登越西望,见长干("干"原作"十",据明抄本改。)里有异气色,因就礼拜,果是先阿育王塔之所也。由是定知必有舍利,乃聚众掘之。入地一丈,得石牌三,下有铁函,函中复有银函,函中又有金函,盛三舍利及爪发。薛乃于此处造一塔焉。②

按《太平广记引用书目》中有《梁京寺记》《塔寺记》二书。《梁京寺

---

① 〔唐〕许嵩撰,张忱石点校:《建康实录》卷一,北京:中华书局,1986年,第3页。
② 〔北宋〕李昉等编:《太平广记》卷三百七十九《再生五》,北京:中华书局,1961年,第3013页。

记》既然以"梁京"为名,看来最有可能是南朝梁刘璆之书。① 又北宋初年《新唐书·艺文志》著录清彻《金陵塔寺记》,而灵裕《塔寺记》并不见载,则此处所引亦以出自清彻《金陵塔寺记》的可能性为最大。

四

除了上述引自《塔寺记》的四条,《建康实录》还多处引用了《寺记》,共有八处:

> 案,《寺记》:(东晋康)帝时置两寺:褚皇后立延兴寺,在今县东南二里,运沟西岸;中书令何充立建福寺,今废也。

> (元嘉元年)置竹林寺。(原注:案,《寺记》:元嘉元年,外国僧毗舍阇造。又置下定林寺,东去县城一十五里,僧监造,在蒋山陵里也。)

> (元嘉十一年)置竹园寺,西北去县一里,在今建康东尉蒋陵里檀桥。(原注:案,《寺记》:宋元嘉十一年,县城东一里,宋临川公主造。)

> (元嘉二十二年)置延寿寺,西北去县八十里。(原注:案,《寺

---

① 《大正藏》收录有《梁京寺记》一种(《大正藏》卷五十一,No. 2094,第2014页上、中),不署作者及时代,实仅九条简短的文字而已,当来自《说郛》所辑(〔元〕陶宗仪辑:《说郛》卷六十一,《说郛三种》影明刊一百二十卷本,上海:上海古籍出版社,1988年,第2814页上—2815页上)。这一今本《梁京寺记》,被认为系从《六朝事迹编类》中抽出几所寺院的记载而编成的(参考〔日〕诹访义纯:《〈梁京寺记〉资料考》,载诹访义纯:《中国南朝仏教史の研究》,京都:法藏馆,1997年,第137—146页)。

记》:元嘉二年,义阳王昶母谢太妃造,隋末废,上元二年重置,又名延熙寺。)

(天监元年)立长干寺。(原注:案,《寺记》:寺在秣陵县东长干里,内有阿育王舍利塔,梁朝改为阿育王寺。昔佛涅槃后,周敬王朝阿育王造八万四千舍利塔,此其一焉。)

(普通元年)置永明寺,西北去县五十里。(原注:案,《寺记》:南平襄王造。大唐武德六年废,上元二年五月奉敕重造。)

(大通五年)置法苑寺,北去县五十里。(原注:案,《寺记》:大通五年,张文达造,一名广化寺。贞观六年废,上元二年奉敕重造。)

(大同元年)置头陀寺,东北去县二十二里。(原注:案,《寺记》:舍人石兴造,其寺在蒋山顶第一峰。殿后有泉井,与江、淮水通,随潮水增减,非常灵异,累世仍旧。)①

首先要说明的是,所引《寺记》和《建康实录》另外一处引用的《京师寺记》是否为同一本书?

《建康实录》引《京师寺记》云:"兴宁中,瓦官寺初置僧众设会,请朝贤鸣刹注疏,其时士大夫莫有过十万者。既至,长康直打刹一百万。长康素贫,时以为大言僧,后寺成,请勾疏。长康曰:'宜备一壁。'遂闭户,往来一百余日,所画维摩一躯工毕,将欲点眸子,谓寺僧曰:'第一日开,

---

① 〔唐〕许嵩撰,张忱石点校:《建康实录》卷八、十二、十二、十七、十七、十七,北京:中华书局,1986年,第209、409、429、442、672、679、684、685页。据校勘记,其中第一条有的版本作正文有的版本作注文。标点略作调整。

见者责施十万。第二日开，可五万。第三日，可任例责施。'及开户，光明照寺，施者填咽，俄而果百万钱也。"①所记为东晋哀帝兴宁中事，从书名看，是与昙宗书、刘璆书接近的。按唐人多有述及刘璆书者，或许此条即出自刘璆《京师塔寺记》。既云京师，总无是唐人所作关于南京寺院的著作的可能，必是南朝人的作品。

但是上引《寺记》八条，其中已经屡屡出现唐代的记事（用贞观、上元年号），还有一处称"大唐"。考虑到不止一处比较系统地记录了隋唐以来的兴废，则都出自许嵩所加的可能性比较小，那么说明《寺记》不可能是南朝宋、梁时书，最有可能的仍是唐代清彻的《金陵塔寺记》。

而有几处根据寺院位置记述的地理中心点能够比较确切地说明《寺记》为唐人文字。第一，延兴寺"在今县西南二里，运沟西岸"，运沟即运渎，在唐江宁、上元县治之东，则此《寺记》是以唐江宁、上元县治为描述中心点的唐人的作品。第二，竹园寺在"县城东一里"只能是《寺记》的原文，因为正文有完全是许嵩口吻的叙述——"西北去县一里，在今建康东尉蒋陵里檀桥"。《寺记》"县城东一里"与许嵩的叙述"西北去县一里"大略是相同的，说明此处的《寺记》是以唐江宁、上元县治为描述中心点的唐人的作品。《晋书·职官志》载"洛阳县置六部尉。江左以后，建康亦置六部尉，余大县置二人，次县、小县各一人"②，建康东尉当为建康县六部尉之一，或是仍有遗迹的地方。第三，位于蒋山而东去县城一十五里之竹林寺也同样说明《寺记》是以唐江宁、上元县治为描述坐标的唐人的作品，《建康实录》记吴大帝陵在"今县东北十五里钟山（即蒋山）之阳"③。所以说《建康实录》引《寺记》仍最有可能是清彻《金陵塔寺记》中的文字。

---

① 〔唐〕许嵩撰，张忱石点校：《建康实录》卷八，北京：中华书局，1986年，第242页。
② 《晋书》卷二十四，中华书局校点本，第747页。
③ 〔唐〕许嵩撰，张忱石点校：《建康实录》卷二，北京：中华书局，1986年，第61页。

并且,《建康实录》引《京师寺记》为一则故事,与所引《寺记》记一所寺院的地理位置、建置沿革(应该是扼要的叙述而非原文)大不一样。看来,把《建康实录》引《京师寺记》和《寺记》区分为不同的书是合适的。

其次要说明的是,南宋初年《六朝事迹编类》中也引过《寺记》,是否为同一书呢?

《六朝事迹编类》中引《寺记》共四处,分别为祈泽寺、法光寺、普济寺、佛窟寺四条所引[①]。其中普济寺条系引《建康实录》而连带及之;法光寺条所引为"元绛《寺记》",元绛为北宋时人,则为当时元绛所撰有关法光寺的一篇文章;长干寺条下所引《塔记》,参照《景定建康志》可知为阿育王塔的碑记文;祈泽寺所引云"去府城二十里",按南唐、两宋南京设府。如此看来,《六朝事迹编类》引《寺记》来源多样,与《建康实录》引《寺记》并非一书。

《建康实录》引《寺记》内容比较一致,说明是一部书的可能性很大。而且记载地理位置时有相对于县治里程的记载,可以和《法苑珠林》中保存的南朝梁刘璆《梁京寺记》写明县、里而不写里程可以明确区分。看来,《建康实录》引《寺记》仍以清彻《金陵塔寺记》的可能性为大。

据上文的考述,《建康实录》引《金陵塔寺记》而有《塔寺记》《寺记》二名,其实这种一书二名的情况在《建康实录》中并不仅见,其引唐韦述《两京新记》就有《西京记》《东京记》二名。[②]

五

通过以上的佚文,我们约略可知清彻《金陵塔寺记》一书系专记六朝建康佛寺的典籍,内容丰富,而记六朝至隋唐建康佛寺的变迁,尤其

---

① 〔南宋〕张敦颐撰,张忱石点校:《六朝事迹编类》卷十一《寺院门》,北京:中华书局,2012 年,第 108—109、112、114、114 页。

② 杨晓春:《〈建康实录〉中的〈两京新记〉佚文》,《中国地方志》2008 年第 1 期。

是它的特色。

通常认为《建康实录》成书于至德元年(公元 756 年),这早于清彻仍在世的元和八年(公元 813 年)有 57 年,则《金陵塔寺记》应为清彻早年的作品。从清彻能作此书,或许还可以粗略地推测他曾在南京有过较多的活动。

同为记南京佛寺的书,也许是因为清彻书较刘璆书晚出,且卷帙更丰,加之为许嵩同时代人的著作,记述寺院位置以唐代江宁/上元县治为中心,正合乎许嵩的要求,许嵩才会主要以清彻书为主补充《建康实录》一书所需的东晋南朝建康的寺院资料。许嵩记建康佛寺大抵系于每年记事之末,可见其所据文献本不系月,与《建康实录》中的其他史事的资料来源是很不一样,如果考虑这些资料来自清彻《金陵塔寺记》一书,此类现象也便可以较好地解释了。

《建康实录》有关六朝建康寺院的史料是全书中最有价值的部分之一,但是相关资料的来源问题一直少有学者关心,本文所述也是试图对这一问题的解答。除了对于注文中出现的《塔寺记》《寺记》作出合理的推测,实际上还需要对正文叙述的来源作出推测。虽然文献不足征,但是从正文相关记事与注文引《塔寺记》特别是《寺记》的相仿和互补之处颇为多见来看,估计成同样也参考了《金陵塔寺记》应该是一个并非完全臆测的推测吧!

(原刊《南京晓庄学院学报》2013 年第 5 期)

校点本《通典》校点指误一则

1988年中华书局出版了数位学者共同校点的《通典》,再三重印,嘉惠学林甚多。其中卷一百九十一《边防·西戎》卷首的"西戎总序"末尾注作如下:

> 诸家纂西域事,皆多引诸僧游历传记,如法明《游天竺记》、支僧《载外国事》、法盛《历诸国传》、道安《西域志》。惟《佛国记》、昙勇《外国传》、智猛《外国传》、支昙谛《乌山铭》、翻经法师《外国传》之类,皆盛论释氏诡异奇迹,参以他书,则皆纰谬,故多略焉。①

这段文字涉及多部行纪之作,提供了晋隋间佛家有关西域的行纪作品的大略状况,十分可贵,但校点本不为无误。此段文字早为中外关系研究者所注意,故间采前贤之说,指正于下。

一 "法明《游天竺记》"

此法明即东晋著名僧人法显,《通典》此处当系避唐高宗讳而改,对此,岑仲勉先生《唐以前之西域及南蕃地理书》一文②叙述时作"法显(明)"以指明。这一点是应该在校勘时说明的。

---

① 〔唐〕杜佑编纂,王文锦、王永兴、刘俊文、徐庭云、谢方点校:《通典》,北京:中华书局,1988年,第5199页。
② 岑仲勉:《唐以前之西域及南蕃地理书》,收入岑仲勉:《中外史地考证》,北京:中华书局,1962年,第310—318页。

二 "支僧《载外国事》"

当作"支僧载《外国事》",支僧载为人名,"支"大约指其人来自月支,"僧×"为当时大多数僧人的取名法。

三 "惟《佛国记》"

向达先生《汉唐间西域及南海诸古地理书叙录》一文①曾怀疑应作"法维《佛国记》",岑仲勉先生《唐以前之西域及南蕃地理书》一文亦主此说,甚是。原文系举列"诸僧游历传记",前后并无性质上的不同,不当隔开。如此,则前面的句号当作顿号。

四 "支昙谛《乌山铭》"

《太平御览》卷五十"灵鸟山"条:"支昙谛《灵鸟山铭序》曰:昔如来游王舍城,憩灵鸟山,旧云其山峰似鸟而威灵,故以为名焉。众美咸归,壮丽毕备。"②则"乌"当作"鸟"。这一点,岑仲勉先生亦早已揭出(同前文)。

北宋末年人董逌《广川画跋》卷三"书别本西升经后"条杂采前引《通典》文,此书《十万卷楼丛书》本(《丛书集成初编》本据之排印)、《画品丛书》本作"乌",而《四库》本作"鸟",据四库提要,乃出自元钞本。现在已难以判断《广川画跋》原本作"乌"还是"鸟"了。"乌""鸟"二字易于致误,同是《四部丛刊三编》所据影印的宋本《太平御览》,目录中就是误

---

① 向达:《汉唐间西域及南海诸国古地理书叙录》,《国立北平图书馆馆刊》第 4 卷第 6 号,1930 年 11、12 月;收入向达《唐代长安与西域文明》,北京:生活·读书·新知三联书店,1957 年,第 565—578 页。

② 《太平御览》卷五十,《四部丛刊三编》影宋刻本。

"鸟"为"乌"的。

五 "翻经法师《外国传》"

《隋书·经籍志》著录有《大隋翻经婆罗门法师外国传》五卷,[1]按《隋书·经籍志》体例,正文为书名及卷数,作者等作小注,中华书局校点本《隋书》是。《隋书·经籍志》著录者与《通典》所载当为一书。翻经法师为泛称,此书名应出自作者之外的人的称呼,所以我以为《通典》的标点以作"《翻经法师外国传》"为佳。

(原刊《书品》2006 年第 3 辑)

---

[1] 《隋书》卷三十三,中华书局校点本,第 986 页。

《建康实录》点校本商正一则

《建康实录》点校本已出版有两种,一为张忱石先生点校①,一为孟昭庚、孙述圻、伍贻业三位先生点校②。《建康实录》卷八顾悦之小传附其子恺之传,谓俗传恺之有三绝:画绝、文绝、痴绝,后有一条关于顾恺之画的长注,张忱石先生点校本如下:

  案,谢赫《画品》:论江左画人,吴曹不兴、晋顾长康、宋陆探微等上品,余皆中下品。恺之能运五十匹绢画一像,使心运手,须臾成。头面、手足、胸臆、肩背,无遗失尺度,此其难也。吴不兴、晋长康又曾于瓦官寺初置北殿,画一维摩,画讫,光耀一月余日。案,《京师寺记》:兴宁中,瓦官寺初置僧众设会,请朝贤鸣刹注疏,其时士大夫莫有过十万者。既至,长康直打刹一百万。长康素贫,时以为大言僧,后寺成,请勾疏。长康曰:"宜备一壁。"遂闭户,往来一百余日,所画维摩一躯工毕,将欲点眸子,谓寺僧曰:"第一日开,见者责施十万。第二日开,可五万。第三日,可任例责施。"及开户,光明照寺,施者填咽,俄而果百万钱也。③

其中"吴不兴、晋长康又曾于瓦官寺初置北殿画一维摩"云云显有

---

① 〔唐〕许嵩撰,张忱石点校:《建康实录》,北京:中华书局,1986 年。
② 〔唐〕许嵩撰,孟昭庚、孙述圻、伍贻业点校:《建康实录》,上海:上海古籍出版社,1987 年。
③ 〔唐〕许嵩撰,张忱石点校:《建康实录》,北京:中华书局,1986 年,第 242 页。

误处,下引《京师寺记》已明言"兴宁中,瓦官寺初置",《高僧传》卷十三《晋京师瓦官寺释慧力传》所记同,兴宁,东晋哀帝年号,不得有三国吴时画家曹不兴预其事。而以不兴属上则亦难通,此段必有文字讹误。可惜用于对校的各本均大略同,不能解决问题。其他还有"运五十匹绢画一像""时以为大言僧"等似乎都有难解之处。又原有标点亦不无可商,如"论江左画人"一句,不似《画品》原文,当连上作"谢赫《画品》论江左画人";又如"瓦官寺初置僧众设会"则当从中断开作"瓦官寺初置,僧众设会"。

此段文字,孟昭庚等先生点校本①于"吴不兴"三字后有校勘记云:"各本并同。按此三字与上下文不相连贯,当为衍文。"把难以解释之处解释成了衍文,解决了文句通顺问题,但并不能使人完全接受。此外,"长康素贫"句作"长康素贫,时以为大言。僧后寺成,请勾疏","僧后寺成"云云,似亦不可解。而"谢赫《画品》论江左画人""瓦官寺初置僧众设会"二句标点则不误。

所幸唐张彦远《历代名画记》卷五顾恺之传②完整地引用了《建康实录》这段文字,足资比较。《历代名画记》引曰:"连五十尺绢画一像,心敏手运,须臾立成。头面、手足、胸臆、肩背,亡遗失尺度,此其难也,曹不兴能之。长康又曾于瓦棺寺北小殿画维摩诘,画讫,光彩耀目数日。"则原有难通之处,均文句通顺。然而关于曹不兴的描述出现于其中,从文意上看多少使人疑惑,更何况紧接其后的关于瓦棺寺初置北殿时顾恺之画一维摩诘的记述还有一"又"字,似乎前面的描述仍应属于顾恺之。我想,这里最有可能的是,《建康实录》"吴不兴、晋长康"当作"吴不兴、晋长康能之。晋长康",前一处的描述是关于曹不兴、顾恺之两人的,这样便好理解了。《建康实录》前文之"恺之"则可以视作衍文。

---

① 〔唐〕许嵩撰,孟昭庚、孙述圻、伍贻业点校:《建康实录》,上海:上海古籍出版社,第182—183页。
② 〔唐〕张彦远:《历代名画记》,北京:人民美术出版社,1963年,第113—114页。

"运五十匹绢画一像"引作"连五十尺绢画一像","匹"作"尺",亦较胜。后文"长康素贫,时以为大言。僧后寺成,请勾疏"一句则引作"长康素贫,众以为大言。后寺众请勾疏",无"僧"字,而文句更为通顺。看来,《建康实录》今本此处所见的"僧"字可能是衍文。

（原刊《书品》2007年第2辑）

《建康实录》中的《两京新记》佚文

唐开元十年(公元722年),韦述写成《两京新记》五卷,成为详细记载隋唐长安与洛阳的重要著作,为历代研究隋唐两京者所重视。然而,北宋史家宋敏求在借鉴《两京新记》的基础上写成内容更为丰赡的《长安志》《河南志》二书后,《两京新记》便日趋湮没。现在,只剩下了保留卷三部分内容的节略本残卷还存于日本,全书已不可复观。清嘉庆(公元1796—1820年)以后,随着残卷的回流,引发了对《两京新记》的研究与利用,而这一重要典籍的辑佚便也势在必行了。光绪二十一年(公元1895年),曹元忠作了辑本,收入《南菁札记》。1950年,日本专事隋唐两京研究的学者平冈武夫在曹元忠辑本的基础上又作了再辑,称《两京新记续拾》,收在他的《唐代的长安与洛阳·资料篇》。最近,则又有辛德勇先生的新辑本《两京新记辑校》于2006年1月由三秦出版社作为"长安史迹丛刊"之一种出版,辛辑本在曹元忠、平冈武夫二家的基础上又补充了一些新的佚文。笔者在阅读《建康实录》过程中,发现其注中尚有未被大家认识到的《两京新记》佚文两处:

《西京记》:光福坊大兴寺殿内有□□□金像,历宋、齐、梁、陈,数有奇异。陈国亡,忽面自西向,虽止之还尔。隋文帝载入于大内中供养,后移置此寺。寺众以殿大像小,不可当阳,置之于北面。明日,乃自转正,寺众咸惊,复置北面,明日还复转南面,众乃忏谢,不复更动。又靖安之崇敬寺有石像一躯,高五尺,制作粗恶,甚有灵验。传云是阿育王第四女所造也。其女貌丑,尝自慨恨,多作佛像,及成皆类,如此千数。乃至诚祈祷,忽感佛现形,更造诸像,相好方具，其父使鬼神遍散诸像于天下，此石像是其一也。①

《东京记》：皇城西南洛水北有分谷渠，北隋朝有龙天王祠。俗传梁武帝郗后性妒忌，武帝初立，未册命，因忿怼，乃投殿庭井中。众赴井救之，已化毒龙，烟焰冲天，人莫敢近。帝悲叹久之，乃册为龙天王，使井上立祠，朱粉涂饰，加以杂宝，每有所御，必厚祭之，巡直洒埽。自梁历陈，享祀不绝。陈灭，乃迁其祠于京城道德寺。大业初，又移于此地，置祠。祠内有星辰日月、阎罗司命、五岳四渎大龙神像。蒋州沙门法济尝住祠中，以事龙天王神。济有二竖子，一善吹笙，一善方响，每日以朝暮作乐。济为神所感，着衣鼓舞而不自觉。今向北，即上阳宫也。②

按《两京新记》在流传过程中名称并不十分固定，除称《两京新记》外，还称《两京记》《西京记》《东京记》等，《建康实录》所引《西京记》与《东京记》实即《两京新记》。《建康实录》所引《西京记》的一处实际是光福坊、靖安坊下的两段文字，这两段文字还分别为北宋初期成书的《太平御览》所引，已为《两京新记辑校》辑入，但文字略有差异。通常认为《建康实录》大约成书于肃宗至德元年（公元756年），去《两京新记》成书甚近，自有其特殊的价值。比如所引《西京记》缺三字处，《太平御览》所引作阿育二字，若依三字补作阿育王则是更恰当的。而《建康实录》所引《东京记》的一条则未见他书称引，辑佚价值更高。

（原刊《中国地方志》2008年第1期）

---

① 〔唐〕许嵩撰，张忱石点校：《建康实录》卷十七，北京：中华书局，1986年，第673页。

② 〔唐〕许嵩撰，张忱石点校：《建康实录》卷十八，北京：中华书局，1986年，第719页。

附录　元代考古

略论中国古代都城制度史上之元上都

元上都是元朝建立之初的政治中心,在大都建设之后,仍为两都之一。元代的两都巡幸制度,使之成为每年大致四月至八月的实际政治中心。有关元上都的文献资料和考古资料都相当丰富,相关的研究成果也比较丰富,但多数是从元代历史、文化的角度来考虑的,本文试图以平面布局为主要的方面,从中国古代都城制度的角度作一些考察。

一 元上都考古调查、发掘及其平面图

元上都遗址的考古调查,始于20世纪初年,此后陆陆续续有一些调查及发掘工作,但遗址并没有完全揭露。① 元上都城址的平面图,最早是在1925年,由美国学者易恩培(Lawrence Impey)提供的。② 1941年,日本的考古学者原田淑人和驹井和爱率队经过实地测绘提供了又一幅平面图。③ 1964年,内蒙古文物工作队张郁先生所撰元上都遗址

---

① 相关调查、发掘的历史情况,可以参看叶新民:《元上都研究综述》,载叶新民、齐木德道尔吉编著:《元上都研究文集》,北京:中央民族大学出版社,2003年;魏坚:《元上都的考古学研究》,载魏坚:《元上都》上册,北京:中国大百科全书出版社,2008年。
② Lawrence Impey, "Shangtu, the Summer Capital of Kublai Khan," *Geographical Review*, Vol. 15, No. 4, 1925, pp. 584–604.
③ 東亜考古學會編:《上都:蒙古ドロンノールに於ける元代都址の調査》,東京:東亜考古學會,1941年,圖版一。

的考古报道中提供了一幅比较简单的平面图。① 1977 年，内蒙古大学贾洲杰先生执笔的调查报告中也提供了一幅平面图。② 20 世纪 90 年代，内蒙古文物考古研究所进行了更为系统的考古调查和发掘，提供了最新的平面图。③ 以上五种元上都城址平面图总体上是非常接近的，可见元上都是方整的宫城、皇城（内城）、外城三重城制，皇城位于外城东南部，宫城位于皇城中部偏北（附录图一）。

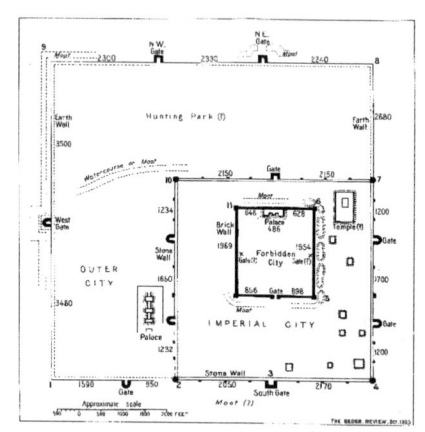

1. Lawrence Impey(1925)　　2. 东亚考古学会(1941)

---

① 张郁：《元上都故城》，载内蒙古文物工作队编：《内蒙古文物资料选辑》，呼和浩特：内蒙古人民出版社，1964 年。
② 贾洲杰：《元上都调查报告》，《文物》1977 年第 5 期。
③ 魏坚：《元上都的考古学研究》，载魏坚：《元上都》上册，北京：中国大百科全书出版社，2008 年，第 16、17 页之间。

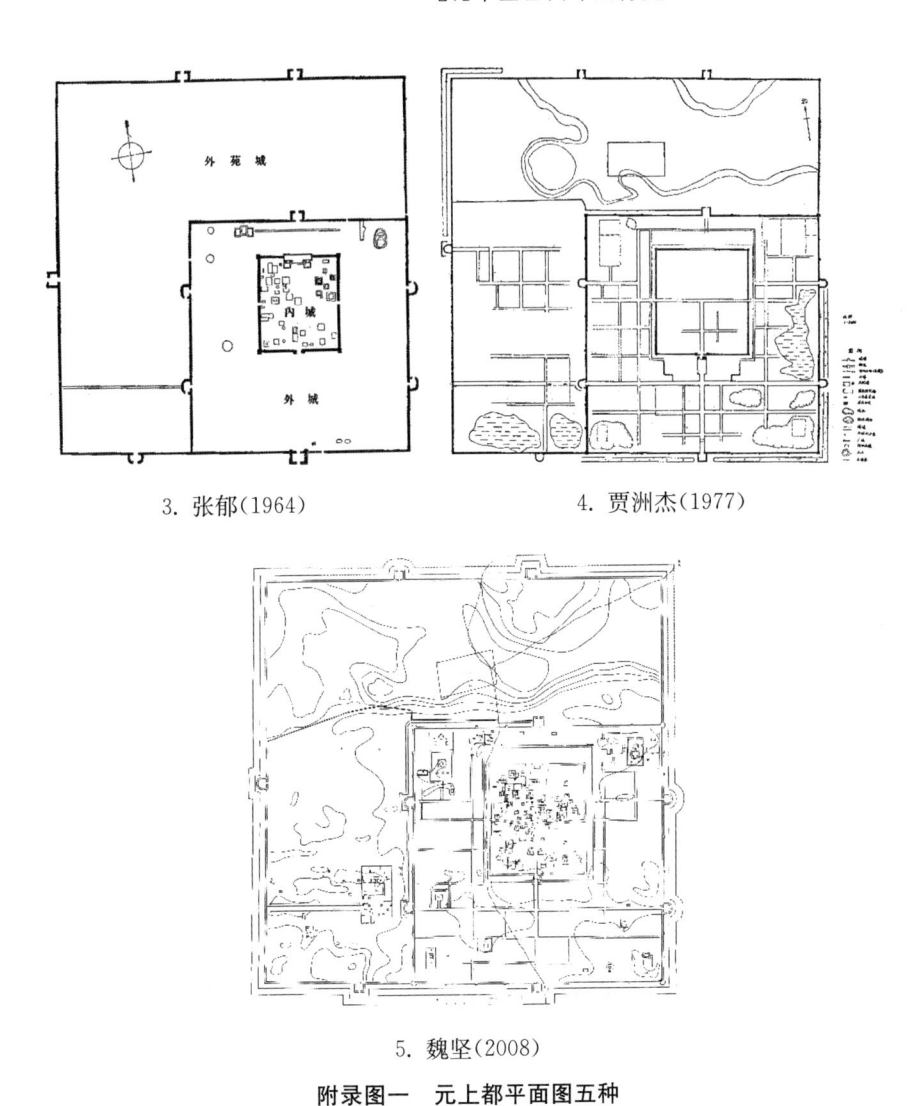

3. 张郁(1964)　　　　　4. 贾洲杰(1977)

5. 魏坚(2008)

附录图一　元上都平面图五种

二　元上都与开封城的联系

现有的以三重城为特点的上都城垣的建设,传世文献的记载只有寥寥数语,具体的营建过程不得而知。早有考古学者认为"刘秉忠受命营建的开平城,仅是'营建宫室',为藩府兴建一座固定的城郭,并不是按都城的规格来设计的"①,这是从宫城、皇城处于外城东南角,不符合通常的位于外城中部或中部偏北的特点来立论的。也有考古学者通过遗存的状况提出了推测,认为宫城、皇城系先建,而外城为后建,最初的平面布局仅有宫城和皇城两重。② 虽然没有提供具体的考古材料,似乎更为可取。不过,总体上可以说始建的开平是作为诸王的忽必烈的藩府私城;不久,随着忽必烈的称帝、开平升为上都以及营建大都,上都城市布局也有所变化。因此,就上都城制而言,可以分为"开平期"和"上都期"两大时期,前期有内城、外城之分,后期有宫城、皇城、外城之分。"开平期"时间很短,加之上都遗址的发掘还是比较有限的,为相关遗迹的判断带来了一定的困难。

作为诸王的藩府之城,如果我们参照内蒙古地区发现的弘吉剌部首领鲁王所居的应昌路遗址(赤峰市克什克腾旗达尔罕苏木鲁王城)和汪古部首领赵王所居的德宁路(包头市达尔罕茂明安联合旗阿伦斯木古城,通称赵王城),③会发现开平还是存在着很大的不同的——应昌路、德宁路都是一重城,王府建筑构成城中最大的院落,居于中部;而开平则为两重城。④ 这说明开平城的建设还是具有一定的特殊性的。这

---

① 李逸友:《内蒙古古代城址所见城市制度》,载中国考古学会编:《中国考古学会第五次年会论文集》,北京:文物出版社,1988年,第145页。

② 魏坚:《元上都的考古学研究》,载魏坚:《元上都》上册,北京:中国大百科全书出版社,2008年,第24页。

③ 参见李逸友:《元应昌路故城调查记》,《考古》1961年第10期;李逸友:《达茂联合旗阿伦斯木元代古城》,载内蒙古文物工作队编:《内蒙古文物资料选辑》,呼和浩特:内蒙古人民出版社,1964年,第189—190页;马耀圻、吉发习:《内蒙古境内的元代城址初探》,《内蒙古社会科学》创刊号,1980年,第124—137页;李逸友:《内蒙古古代城址所见城市制度》,载中国考古学会编:《中国考古学会第五次年会论文集》,北京:文物出版社,1988年,第147—149页。集宁路城址(乌盟察右前旗巴音塔拉土城子)曾被认为是三重城的建制,实际上原称的内城为院落围墙,而外城为增建。

④ 日本学者江上波夫关于赵王城遗址的调查报告中,称之外城、内城(三宅俊成、江上波夫《オロン・スム》I《元代オングート部族の都城址と瓦磚》,東京:開明書院,1981年,第16—20页)。此处不取。

种特殊性,似乎与中国古代汉地的都城制度不无关系。

中国古代都城的发展,经过曹魏邺城、北魏洛阳城、隋唐长安城,形成了宫城、皇城(百司所在)、郭城(坊市区)三城的固定制度,具有鲜明的等级的意味。此后至北宋开封城,城市内涵方面相较中古时期的都城已经有所差异,但作为都城仍然保留了三城制度,并且更加趋于方整,而且是宫城、里城、外城三重城相套的制度。① 一般认为,其中似乎形状方整的隋唐洛阳城的影响更大些。辽中京城(内蒙古昭乌达盟宁城县大明城)、金中都城都被认为是在开封的影响下建设的。总之北宋开封城是中古之后都城制度的代表。②

从三重城制度来看,初建的两重城的开平当然是不符合中国古代都城制度的。但是,当我们观察一下开平的两重城内的建筑物的情况,会发现和北宋开封特别是其宫城与内城有诸多类似之处。第一,开平城的建设是为了"营建宫室",宫室当在内城,而开平外城内主要是衙署和寺院,很少居民区和商业区,③这和北宋开封的宫城、里城是一致的。第二,开平的内城位于外城中部偏北,也和北宋开封城是一致的。第三,开平内城、外城四角都设置角楼,而宫城四角设角楼则开创于开封。第四,开平普遍设置瓮城,也未尝不可以说与开封有所联系。此外,须知开

---

① 基于20世纪80年代以来开封城考古发现所揭示的信息,有学者认为最内的城可分为宫城、皇城两重。但是其中还有金城的因素,确切讨论不易;而且,从功能上来说,这两重城是一致的,因此也可以合并观之,姑且仍取三重城的旧说。

② 宋、辽、金时期都城平面布局的一般情况,可以参看杨宽:《中国古代都城制度史研究》,上海:上海古籍出版社,1993年;秦大树:《宋元明考古》,北京:文物出版社,2004年。

③ 开平期外城之内的状况,比较难以考察,此处的描述,除了参考被认为主要是较晚期的考古调查、发掘材料,也有部分"以理度之"的成分在内。

平的正殿大安阁，就是拆除开封的熙春阁而重建的。① 所以，可以说开平是一座特殊的、隐约带有一点中原地区的都城内涵的诸王藩府之城。

金灭北宋时，开封受到严重的破坏，但仍旧沿用，不久还升为南京，海陵王时短暂迁都于此，金末又再次迁都。蒙古灭金，开封再次受到严重的破坏。金代的开封相较北宋时期，主要是在海陵王时期城市布局有所改易，但仍旧保留了三重城制。北宋末年以来的一百多年，开封城虽屡经破坏、变迁，但北宋开封城的基本布局是大致保留的。②

---

① 《元史·世祖纪》载："至元三年十二月丁亥，建大安阁于上都。"王恽《总管陈公去思碑》所载同〔〔元〕王恽：《秋涧先生大全文集》卷五十三，《四部丛刊》影明弘治十一年（公元1498年）河南马龙、金舜臣翻刻本〕。但是虞集《跋大安阁图》称："世祖皇帝在藩，以开平为分地，即为城郭宫室。取故宋熙春阁材于汴，稍损益之，以为此阁，名曰大安。既登大宝，以开平为上都，宫城之内，不作正衙，此阁岿（岂）然遂为前殿矣。规制尊稳秀杰，后世诚无以加也。"〔〔元〕虞集：《道园学古录》卷十，《四部丛刊》影明景泰七年（公元1456年）郑达、黄江翻元刻本。〕则大安阁的营建在忽必烈称帝前（并参傅乐淑：《元宫词百章笺注》，北京：书目文献出版社，1995年，第1—2页）。但不管怎么说，这显示出了开平与开封之间的联系。

② 金代开封城的布局状况，可以参看南宋人亲历开封时所作的日记，其一为乾道六年（公元1170年）范成大《揽辔录》（载《范成大笔记六种》，孔凡礼点校，北京：中华书局，2002年，第11—13页），其一为端平元年（公元1234年）佚名《使燕日录》〔载〔元〕白珽：《湛渊静语》卷二，《景印文渊阁四库全书》第866册）。嘉定四年（公元1211年）程卓《使金录》〔《续修四库全书》第423册影乾隆四十二年李鹤俦抄本、《四库全书存目丛书》史部第45册影光绪间巴陵方氏广东刻宣统元年（公元1909年）印《碧琳琅馆丛书》本〕所述则太简。

《使燕日录》云："故宫自南渡迄今百余年中，虽经金人营葺，犹有存者。"可见金代开封对于北宋开封的强烈的延续性。

有学者认为金代经过改筑的开封城为宫城、皇城、内城、外城四重城制，皇城为新增，但依照我阅读《使燕日录》的理解，金代的开封实际上仍旧为三重城制。

如果比较一下上都和金代开封宫城、皇城的城垣尺度，会发现两者之间或许有所关联。上都宫城东墙长605米、西墙长605.5米、北墙长542.5米、南墙长542米，周围2 295米；皇城东墙长1 410米、西墙长1 415米、南墙长1 400米、北墙长1 395米，周围5 620米。开封宫城东西690米，南北570米，周围2 251米（5里）；皇城周围约5 000米（9里）。金代开封宫城、皇城的尺度资料，根据开封市文物工作队：《河南开封明周王府遗址的初步勘探与试掘》，《文物》2005年第9期；并参刘春迎：《金汴京（开封）皇宫考略》，《文物》2005年第9期。

可以估计,在开平建设前的20多年中,开封的三重城制仍然是清晰可见的。大蒙古国至元初的北方士人,对开封旧城往往有所吟咏,这大约是有所寄托的。只是开封城的北宋建筑,已所剩无几。北宋末年徽宗所建的龙德宫(金代称同乐园),便只遗留下熙春一阁。① 熙春阁体量高大,仅存的熙春阁,想来更是容易引起幽思的,元好问(公元1190—1257年)、王恽(公元1228—1304年)等人都有诗作吟咏及之。② 这么看来,熙春阁迁建上都,应该不仅仅是取其旧材而已。同时,也可见对于北方士人而言,开封的都城制度应该不是陌生的。

---

① 刘祁《归潜志》云:"南京同乐园,故宋龙德宫,徽宗所修。……正大末(哀宗正大八年,公元1231年),北兵入河南,京城作防守计,官尽毁之。其楼亭材大者,则为楼橹用;其湖石,皆凿为炮矣。迄今皆废区坏址,荒芜所存者,独熙春一阁耳。"(〔金〕刘祁撰,崔文印点校:《归潜志》卷七,北京:中华书局,1983年,第69页)王恽《熙春阁遗制记》云:"予因念汴自壬辰(金哀宗开兴元年,公元1232年)兵后,故苑芜没,惟熙春一阁岿然独存。"(〔元〕王恽:《秋涧先生大全文集》卷三十八)

② 元好问《俳体雪香亭杂咏十五首》其一:"落日青山一片愁,大河东注不还流。若为长得熙春在,时上高层望宋州。"《题刘才卿湖石扇头》:"幽涧云凝雨未干,曲池疏竹共荒寒。扇头唤起西园梦,好似熙春阁下看。"《从孙显卿觅平定小山》:"爱杀熙春万玉峰,纲船回首太湖空。一拳秀碧烟霞了,蚤晚东山入袖中。"(〔元〕元好问:《遗山先生文集》卷十二、十二、十三,《四部丛刊》初编,影乌程蒋氏密韵楼藏明弘治中刻本)施自祁《元遗山诗集笺注》:"宋州,初白评云:此十五首当是癸巳(金天兴二年,公元1233年)春末出汴京以前作,时哀宗尚在归德,故第三首'时上高城望宋州'一句乃十五首诗眼也。"(〔清〕施国祁:《元遗山诗集笺注》卷十二,《续修四库全书》第1322册,影清道光二年(公元1822年)南浔瑞松堂蒋氏刻本)《题刘才卿湖石扇头》《从孙显卿觅平定小山》二诗之作或亦在开封陷于蒙古之后。

王恽《登熙春阁》:"封丘门外故宫傍,天阁空余内苑荒。瀛海梦空三岛没,帝城烟惨五云苍。石鳣照水鳞犹动,金凤凌云势欲翔。奇货梁园当日尽,为谁留在阅兴亡。"《熙春阁》:"杰阁当年燕御频,鼎烟未尽惨兵尘。土阶三尺茆茨底,人自熙熙物自春。"(〔元〕王恽:《秋涧先生大全文集》卷十四、三十)《登熙春阁》《熙春阁》二诗之作在金亡之后、拆除之前。王恽至元二十三年所作《熙春阁遗制记》,云其"昔尝与客三至其上"(《熙春阁遗址制记》《登熙春阁》并载〔明〕李濂撰,周宝珠、程民生点校:《汴京遗迹志》,北京:中华书局,1999年,第275—276、460页)。

三　元上都与刘秉忠

而探讨开平上述的特点（特别是开平与开封的接近之处），很容易使人想到上都的设计者——刘秉忠。丙辰岁（宪宗六年，公元1256年）开平始建设，由刘秉忠卜地并经营宫室，三年而毕，名曰开平。[①] "秉忠于书无所不读，尤邃于《易》及邵氏《经世书》，至于天文、地理、律历、三式六壬遁甲之属，无不精通。论天下事如指诸掌。"[②] 以后的大都城也是他设计的，那么，他对于上都的设计当然也是经意而为的。

至于开平升为上都、扩建外城，目的就是使之符合中国古代都城一般的三重城的规制，则是更加显而易见的。向北、西两方面的扩建，一般认为是因为南面有闪电河限制的缘故。不过，没有向四面扩建的完全的必要性也可能是其中的一个原因。此时的上都，毕竟是两都之一，相较大都，更多地承担了"清暑"的功能；既要"清暑"，当然不能仅仅以城垣为限，也便不必在外城的扩大方面大做文章——况且，开平本来的两重城垣就是较小的。

四　元上都的特点及其形成的原因

上都是有它自身的特点的：第一，非常注重防卫（夹城、瓮城的普遍）；第二，苑囿居于外城的主要的空间；第三，居民区和商业区主要在城垣之外；第四，整个城垣内的空间相较一般的都城偏小，城门外的部分成为城的必要补充。其中的第三点，也可能是草原因素的影响，应昌路、德宁路的居民区也主要都在南门外；但也与防卫不无关系。

[①]《元史》卷四《世祖纪一》、卷一百五十七《刘秉忠传》，中华书局校点本，第60、3693页。

[②]《元史》卷一百五十七《刘秉忠传》，中华书局校点本，第3688页。

至于上都的草原因素，我觉得更多的是通过上都附近众多的行宫（斡耳朵），而非城垣内的建筑空间安排来体现的。

这些特点的形成，是和从"开平"到"上都"的营建过程有关的。

第一，开平是作为忽必烈的藩府之城营建的，因此，最初的城内空间是比较狭小的。

第二，开平是在天下未定的特殊的政治条件下建设的，面临战争的考验，因此十分注重防卫，而对城市的其他功能则考虑较少。

第三，忽必烈称帝后，是准备迁都的。

郝经《便宜新政》的第三项是"定都邑以示形势"，曰："今日于此建都，固胜前日，犹不若都燕之愈也。"①此文文末署"庚申（中统元年，公元1260年）四月十七日臣经上进"，按中统元年三月"辛卯，帝即皇帝位"，四月"辛丑（四日），以即位诏天下"，②郝经的《便宜新政》乃世祖即位时所上。郝经的建议，应当不是凭空而来。而忽必烈对燕京之措意，也在称帝之前，《元史·霸突鲁传》载：

> 霸突鲁，从世祖征伐，为先锋元帅，累立战功。世祖在潜邸，从容语霸突鲁曰："今天下稍定，我欲劝主上驻跸回鹘，以休兵息民，何如？"对曰："幽燕之地，龙蟠虎踞，形势雄伟，南控江淮，北连朔漠。且天子必居中以受四方朝觐。大王果欲经营天下，驻跸之所，非燕不可。"世祖怃然曰："非卿言，我几失之。"
>
> 己未秋，命霸突鲁率诸军由蔡伐宋，且移檄谕宋沿边诸将，遂与世祖兵合而南，五战皆捷，遂渡大江，傅于鄂。会宪宗崩于蜀，阿里不哥构乱和林，世祖北还，留霸突鲁总军务，以待命。世祖至开平，

---

① 〔元〕郝经：《郝文忠公陵川文集》卷三十二，《北京图书馆古籍珍本丛刊》第91册影明正德二年（公元1507年）李瀚刻本。

② 《元史》卷四《世祖纪一》，中华书局校点本，第63、64页。

即位,还定都于燕。尝曰:"朕居此以临天下,霸突鲁之力也。"①

忽必烈与霸突鲁的对话在己未(宪宗九年,公元1259年)秋之前。中统五年(公元1264年)八月,颁布《建国都诏》,曰:"中书省奏'开平府阙庭所在加号上都外,燕京修营宫室,分立省部,四方会同,乞亦正名'事,准奏,可称中都路。其府号大兴。布告中外,咸使闻知。"②正式确立了两都制度。

因此,开平除了增筑外城,实质的城垣内的空间在升为上都后也没有大的增加。外城主要相当于苑城。

第四,升为都城之后的上都,毕竟只是陪都,夏季的宴飨是它的突出的特点;那么,外城的增建,以构筑苑囿为主要目的,也就不难理解了。

五 小 结

从总体上看,我们可以说上都是一座以汉地制度建设在草原上的古代都城,多处取法于以开封为代表的中古之后中国都城的主流制度。但上都也有它自己的鲜明的特点,这些特点,与它营建、变迁的特殊的历史条件有关。

需要再次说明的是,以上所论,大抵基于外城系增建的认识,希望能够获知相关的更为明确的考古材料的说明。

(原刊《元史及民族与边疆研究集刊》第二十六辑,上海:上海古籍出版社,2013年)

---

① 《元史》卷一百十九《木华黎传》附《霸突鲁传》,中华书局校点本,第2942页。
② 《大元圣政国朝典章》卷一《诏令》卷一,影元刻本,台北:台北故宫博物院,1976年,第3页。

杭州飞来峰元代佛教造像的开凿过程、开凿者与造像风格问题

——造像题记的综合研究

杭州飞来峰佛教摩崖龛像，始凿于吴越，繁荣于宋元，至明代仍有少量的制作，是五代以来中国南方石刻佛教造像的代表，早已引起研究者的注意。其中的元代造像，现存六十八龛、造像近百尊，更因其中大量的藏式（或谓梵式）造像，与传统的汉式造像交相辉映，成为元代佛教造像最主要的代表。

关于飞来峰元代造像的宗教内涵，特别是藏式造像的内涵，已有不少的专门研究[①]；但是造像的开凿过程，却似乎受到了不应有的冷遇，往往只是注意到有明确年代的元代造像题记在至正十九年（公元1282年）与至正二十九年（公元1292年）之间，于是认为飞来峰元代造像即是这一大约十年的时期内的制作；至于造像者，则几乎都集中在其主导者杨琏真伽身上。最近，才读到赖天兵先生对江淮诸路释教都总统所

---

① 比如洪惠镇：《杭州飞来峰"梵式"造像初探》，《文物》1986年第1期；劳伯敏：《关于飞来峰造像若干问题的探讨》，《文物》1986年第1期；赖天兵：《杭州飞来峰元代石刻造像艺术》，《中国藏学》1998年第4期；熊文彬：《杭州飞来峰第55龛顶髻尊胜佛母九尊坛城造像考》，《中国藏学》1998年第4期；赖天兵：《杭州飞来峰藏传佛教造像题材内容辨析》，《文博》1999年第1期；赖天兵：《杭州飞来峰第91号龛藏传佛教造像考》，《中国藏学》1999年第3期；谢继胜、高贺福：《杭州飞来峰藏传石刻造像的风格渊源与历史文化价值》，《西藏研究》2003年第2期；熊文彬：《元代藏汉艺术交流》，石家庄：河北教育出版社，2003年，第139—161页；赖天兵：《飞来峰元代第37龛金轮炽盛光佛变相造像考》，《东方博物》2004年第3期；赖天兵：《飞来峰纪年藏传四臂观音三尊龛造像初探》，《中原文物》2008年第1期；等等。

郭经历其人造像的研究①，文中也简略提到江淮诸路释教都总统所的下属机构在飞来峰的造像情况。总的说来，以题记为基础，进行的综合的历史研究是比较缺乏的。

飞来峰元代造像，现存造像题记十数条，是研究造像开凿历史的珍贵史料，这些资料也大抵都得到了公布。本文试以造像题记为主要史料，就飞来峰元代造像的开凿过程与开凿者作一些研究，并且对造像风格上的藏汉并存的原因也作一点推测，希望能够加深我们对飞来峰元代造像历史的理解。

一　飞来峰元代造像题记的总况

飞来峰元代造像题记，早在明代，就已为学者所注意，而清代倪涛撰《武林石刻记》②、丁敬辑《武林金石记》③、阮元编《两浙金石志》④等书中则已有相当完整的著录。《武林石刻记》完整地记录了十条造像题记；《武林金石记》完整地记录了九条造像题记，《武林石刻记》与《武林金石记》内容相仿，包括跋语，可以断定二书有着共同的来源，《武林金石记》文字较《两浙金石志》准确；《两浙金石志》完整记录了十条题记，有一条题记似今已不存。著录题记的现代著作，则主要有《西湖石窟艺术》《杭州元代石窟艺术》《西湖石窟》《飞来峰造像》等图册。《西湖石窟艺术》在"图版说明"中收载了元代题记八则，其中密理瓦巴像龛的残存

---

　①　赖天兵：《飞来峰郭经历造像题记及相关的元代释教都总统所》，《文物世界》2008年第1期。

　②　〔清〕倪涛撰：《武林石刻记》，《石刻史料新编》第二辑第9册，影台北"中央"图书馆藏稿本。

　③　〔清〕丁敬辑：《武林金石记》，《续修四库全书》第910册，民国五年（公元1916年）吴隐西泠印社活字印《遯盦金石丛书》本。《石刻史料新编》第一辑第14册影印本同。

　④　〔清〕阮元编：《两浙金石志》，《续修四库全书》第910—911册，清道光四年（公元1824年）李沄刻本。《石刻史料新编》第一辑第14册影印本同。

题记比后来的要详细些①;《杭州元代石窟艺术》收录了题记拓片三幅,在"图版目次及说明"中收载了元代题记八则②;《西湖石窟》是《西湖石窟艺术》的增订本(根据此书序言的叙述),此书在"图版说明"中收载了元代题记十二则,还提到十一则已经漶漫的题记③;《飞来峰造像》介绍了元代题记十二则,并提供了多数题记的完整录文和拓片或照片④,但有的录文中小有错误;赖天兵《飞来峰郭经历造像题记及相关的元代释教都总统所》公布的两则题记,则不见于前面的现代著作,但《两浙金石志》已经著录其中的一条所录,并且"疑亦造像题名"⑤。

以下综合相关的记录,将飞来峰元代造像题记综合成一表格,为了更完整地显示元代飞来峰造像的状况,把元代在此的造像重装活动的题记也包含在内(附录表一)。

---

① 浙江省文物管理委员会编:《西湖石窟艺术》,杭州:浙江人民出版社,1956年,第12—13页。
② 黄涌泉:《杭州元代石窟艺术》,北京:中国古典艺术出版社,1958年,第15—18页。
③ 浙江省文物考古研究所编,王士伦主编:《西湖石窟》"图版说明",杭州:浙江人民出版社,1986年。
④ 杭州市历史博物馆、杭州市文物保护管理所、杭州市文物考古所编,高念华主编:《飞来峰造像》,北京:文物出版社,2002年。
⑤ 〔清〕阮元编:《两浙金石志》卷十四,《续修四库全书》第911册,影清道光四年(公元1824年)李沄刻本,第133页。

附录表一　飞来峰元代佛教造像题记汇录

龛号①	造像题材	题记时代	造像者	旧有录文文献	拓片/照片/摹本（拓片不作说明）	重新录文（/表示换行）	说明
1	华严三圣（汉）	至元十九年（1282年）	徐某、李某	《武林石刻记》卷四"飞来峰凿佛题名六通"；《武林金石记》卷八"飞来峰佛像题名六通"之四；《两浙金石志》卷十四"元徐僧录等造像题名"；《西湖石窟艺术》条2；《西湖石窟》条106；《飞来峰造像》页154。	《飞来峰造像》页154。	大元國功德主徐僧錄/等命招/净財、鏤造/毗盧遮那佛、普賢菩/文殊師利菩薩，端為祝延皇/薩/三尊，四恩三有、齊登/帝萬安，四恩三有、齊登/覺岸者。/至元十九年八/月八日，宣授杭州路僧錄李/徐□□，潭州僧錄李□□。	据儿种文，并核对拓片。第二行等字上残去一块，或有一字。《西湖石窟》漏誊造字，八日之八字。《武林金石记》作李□。《杭州飞来峰元代石刻造像》"八"字作空格。

① 飞来峰造像龛号，有黄涌泉、洪惠镇，浙江省考古所的三种编号，部分元代造像龛号的对应关系见赖天兵：《杭州飞来峰元代石刻造像艺术》，《中国藏学》1998年第4期。此表所用为《飞来峰造像》中的浙江省考古所的编号。

(续表)

序号	龛号	造像题材	题记时代	造像者	旧有录文文献	拓片/照片/摹本(拓片不作说明)	重新录文(/表示换行)	说明
2	39	立佛(汉)	至元二十四年(1287年)	郭某	赖天兵《飞来峰经题像记及相关的元代释教都总统所》，《文物世界》2008年第1期。	赖天兵：《飞来峰经题像记及相关的元代释教都总统所》，《文物世界》2008年第1期。(摹本)	至元二十四年歲次丁亥三月十五□□□/功德主江淮諸路釋教都總統所經歷郭□□建。	据赖天兵录文转录。
3	40	四臂观音(藏)(左右两尊毁去)	至元二十四年(1287年)	郭某	《两浙金石志》卷十四；赖天兵：《飞来峰经题像记及相关的元代释教都总统所》，《文物世界》2008年第1期。	赖天兵：《飞来峰经题像记及相关的元代释教都总统所》，《文物世界》2008年第1期。(摹本)	至元二十四年歲次丁亥三月(後漶)/功德主江淮諸路釋教都總統所經歷郭。	据赖天兵录文转录。《两浙金石志》所录时间在后。

(续表)

龛号	造像题材	题记时代	造像者	旧有录文文献	拓片/照片/摹本(拓片不作说明)	重新录文(□表示换行)	说明
4	水月观音(汉) 92	至元二十五年(1288年)	董□祥	《武林石刻记》卷四"飞来峰诸佛题名六通"之六;《武林金石记》卷八"飞来峰佛像题名六通"之六;《两浙石窟造像题名》卷十四"飞来峰造像题名";《元董□祥造像》页12;《西湖石窟艺术研究》页164。	《杭州元代石窟艺术》图61。	總統所董□祥特發誠心/施財,命工刊造/觀音聖像,上答/洪恩,以祈福祿增崇,壽年綿遠者。/大元戊子三月吉日題。	据《武林石刻记》《武林金石志》《西湖石窟石志》《两浙金石志》转录。《飞来峰造像》"题"作"建",误。
5	龙泓洞外	至元二十五年(1288年)	杨琏真伽	赖天兵:《元代的释教都总统所与永福杨总统》,《元代杭州研究论文集》,杭州,2010年11月11—14日。		宣授江淮諸路釋教都總統大師/施財命工鐫造佛像伏願/皇圖固帝道退昌/佛日□增/輝法輪常轉/至元□二十五年戊子三月日鐫□西夏馮□□廣□(后几字泐)	此题记系赖天兵先生第一次发现并录文。

杭州飞来峰元代佛教造像的开凿过程、开凿者与造像风格问题　237

(续表)

序号	龛号	造像题材	题记时代	造像者	旧有录文文献	拓片/照片/摹本(拓片不作说明)	重新录文(表示换行)	说明
6	53	金刚萨埵菩萨(藏)	至元二十五年(1288年)	液沙里兼赞	《武林石刻记》卷四《元国书碑》；《武林金石记》卷八《元国书碑》；《两浙金石志》卷十四《元国书赞刻字》；《飞来峰造像》页189。		至元二十五年八月日建。功德主石僧液沙里兼赞。	据《飞来峰造像》录文转录。月日二字之间原无空格,今加。《两浙金石志》著录无石字,作一空格,似是。《武林石刻记》《武林金石记》作"至□□年八月□日建"。功德主石僧沙里或录为至元十几年。
7	89	无量寿佛(藏)	至元二十六年(1289年)	杨琏真伽	《武林石刻记》卷四《大元国杭州佛国山佛像赞》；《武林金石记》卷八《元凿佛赞》；《两浙金石志》卷十四《元凿佛赞》；《西湖石窟艺术》页12—13；	《飞来峰造像》页121。	大元國杭州佛國山石讚 永福楊璉總統, 江淮馳重望 飛來峰/上, 鑿破蒼崖石, 現出黃金像。/佛名無量壽, 佛身含萬象, 無量亦無邊, 一切人瞻仰。/無能功德幢, 無能為比況, 人此大	据《飞来峰造像》拓片录文。《武林金石记》录文最为准确。《武林金石记》录文与《武林石刻记》录文大略同, 但阙文稍有不同。

238　南朝陵墓神道石刻暨中古考古论集

（续表）

龛号	造像题材	题记时代	造像者	旧有录文文献	拓片/照片/摹本（拓片不作说明）	重新录文（/表示换行）	说明
				《杭州元代石窟艺术》条46；《西湖石窟》条128；《飞来峰造像》页121。		施門,喜有,大丞相,省府众名官,相继来稱貢。其一佛二佛,[凸]起棱畫樣。花木四時春,可以作供養；猿鳥四時囀,可以作回向。日月無盡燈,煙雲無盡藏；華雨無盡紛,天妙香無量；佛壽無量。[頌]偈除與法界眾生。盡說,此,語皆非妄。如是說,此,語即非妄。/至元二十六年重陽日住林隱虎嚴淨伏謹述。/大都海雲[易]庵子安書丹,武林錢永昌刊。①	《兩浙金石志》《西湖石窟》《飞来峰造像》三種錄文都漏錄"寿佛身合萬象無量八字,又,"一切人瞻仰"之人误作人。《西湖石窟》《飞来峰造像》錄文當源于《兩浙金石志》。旌字現已不清,《兩浙金石志》已著錄作如此,或为於了。"無能为比况"之此,兩种錄文作此。凸字拓片為闕文,《兩浙金石志》《西湖石窟》同,《飞来峰造像》作凸。

① 《杭州元代石窟艺术》页3提到"他们(指元代的贵族官僚)不但到处作新的开辟,也有利用前朝作品重加镌造而成",并在页13注5："见元代净伏'石刻赞附记',内云：'……大元國大功德主口發誠心,捐舍淨財,命工鐫造……口前朝口山石像鑱附近,但是現在似已没有痕跡了。饰口或留其鑱造。"这段题记,……重为镌造。"当在《大元國杭州佛國山石像鑱》附近,但是现在似已没有痕迹了。

（续表）

宠号	造像题材	题记时代	造像者	旧有录文文献	拓片/照片/摹本（拓片不作说明）	重新录文（/表示换行）	说明
8	释迦佛	至元二十七年（1290年）	?①	《两浙金石志》卷十四《元造释迦像残题名》。		□□江□□ □□□□，特□□□□，發誠心施財，命工刊造釋迦如來一尊，上□報□皇恩，以祈福祿增崇，壽年遠者。大元庚寅四月吉日題。	五行。"壽年遠"當脫一字。
9	普贤菩萨（汉）	至元二十七年（1290年）	□□麻斯	《杭州元代石窟艺术》条23;《西湖石窟艺术》页13;《西湖石窟》条157;《飞来峰造像》页191。	《飞来峰造像》页191（照片）。	平江路僧判□□麻斯/心施財，命工鎸造/普賢菩薩一身，□□/聖恩，壽命綿遠者。/至元庚寅五月初三日。	□□麻斯，赖天兵2008年文作王邦麻斯。
10	无量寿佛（汉）	至元二十八年（1291年）	僧永□	《西湖石窟》条129;《飞来峰造像》页141。		至元二十八年僧永□施財鎸造。	据《飞来峰造像》转录，《西湖石窟》作"至元二十八年□□□□□"。

① 可能为82、37、43、83、36、88诸窟之一。

(续表)

编号	造像题材	题记时代	造像者	旧有录文文献	拓片/照片/摹本(拓片不作说明)	重新录文(表示换行)	说明
11	32 金刚手菩萨(藏)	至元二十九年(1292年)	脱脱夫人□氏	《武林石刻记》卷四"飞来峰凿佛题名"之二；《武林金石记》卷八"飞来峰佛像题名"之二；《两浙金石志》卷十四"元脱脱夫人造像题名"；《西湖石窟艺术》页13；《杭州元代石窟艺术》条5；《西湖石窟》条158；《飞来峰造像》页215。	《飞来峰造像》页215(照片)。	大元國功德主榮祿大夫行宣政院使脱脱夫人□氏，謹發誠心，願捨淨財，命工鐫造金剛手菩薩聖像一尊，端為祝延聖壽萬安，保佑院使大人福祿增榮，壽命延遠，家眷安和，子孫昌齡。至元二十九年閏六月日建。	六行。据《两浙金石志》《飞来峰造像》《西湖石窟》三种录文转录。《武林金石记》缺字较多。据《武林金石记》一格据"日"字前空一格。
12	98 西方三圣(汉)	至元二十九年(1292年)	杨琏真伽	《西湖石窟》条108；《飞来峰造像》页140。	《飞来峰造像》页140。	大元國功德主宣授江淮諸路釋教都總統永福大師楊發/誠心，捐捨淨財，命工鐫造/阿彌陀佛、觀音菩薩、大勢至菩薩聖像三尊，端為祝延皇/聖善	据《西湖石窟》《飞来峰造像》转录，核对拓片。两种录文"兇"作"厄"，误。

杭州飞来峰元代佛教造像的开凿过程、开凿者与造像风格问题　241

（续表）

龛号	造像题材	题记时代	造像者	旧有录文文献	拓片/照片/摹本（拓片不作说明）	重新录文（表示换行）	说明
						萬安、闊闊真妃壽綿遠，／甘木羅太子、帖木兒太子／壽箏千秋，／文武百官常居祿位，祈保自身世壽延長，福／基永固，子／孫昌盛，如意吉祥者。／至元壬辰二十九年七月仲秋吉日建。	《西湖石窟》"萬安"作"萬歲"，誤。
13 99	无量寿佛、文殊菩萨、救度佛母（藏）	至元二十九年（1292年）	楊璉真伽	《西湖石窟》條107；《飞来峰造像》頁125。	《飞来峰造像》頁124。	大元國功德主資政大夫／行宣政院使楊謹發誠心，捐捨净財，命工鐫造／無量壽佛、文殊菩薩、／救度佛母聖像三尊，祝延／聖壽萬安，／闊闊真妃壽齡綿遠，／甘木兒太子、帖木兒太子、闊闊箏太子，祈壽自身／世壽延長，福基永固，／子／孫，／昌盛，如意吉祥者。／至元壬辰二十九年［七］月［仲秋］吉日建。	據《西湖石窟》《飞來峰造像》《飞來峰造像》轉錄，核對拓片。兩種錄文"兒"作"厄"。98、99兩龕造像題記用語略同。99龕題記模糊處可據98龕補。

242　南朝陵墓神道石刻暨中古考古论集

（续表）

条号	龛号	造像题材	题记时代	造像者	旧有录文文献	拓片/照片/摹本（拓片不作说明）	重新录文（/表示换行）	说明
14	75	多闻天王（汉）	至元二十九年（1292年）	杨琏真伽	《武林石刻记》卷四飞来峰凿佛像题名六通之五；《武林金石记》卷八飞来峰佛像题名六通之五；《两浙金石志》卷十四《元杨谨造多闻天王像题名》；《西湖石窟艺术》页13；《杭州元代石窟》条33；《飞来峰造像》页213。	《杭州元代石窟艺术》图60；《飞来峰造像》页213（照片）。	大元国大功德主资政大夫行宣政院使杨 谨发诚心，捐舍净财，命工镌造／多闻天王圣像一尊，端为祝延皇帝万岁，国泰民安，四恩总报，三有遍资，法界众生，齐／成佛道者。／至元壬辰二十九年七月仲秋吉日建。	七行。据三种录文转录。《武林金石记》"谨"字前所空一格作口，误。《西湖石窟》"谨"字前空格无。

(续表)

龛号	造像题材	题记时代	造像者	旧有录文文献	拓片/照片/摹本(拓片不作说明)	重新录文(/表示换行)	说明
15 / 59	西方三圣(汉)	至元二十□年	杨思谅同妻朱氏	《武林石刻记》卷四"飞来峰凿佛题名六通"之三；《武林金石记》卷八"飞来峰佛像题名六通"之三；《两浙金石志》卷十四"元杨思谅造像题名"；《西湖石窟艺术》页12；《杭州元代石窟》条109；《西湖石窟》页135。	《飞来峰造像》页135。	昭□大将军前淮安万户府/管军万户杨思谅同妻朱氏、发心施财、命工镌造/阿弥陁佛、观音、势至/圣像三尊、祝延/皇帝圣寿万万岁者。/至元二十□年□月丙午日吉辰建。	据《武林金石记》《两浙金石志》录文对拓片、并核对拓片。《武林金石记》"月"字不清,《两浙金石志》"月"字前空一格。《西湖石窟》《管军万户"作"万户",误。《西湖石窟》《飞来峰造像》末行录文作"至元二十□年月日丙午日吉辰建"。

(续表)

龛号	造像题材	题记时代	造像者	旧有录文献	拓片/照片/摹本（拓片不作说明）	重新录文（/表示换行）	说明
16	龙泓洞口 91	密理瓦巴及二侍女（藏）	不明	范□真	《西湖石窟艺术》页13；《杭州元代石窟艺术》条48；《西湖石窟》条159；		平江路僧录范□真謹發誠心，命工刊造密理瓦巴一尊，上祝（下泐）。	据《西湖石窟艺术》《西湖石窟》转录。
17	龙泓洞口	重装佛国诸山佛菩萨造像	至大三年（1310年）	答失蛮	《武林石刻记》卷四"飞来峰谙佛题名之一"通；《武林金石记》卷八"飞来峰谙佛题名之一"通；《两浙金石志》卷十五《元答失蛮重装佛像记》	《杭州元代石窟艺术》图59。	靈隱禪寺伏承／大功德主、開府儀同三司／上柱國、江浙等處行中□□／左丞相□□答失蠻布／施重裝□□佛國山諸佛菩／薩聖像，所集洪因，端為／祝延／皇帝萬歲萬歲萬／歲／皇太后／皇太子千秋，／皇后齊年，／仍祈風調雨順，／國泰民安者。／至大三年九月 日住持僧／正得謹題。	据《武林石刻记》录文转录。《武林石刻记》保留了原有格式。《武林金石志》与《武林金石刻记》接近。"正得"，《武林金石记》作"正传"。

杭州飞来峰元代佛教造像的开凿过程、开凿者与造像风格问题　245

(续表)

龛号	造像题材	题记时代	造像者	旧有录文文献	拓片/照片/摹本(拓片不作说明)	重新录文(表示换行)	说明
18	十佛及补陀大士	至正十八年(1358年)①		《七修类稿》卷三十七"理公岩碑"条，上海：上海书店，2009年，页400—401；《武林石刻记》卷四《周伯琦理公岩记》；《武林金石记》卷八《周伯琦理公岩镌佛记》；《两浙金石志》卷十八《元周伯琦理公岩记》。	方爱龙：《元周伯琦理公岩记》，《杭州师范大学学报》2008年第5期(封二)。	理公岩，晋高僧理师尝燕叔焉，在钱塘之东南，玲珑幽邃，竹招提之东南，玲珑幽邃，竹树樾苓。/至正九年，上人慧巨来居观堂，缉敝爱/开是品。药苑雾积，模，霏如堂皇，云涌雪积，发泄灵蕴。后七年，左丞绥寧杨公之子元帅伯颜，/清暇游憩，扶奇樂靜，捐金庀工，截鑿嚴石，刻/十佛，并補陀大士像。金碧炳赫，悦睇西土，冀/徹福惠，冰释我重親，利我軍旅，永祚民/勝，延增於昔，為虎林奇觀，眎永/美方猷，嚴之異竟，有臣善同居善薩。/盖非誇益。天竹和尚允若禪師，臘以八十，與昔同志，徽/浙省参知政事番易周伯琦伯温記并書。	据《七修类稿》录，核对拓片。第二行"之"改"笁"，改"竹"为"笁"，第七行之"像"为"象"，第九行"之"字删去，第十行"号"字，第十二行改"阳"为"易"。《武林石刻记》无说明。《武林金石记》《西湖志》所录从已有阙文，又抄出，已有阙文，又再補足。造像时间为至正十六年(1356年)。

① 原刻未署撰文时间，此系《两浙金石志》据至元十八年二月周伯琦摩崖題記有謂"篆理公新岩記"考证所得。

(续表)

龛号	造像题材	题记时代	造像者	旧有录文文献	拓片/照片/摹本(拓片不作说明)	重新录文(/表示换行)	说明
19	24	重装	不明	玉林帖木兒	《两浙金石志》卷十八《元玉林帖木兒题名》。	《飞来峰造像》页80。	江陰州判官/玉林帖木兒重装。	
20	24	重装	不明	阿理沙	《飞来峰造像》页74。		奉訓大夫瀰省理問阿里沙重装。	据《飞来峰造像》录文转录。原录文瀰,原录作口。
21	24	重装	不明	玉林帖木兒	《飞来峰造像》页75。	《飞来峰造像》页75。	萬户潘彰重装。	

以上，共得造像题记17条，重装造像题记4条。

保存题记的共有15龛，大约占所有元代佛龛的1/4强。而且，规模较大的佛龛，大多有造像题记保留。所以，根据造像题记，大致可以了解飞来峰元代造像相关的基本状况。

二 飞来峰元代造像开凿过程的分析

以下对于开凿过程的分析，主要是两方面的内容：一是开凿的时间，一是具体开凿区域的变化。

首先，简单归纳一下开凿时间方面的基本情况。元代造像风格的一致性特别突出，可以推测主要的造像都是在较短时期内完成的。

根据有纪年的题记，可知飞来峰元代造像发端于至元十九年（公元1282年），结束于至元二十九年（公元1292年）。

而其造像的高峰，则在至元二十九年（公元1292年），如75、98、99三龛均是在至元二十九年（公元1292年）同时开凿。据题记，至元二十六年（公元1289年）杨琏真伽开始在飞来峰造像，至元二十六年至二十九年是造像集中期，可以说杨琏真伽与飞来峰元代造像有极大的关联，他主持开凿的造像是最多的。至元二十六年（公元1289年）《大元国杭州佛国山石像赞》曰："永福杨总统，江淮驰重望，旌灵鹫山中，向飞来峰上，凿破苍崖石，现出黄金像。"至少在至元二十六年，杨琏真伽开始在飞来峰雕凿造像。但尚且没有资料可以证明飞来峰元代造像最初的雕凿是在杨琏真伽的主持下进行的。学者推测至元二十年前，杨琏真伽已经就任江南释教总摄，已经在杭州活动了[①]，当然最初的造像是在杨琏真伽主持下开凿的可能性是很大的。

飞来峰造像是杨琏真伽总理江南佛教时大规模的佛教活动中的一

[①] 陈高华：《略论杨琏真加与杨暗普父子》，《西北民族研究》1986年第1期；收入《陈高华文集》，上海：上海辞书出版社，2005年，第211—226页。

项。至元十二年(公元 1275 年),元兵攻下杭州,次年,宋亡。数年之后的至元十九年(或许更早),以元朝管辖江南佛教的专门机构江淮诸路释教都统所在飞来峰大规模造像,也许和安定江南有关。

至元二十八年(公元 1291 年)权臣桑哥倒台,被视作其党羽的杨琏真伽也失势了,但是至元二十九年他仍在飞来峰造了三处大型的龛像,可见他的势力仍在。陈高华先生分析这是因为忽必烈对杨琏真伽有着特殊的好感。①

至元以后,根据元人题记,主要是造像的妆銮活动,但似乎也曾造有新像。至正十八年(公元 1358 年)周伯琦撰文的《理公岩记》(名称系新拟)云:"后七年(至正十六年),左丞绥宁杨公之弟元帅伯颜,清暇游憩,抉奇乐静,捐金庀工,载凿岩石,刻十佛,并补陀大士像。"此"左丞绥宁杨公",当即率领苗兵在江浙与张士诚作战的苗族将领杨完者,系"武冈绥宁之赤水人"②,《元史》卷一四〇《达识帖睦迩传》多有涉及,并记其弟名伯颜。至正十七年,杨完者、杨伯颜兄弟为张士诚所害。杨伯颜当然是有实力进行造像的。杨伯颜所造之像,有十佛像和一观音像(补陀大士像),规模也比较可观,那么这些造像现在何处呢?

《杭州师范大学学报》2008 年第 5 期封二公布浙江图书馆藏拓片(方爱龙供稿)时的说明中,称"在杭州林隐风景区飞来峰东麓理公岩金光洞内"。《杭州元代石刻艺术》称"飞来峰石洞的别名很多:金光洞一名青林洞、香林洞、芎林洞、射旭洞、老虎洞、理公岩、燕寂洞"③,《飞来峰造像》称"青林洞位于飞来峰东部南端,一名理公岩、金光洞,因洞南

---

① 陈高华:《略论杨琏真加与杨暗普父子》,《西北民族研究》1986 年第 1 期。
② 〔元〕陶宗仪撰:《南村辍耕录》卷八,"志苗"条,中华书局,1959 年,第 100 页。绥宁,在今湖南西南。
③ 黄涌泉:《杭州元代石窟艺术》,北京:中国古典艺术出版社,1958 年,第 13 页,注 3。

口形如虎口,又称老虎洞"①,则金光洞即青林洞。据《理公岩记》:理公岩"在钱塘虎林山天竺招提之东南。"据万历《杭州府志》记载:"理公岩,在天竺山灵鹫峰之左峰飞来峰之阴是也。……元时西僧杨琏真伽于岩上遍镌菩萨、罗汉之像。"②不过,《理公岩记》中所谓的理公岩,当指位于飞来峰东部的一片岩石。后人因为此记在青林洞内,遂以为此洞亦名理公岩。现在的青林洞内,没有元代杨伯颜造十佛及观音造像,所以学者以为已经毁坏③;但如果我们并不拘泥于理公岩就是青林洞的话,倒是可以在更广阔的空间中来寻找杨伯颜所造之像的。

一线天和冷泉溪南岸一带正处于"飞来峰之阴",此处是飞来峰元代造像的集中区域,或许现有遗存中当有杨伯颜所造之像。至于万历《杭州府志》所谓"杨琏真伽于岩上遍镌菩萨、罗汉之像",只是一般的说法,"飞来峰之阴"有杨琏真伽所造之像(第89、75龛),也有其他人所造之像。这一带的龛像,编号为51至93,现有遗存(参看表二),单尊佛像有57、58、60、64、74、77、81、82、83、88、89龛,佛、菩萨造像组合有59龛,其中57为至元二十八年僧永□造,59为至元二十□年杨思谅同妻朱氏造,89为至元二十六年杨琏真伽造,所剩不存或原无题记的佛造像共9龛,与"十佛"倒是相去不远,但是否都是杨伯颜所造的呢?至于观音像,这一区域也存有54、63、78、86等四龛。只是均难判断。但是这些造像与旁边的带题记的元代前期的造像风格一致,又很难说是六十年后的制作。但不管怎么说,《理公岩记》一文,在飞来峰元代造像开凿过程的研究中,仍是值得重视的。

而佛像的重装,据答失蛮重装佛国山诸佛菩萨造像题记,早在至大

---

① 杭州市历史博物馆、杭州市文物保护管理所、杭州市文物考古所编,高念华主编:《飞来峰造像》,北京:文物出版社,2002年,第37页。

② 〔明〕万历《杭州府志》卷二十,《山川一》,明万历刻本(中国方志库)。此石刻今存,但并不在飞来峰之阴。

③ 黄涌泉:《杭州元代石窟艺术》,北京:中国古典艺术出版社,1958年,第5页。其中误"十佛"为"千佛"。

三年(公元1310年)就已经大规模地进行——如果《杭州元代石刻艺术》所载净伏"石刻赞附记"确凿的话,则更要在此之前。重装的佛像,当是前代的造像,如现在所能够确认的,是24龛的北宋罗汉造像。可见元代飞来峰的佛教造像活动,对于前代的造像并非视而不见的。

接着,讨论一下开凿区域变化方面的情况。

飞来峰造像分为山顶、青林洞、玉乳洞、龙泓洞、理公塔、一线天、冷泉溪南岸、法云弄东、呼猿洞几个区域(参看附录图二"飞来峰造像分布图"),除了山顶为一处吴越造像,没有元代造像外,其他各处均有元代造像。而依照与元代造像共存的吴越宋代造像的关系,可以把元代造

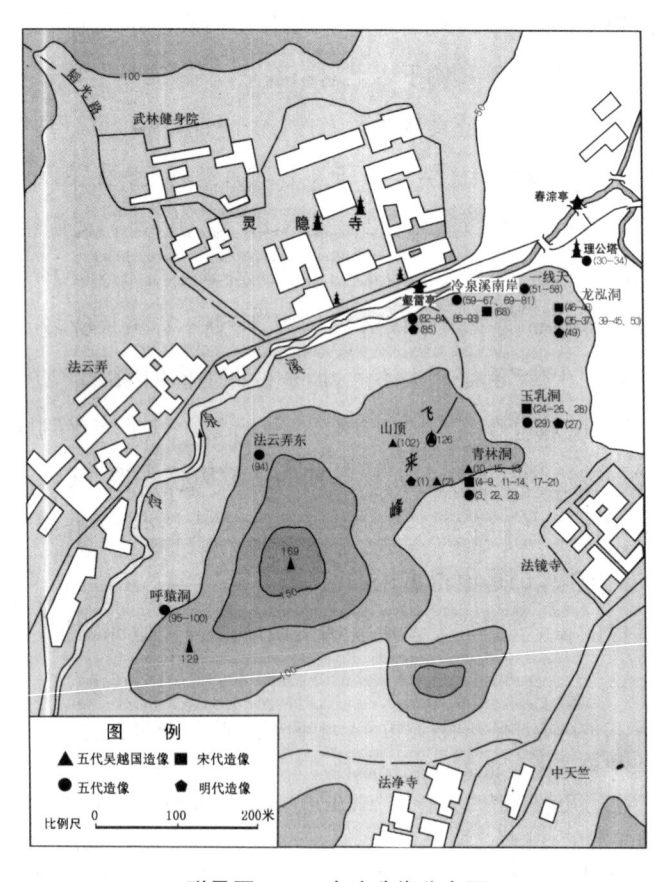

附录图二　飞来峰造像分布图

像的分布划分为两大区域：第一是与吴越、宋代造像并存的，为青林洞、玉乳洞、龙泓洞三处，位于飞来峰的东部或东部偏南；第二是理公塔、一线天、冷泉溪南岸、法云弄东、呼猿洞五处，其中除了冷泉溪南岸第68龛大肚弥勒造像年代有南宋与元两种不同意见、85龛为明代造像外，全部是元代造像。龙泓洞洞内为北宋造像，而洞外则几乎全部为元代造像，并且龙泓洞洞外元代造像的地理位置与理公塔、一线天已经十分接近。

从现存有纪年的龛像来看，第一区域的时代略早，可知飞来峰元代造像首先选择的是已有前代造像的区域。除了造像区域的选择对前代有所承袭，造像题记用词也有一致之处，如"诚心施财，命工镌造××者"，便见于前代。

最初的开凿活动，之所以选择已有前代造像的区域进行，应该与这些区域的朝向最为优良——或朝南，或朝东——有关。但是，很快就开始向临近的北面区域延伸，这当然是造像活动的繁荣导致的。于是飞来峰北面即冷泉溪南岸成为元代造像分布的最为主要的区域。至元二十九年前后，在杨琏真伽的主持下，不但在原有的集中区域造有大型的多闻天王，还在远离原有造像区域的呼猿洞开辟了一个新的造像区域，开凿了规模较大的98、99两组龛像。这便形成了元代造像的主要分布区域。

三　飞来峰元代造像开凿者的分析

除去元代末年杨伯颜造像不论，根据题记，可知参与至元年间飞来峰造像的人员，主要有三类：僧官、一般官僚、僧人。

甲、僧官

有行宣政院使、江淮诸路释教都总统所都总统杨琏真伽、江淮诸路释教都总统所经历郭□□、总统所董□祥、僧录液沙里兼赞、杭州路僧录徐□□、潭州僧录李□□、平江路僧录范辶真、平江路僧判□□麻斯。行宣政院使脱脱夫人□氏，也可以放在此处一起考虑。

涉及元代江南佛教管理机构的主要的部分，有国家层面的机构行宣政院和江淮诸路释教都总统所，也有杭州路、潭州、平江路等江南地方的僧录和僧判。

江南各地僧官的参与，应是他们与江淮诸路释教都总统所以及行宣政院有着上下级关系的缘故。关于行宣政院，邓锐龄先生有过专门的讨论①；关于江淮诸路释教都总统所和同时期名称相仿的相关机构及官员名称等问题，陈高华先生、赖天兵先生有过专门的讨论②，都认为江淮诸路释教都总统所为江淮诸路释教都总摄所改名所致，并认为至迟在至元二十四年（公元1288年）已改名。③

事实上，江淮诸路释教都总统所与行宣政院之间的关系，是更值得关注的。据飞来峰造像题记，至元二十九年七月，同时造像的有："大元国功德主宣授江淮诸路释教都总统永福大师杨""大元国功德主资政大夫行宣政院使杨"（两见），前者根据称号永福大师可以确定为杨琏真伽，后者初看也很容易想到是杨琏真伽，那么也就是说杨琏真伽同时领有江淮诸路释教都总统和行宣政院使两个职务了？据《元史》所载，至元三十年二月己丑，"从阿老瓦丁、燕公楠请，以杨琏真加子宣政院使暗普为江浙行省左丞。"④则此前杨暗普已是宣政院使，那么至元二十九年七月题记中的行宣政院使"杨"，是否有指杨暗普的可能呢？

---

① 邓锐龄：《元代杭州行宣政院》，《中国史研究》1995年第2期。
② 陈高华：《元代南方佛教略论》，《中国社科院学术咨询委员会集刊》第2辑，北京：社科文献出版社，2005年；收入陈高华：《元朝史事新证》，兰州：兰州大学出版社，2010年，第122—142页。陈高华：《再论元代河西僧人杨琏真加》，《中华文史论丛》2006年第2辑；收入陈高华：《元朝史事新证》，兰州：兰州大学出版社，2010年，第143—160页。赖天兵：《飞来峰郭经历造像题记及相关的元代释教都总统所》，《文物世界》2008年第1期。赖天兵：《关于元代设于江淮/江浙的释教都总统所》，《世界宗教研究》2010年第1期。
③ 此类机构名称（还有江南诸路释教都总统所），文献所载驳杂不一，且江南、江淮，总摄、总统内涵一致，似乎只是同一机构和职务的不同称呼的可能也不能排除。
④ 《元史》卷十七《世祖纪十四》，中华书局校点本，第370页。

总之,僧官是飞来峰元代造像的主要主持者。而且,其他身份的官员很少,或许一定程度上我们也可以把元代飞来峰造像看作国家行为。

乙、一般官僚

有前淮安万户府管军万户杨思谅同妻朱氏。仅此一例。

杨思谅是一位虔诚的佛教徒。至正七年胡长孺撰《重建凤山上乘寺记》载,至元二十七年,上虞凤山上乘寺毁于火,于是仁育法师重建宝殿,"前淮安路万户杨思谅感师诚悫,率其家人作佛诸天像,庄严崇饰,事与殿称。"①

丙、僧人

僧永□。也仅此一例。

98、99两龛都是为皇家祈福,也可能是缘于皇家的命令而开凿的。不过,中国历代佛教造像,即使是私人造像,为皇帝及皇族祈福者比比皆是,大抵都没有得到皇帝的指令。这在多数时候只是造像题记的一种撰写习惯而已,并无深意。

值得注意的是至元二十六年(公元1289年)《大元国杭州佛国山石像赞》曰:"喜有大丞相,省府众名官,相继来称赏。"也就是说,此年江淮诸路释教都总统所都总统杨琏真伽的造像,得到了江浙行省众多官员的支持。当然,也得到了杭州地方佛教界的支持。题记末署:"住林隐虎岩净伏谨述,大都海云易庵子安书丹。"虎岩净伏为灵隐寺住持,则说明杭州地方僧人的参与。读《明高僧传》所载元代杭州诸寺僧人传记,可以发现杭州地方僧人与元朝政府之间的密切关系。

对于造像开凿者,还应该注意到没有普通的信徒的参与,这与飞来峰前代造像有着很大的不同,可以认为是飞来峰元代造像的特点之一。那么,是什么原因呢? 元朝灭宋后,有意识地改变了江南佛教的原有格局,而新传播的佛教,尚未能为当地原有的佛教信仰者所接受,或许是

---

① 〔清〕光绪《上虞县志》卷三十七,清光绪十七年(公元1891年)刻本(中国方志库)。

其中的部分原因。

四 飞来峰元代造像藏汉艺术风格并存的分析

飞来峰元代造像,绝大多数都是坐像。藏、汉两种风格,可以从衣着是否下垂至座下来简单地判断:汉式造像衣着比较宽松,大衣垂至座下,形成皱褶,一般是中间、两边三块地方垂得更下一点,成为造像要极力表现的内容之一,这也可以说是由来已久的传统;藏式造像着衣,往往紧贴身躯,绝不见下垂于座子边缘。

从造像空间分布上来看,藏、汉两种风格的造像,并未截然分开,而是混在一起。这种情况,可以参看下表(附录表二)。

附录表二 飞来峰元代藏汉风格佛教造像区域分布比较

区域	龛号	汉式	藏式	确切开凿时间	风格十分接近的龛像
青林洞	3	一佛二菩萨(华严三圣)		1282年	
	22	菩萨(水月观音)			
	23				
玉乳洞	29		佛		
龙泓洞	35	菩萨(多闻天王)			
	36	佛(立)			
	37		佛		
	39	佛(立)		1287年	
	40		菩萨(四臂观音)	1287年	
	41		佛		
	42	佛(倚坐)			
	43		佛		83
	44	菩萨(观音)(立)			
	45	佛(大肚弥勒)			

(续表)

区域	龛号	汉式	藏式	确切开凿时间	风格十分接近的龛像
理公塔	30		菩萨（垂足）		
	31	菩萨			
	32		菩萨（金刚手）（斜立）	1292年	84 四金刚
	33	菩萨（观音）（立）			
	34	菩萨			
一线天	51		菩萨（佛母）		
	52		菩萨（垂足）		
	53		菩萨（金刚萨埵）	1288年	
	54	菩萨（水月观音）			
	55		菩萨（金刚）		
	56		菩萨	1291年	
	57	佛（无量寿佛）		1291年	
	58		佛		
冷泉溪南岸	59	一佛二菩萨（西方三圣）		1284—1292年	
	60	佛			
	61	菩萨			
	62	菩萨（普贤）		1290年	
	63	菩萨（观音）			
	64		佛		
	65				
	66		菩萨		
	67	菩萨			
	69	菩萨			
	70		菩萨（垂足）		79
	71	菩萨			61
	72	菩萨			
	73	杨琏真伽并二僧			
	74	佛			
	75		天王（多闻天王）（狮子座）	1292年	

(续表)

区域	龛号	汉式	藏式	确切开凿时间	风格十分接近的龛像
	76		菩萨(佛母)(垂足)		
	77		佛		
	78		菩萨(观音)		
	79		菩萨(垂足)		
	80	菩萨			
	81		佛		
	82	佛			
	83		佛		
	84		一佛母四金刚二飞天(塔形龛)		96
	86	菩萨(观音)			
	87		菩萨(佛母)		
	88		佛		
	89		佛	1289年	
	90	菩萨			
	91		密理瓦巴并二侍女		
	92	菩萨(水月观音)		1288年	
	93				
法云弄东	94		佛		
呼猿洞	95	菩萨(观音、韦陀、善财)			
	96		菩萨(佛母)		
	97	佛			
	98	一佛二菩萨(西方三圣)		1292年	
	99		一佛二菩萨(无量寿佛、文殊菩萨、救度佛母)	1292年	
	100		菩萨(佛母)		

说明:1. 立姿造像较少,单独注明。

2. 以相好和着装的不同,主要分为佛、菩萨二类。

3. 23、65、93三龛,造像内容尚不知。

上表说明,对于造像开凿的主持者(功德主)而言,乃是有意识地作这样的安排。藏、汉两种风格的共存,还显得非常平均,使我们可以估计造像开凿的主持者所习惯的就是这种并存模式;而非宋亡后在飞来峰进行造像时有藏汉两种风格一起融入。如果是后一状况,更大的可能是藏汉风格造像分别有其集中的分布区域。甚至,冷泉溪南岸第67龛菩萨坐像,还是藏汉融合的风格。

就元朝灭宋之后的历史考虑,同时熟悉藏汉两种造像风格的,只能是唐兀(河西,即西夏)僧人。唐代,河西地区就受到藏汉两种佛教文化的共同熏陶;西夏建立后,保持了这样的传统,并且有进一步的发展。而杨琏真伽正是一位唐兀僧人。

杨琏真伽主持的造像,汉藏两种风格还有着对应的关系,如98、99二龛均一佛二菩萨,却一为藏式、一为汉式,这应该不是简单的巧合,当是有意识的安排,是其熟悉的西夏广为流传的汉藏并存的佛教艺术形式的反映。

以往,大家都注意到杨琏真伽在江南传播藏传佛教艺术中的突出位置,忽视了他同时弘传了来自西夏的汉传佛教艺术。最近,读到赖天兵先生关于飞来峰藏汉造像风格来源分析的新文[1],正是持这种见解的。

元代唐兀僧人在江南的佛教活动,还有刊刻大藏经一事,其中的版画同样也显示出了藏汉两种因素的共存状况[2],这与飞来峰元代造像

---

[1] 赖天兵:《杨琏真伽与元代飞来峰造像相关问题的探讨》,载霍巍、李永宪主编:《西藏考古与艺术:国际学术讨论会论文集》,成都:四川人民出版社,2004年,页320—332。赖天兵:《从藏汉交流的风格形态看飞来峰元代造像与西夏艺术的关系》,《敦煌研究》2009年第5期。

[2] 宿白:《元代杭州的藏传密教及其有关遗迹》,《文物》1990年第10期;收入宿白:《中国石窟寺研究》,北京:文物出版社,1996年,第313—330页。

可以一并考虑。①

文章初稿,曾提交2010年11月11—14日于杭州举办的"元代杭州研究论坛",会上承蒙杭州佛学院赖天兵先生提出诸多有益的意见,诸如造像是否可以理解为国家行为、《理公岩记》所记造像之所在等等,谨此致谢!

(原刊李治安、宋涛主编:《马可波罗游历过的城市Quinsay:元代杭州研究文集》,杭州:杭州出版社,2012年)

---

① 至于飞来峰元代造像与飞来峰南宋造像之间的联系,也较少为学者注意,似也应有所考虑。常青先生提到,"元代汉式造像应较多地延续着南宋杭州佛教造像样式而略有改进,个别造像受到了藏传样式的影响"。(常青:《从飞来峰看10世纪以后中国佛教信仰与艺术的转型》,《燕京学报》新第21期,北京:北京大学出版社,2006年,第189—226页。)此非本文主旨,故不再涉及。

关于两件出土的元代蒸馏器的再讨论

20世纪80年代,在内蒙古自治区出土了一件青铜蒸馏器,但材料直到2004年才在《成吉思汗——中国古代北方草原游牧文化》这一部图册中公布。图册中提供了清晰的彩色照片,并有如下的文字描述:

> 铜酿酒锅
>
> 蒙古汗国/铜/通高48.4厘米、口径40厘米/内蒙古赤峰市巴林右旗出土
>
> 酒锅分上下两层,上层近底处有一流,下层圜底锅承托上层,一侧亦有一流口。蒙古人喜酒,尤其对奶酒独有偏爱,此系13世纪蒸馏奶酒之器皿。[①]

文字不多,但是关于此器的时代与功用两个主要方面都有极明确的说明,只是没有具体的论述;至于器物出土的情况,则更付阙如,不免让人对以上的结论将信将疑。

此前的1975年,河北省承德地区青龙县出土了一件铜蒸馏器(附录图三),报告者将它称为烧酒锅,形制方面的基本情况描述如下:

> 烧酒锅高41.6厘米,由上下两个分体套合组成。下半体是一个半球形甑锅,高26、口径28、最大腹径36厘米。腹中部有环錾

[①] 中华世纪坛艺术馆、内蒙古自治区博物馆编:《成吉思汗——中国古代北方草原游牧文化》,北京:北京出版社,2004年,第298页。

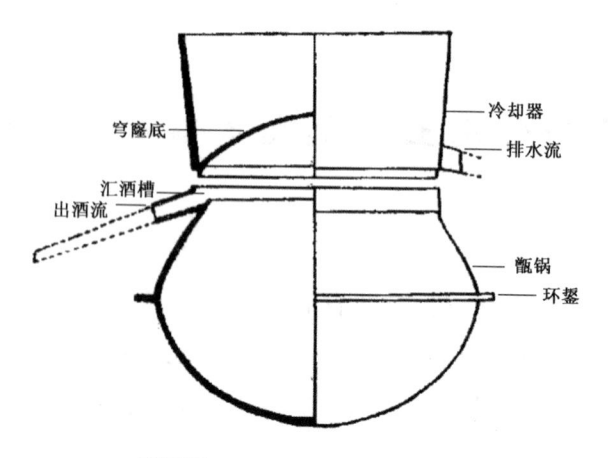

附录图三　河北青龙出土蒸馏器

一周，宽 2、厚 0.5 厘米。口沿作双唇凹槽，宽 1.2、深 1 厘米，是为汇酒槽。从汇酒槽通出一个出酒流，一端是与锅体同范铸成的铜流，另一端是插入的铁流。出土时铁流部分已残，但从残迹仍可察知全流约长 20 厘米，铜流部分与铁流部分长度成一与四之比。上分体是一圆桶形冷却器，高 16、口径 31、底径 26 厘米。穹隆底，隆起最高 7 厘米，接近器的中部。底下成卷状壁。近底处通出一个排水流，从结构看，也是由铜流、铁流接合而成，出土时仅见与器身同铸的铜流部分，残长 2 厘米，全长不明。冷却器底沿作牡唇，当上下二分体套合时，牡唇与汇酒槽的外唇内壁正相紧贴。

器物的年代，报道时大致根据同一文化层的共出的器物定为金代。[1] 后来，有学者根据蒸馏器所在的同一文化层出土的其他器物，将文化层的年代修正为辽代后期至元代初期；还将材质由黄铜修正为青铜。并且，肯定了这件蒸馏器更有可能是用来蒸馏酒的、而非蒸馏花露

---

[1] 青龙县井丈子大队革委会、承德市避暑山庄管理处：《河北省青龙县出土金代铜烧酒锅》，《文物》1976 年第 9 期。

的看法。还否定了蒸馏酒技术是元代才从阿拉伯传入中国的看法。①此后,更有学者从这件蒸馏器与现代壶式蒸酒器形制接近,进一步肯定了是用于蒸酒的看法;还根据同一地层出土的花草纹滴水与北京后英房元代居住遗址出土的滴水相仿,加之现有文献所载蒸馏酒始于元代而找不到金代已有蒸馏酒的文献记载,认为青龙蒸馏器为元代之物。②根据文化层的出土物,将文化层的年代修正为以金代为主的从辽代后期到元代初期,是非常严密的论断;因为文献的记载,将文化层出土的蒸馏器确定为元代(元代初年)当然也是很有道理的,但这样的结论似乎还需要作进一步的讨论。

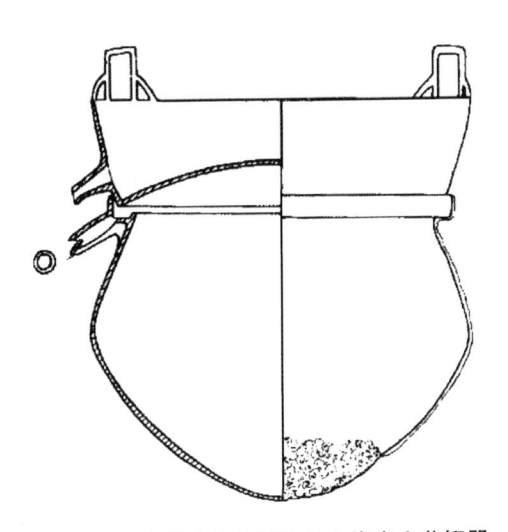

附录图四　内蒙古自治区巴林左旗出土蒸馏器

① 承德市避暑山庄博物馆(林荣贵执笔):《金代蒸馏器考略》,《考古》1980年第5期。
② 孙机:《我国谷物酒和蒸馏酒的起源》,收入杨泓、孙机:《寻常的精致》,沈阳:辽宁教育出版社,1996年,第182—190页。另参黄时鉴:《中国烧酒的起始与中国蒸馏器》,《文史》第四十一辑,北京:中华书局,1996年。

最近，读到罗丰先生《蒙元时期的酿酒锅与蒸馏乳酒技术》①一文，他通过在内蒙古博物馆直接的考察，十分具体地记述了《成吉思汗——中国古代北方草原游牧文化》一书中公布的蒸馏器，把出土地点改正为巴林左旗，提供了实测线图（附录图四）和细部照片5幅，并详细地介绍了其形制等情况：

> 这件酒锅为青铜质地，通高48厘米。由上下分体合成，下部为甑锅，上部是圆锅。甑锅为圜底，鼓腹，上腹内收，内外沿之间有一周凹槽。最大腹径42.4、高33厘米，内沿高1.5、外沿高3厘米，二者之间的凹槽深2.5厘米。口外有一流，焊在外沿外侧，凹槽内的流孔略呈长方形，流直径2、残长6厘米，流孔长2、宽0.5厘米。锅体由三片等均体合范铸成，范缝未经打磨，表面凸起。锅的圜底略有残损，可以看出圜底经多年火烧，数度破损，并由外向里用生铁片焊补过。锅体使用的材料很厚，再加上焊补材料的堆积，使锅的现存腹深只有32.4厘米。上部的圆锅直径41.6、通高17厘米。口沿上有两个对称的方形耳，其两侧有弧形斜支。耳宽7.3、高5.2厘米。锅外壁近底部有对称的方形实芯扣錾，錾微向下倾。不算方耳高度，锅体只有11厘米高。外底呈穹隆状，直径38.4、最高处约5厘米。内底作球形，外壁有一流，口外径2.4、内径1.9、残长5厘米。锅的下边缘正好与甑锅上口相扣合。上部圆锅的器壁较下部甑锅的器壁稍薄一些，外体也有一些块状锈，有1处小洞还用铜铆钉修补过。
>
> 根据内蒙古博物馆的原始记录，这件酒锅1987年借自赤峰市的巴林左旗博物馆，1983年出土于内蒙古巴林左旗隆昌镇十二段村，大体上属于蒙古帝国时代的器物。不过，同出的其他器物因年代久远，已经没有办法搞清。

---

① 罗丰：《蒙元时期的酿酒锅与蒸馏乳酒技术》，《考古》2008年第5期。

所谓"大体上属于蒙古帝国时代的器物",根据的是《成吉思汗——中国古代北方草原游牧文化》一书。看来,在时代问题这一关键点上,仍无进一步的可靠的资料可以参考。

罗丰先生文中联系青龙蒸馏器,重点讨论了元代蒸馏酒酿制问题。认为这两件蒸馏器是蒸馏乳酒之用的,和《成吉思汗——中国古代北方草原游牧文化》一书的看法相同。但是,从文献资料来看,元代尚未以马奶为原料制作蒸馏酒,直到明代中后期蒸馏乳酒才在蒙古地区流行起来。这两件蒸馏器的功用问题,似乎仍应再作考虑。罗丰先生还通过形制的比较,看到巴林左旗蒸馏器比青龙蒸馏器原始些,因而认为其年代要早于青龙蒸馏器。下文试以功用问题为主,略及时代问题,作初步论述。

中国蒸馏酒起源问题曾在多年前引起学术界热烈的讨论,[①]巴林左旗蒸馏器的公布,使青龙蒸馏器成为一件并非孤立的材料,为这一问题的讨论提供了难得的资料,也为进一步讨论提供了可能,本文也试图就此略作尝试。

一　元代的马奶酒为酿造酒

蒙元时期,马奶酒的使用非常广泛,不仅为日常所饮用的美味,更作为朝廷宴饮的重要"道具",还用于祭奠等蒙古人的传统礼仪。因此,留下了相当多的记载。我曾考察过蒙元时期马奶酒的名称、制作、使用等问题。[②] 通过元代文献,我们可以判断元代的马奶酒是酿造酒而非蒸馏酒。

翻阅《元诗选》,知耶律楚材(公元 1190—1244 年)、刘因(公元 1249—1293 年)、袁桷(公元 1266—1327 年)、柳贯(公元 1270—1342

[①] 李华瑞:《中国烧酒起始的论争》,《中国史研究动态》1990 年第 8 期。
[②] 杨晓春:《蒙·元时期马奶酒考》,《西北民族研究》1999 年第 1 期。

年)、杨载(公元 1271—1323 年)、许有壬(公元 1287—1364 年)、贡师泰(公元 1298—1362 年)、周伯琦(公元 1298—1369 年)、萨都剌(公元 1307—1360 年后)①、迺贤［公元 1309 年(?)—?］、张昱(殁于明初,寿八十三)等元代诗人吟咏马奶酒的篇什相当多,有十四首。往往是参与蒙古上层统治者活动的汉人官僚的记录;还特别多地和上京(上都)联系在一起,那是因为元代皇帝在夏季巡幸上都,上都的宴饮活动频繁的缘故。以下以《元诗选》为主,略引几首描述较为详细确凿的元诗以作说明。

耶律楚材《寄贾抟霄乞马乳》：

天马西来酿玉浆,革囊倾处酒微香。
长沙莫吝西江水,文举休空北海觞。
浅白痛思琼液冷,微甘酷爱蔗浆凉。
茂陵要酒尘心渴,愿得朝朝赐我尝。②

描述道马奶酒的颜色是"浅白",味道是"微甘"。

又《谢马乳复用韵二首》,其一：

肉食从容饮酪浆,差酸滑腻更甘香。
革囊旋造逡巡酒,桦器频倾潋滟觞。
顿解老饥能饱满,偏消烦渴变清凉。

---

① 萨都剌生卒年,参考杨光辉:《萨都剌生平及著作实证研究》,北京:高等教育出版社,2005 年。
② 〔清〕顾嗣立编:《元诗选》第一册《初集·乙集》,北京:中华书局,1987 年,第 352 页。〔元〕耶律楚材撰,谢方点校:《湛然居士文集》卷四,北京:中华书局,1986 年,第 72 页。

长沙严令君知否，只许诗人合得尝。①

"顿解老饥能饱满，偏消烦渴变清凉"，更说明马奶酒是酒精度数较低的酿造酒。

刘因《黑马奶》：

仙酪谁夸有太玄，汉家挏马亦空传。
香来乳面人如醉，力尽皮囊味始全。
千尺银驼开晓宴，一杯璚露洒秋天。
山中唤起陶弘景，轰饮高歌敕勒川。②

"力尽皮囊味始全"云云，说明是酿造法，绝非蒸馏法。

许有壬《上京十咏·马酒》：

味似融甘露，香疑酿醴泉。
新醅撞重白，绝品挹清玄。
骥子饥无乳，将军醉卧毡。
挏官闻汉史，鲸吸有今年。③

《上京十咏》诗序云："元统甲戌(二年，公元 1334 年)，分台上京，饮马酒而甘，尝为作诗"，即此。"新醅撞重白，绝品挹清玄"，也说明是酿造酒。

贡师泰《和胡士恭滦阳纳钵即事韵五首》，其二曰：

---

① 〔元〕耶律楚材撰，谢方点校：《湛然居士文集》卷四，北京：中华书局，1986年，第 72—73 页。

② 〔清〕顾嗣立编：《元诗选》第一册《初集·乙集》，北京：中华书局，1987年，第 184 页。

③ 〔清〕顾嗣立编：《元诗选》第一册《初集·乙集》，北京：中华书局，1987年，第 795 页。

> 野阔天垂风露多,白翎飞处草如波。
> 髯奴醉起倾浑脱,马湩香甜奈乐何。①

称马奶酒"香甜"、"甜",也非蒸馏的马奶酒所能具备。

而频频出现的"挏酒"一名,更明白地说明了是酿造法制作的。蒙元时期的马奶酒酒精度数较低,可以称之为酒,也可以不称之为酒,当作饮料看待,与酒精度数较高的蒸馏马奶酒是有明显差异的。

二 明代中后期蒙古人才制造蒸馏乳酒

关于蒙古人制作蒸馏马奶酒的历史,《译语》和《北虏风俗》这两部出自与蒙古人有所接触的明朝官僚之手的文献是常常为学者引用的,而这两种记载恰恰都说明了用蒸馏法制作马奶酒要晚至明中期以后。

明岷峨山人《译语》载:

> 虏素以兽乳置于皮袋中酿酒,味极薄,唐高适所谓"虏酒千钟不醉人"者是也。近则置于甑(或以锡,或以木为之),如中国烧酒法。得酒,味极香冽,饮少辄醉。每岁三、四月中牝马生驹时(虏于此时率挈马驹拴系,则牝马皆来,因而取乳造酒,其凝结成滓者,则作酪,弹为食),家家造酒,人人嗜饮(虏饮如牛,不歇气),兀然而醉,恍然而醒,无间昼夜。乘之捣巢,亦一机会也。②

值得注意的是"近则置于甑,如中国烧酒法"的记述,一"近"字,明确地说明了蒙古人使用蒸馏乳酒技术是不久前的事,此前是另外的制

---

① 〔清〕顾嗣立编:《元诗选》第一册《初集·乙集》,北京:中华书局,1987年,第1425页。
② 《纪录汇编》卷一百六十一,商务印书馆影明刻本,第56册,叶22。

作法,即是游牧民族中长久以来流行的酿造法。那么,《译语》所记是何时之事呢?

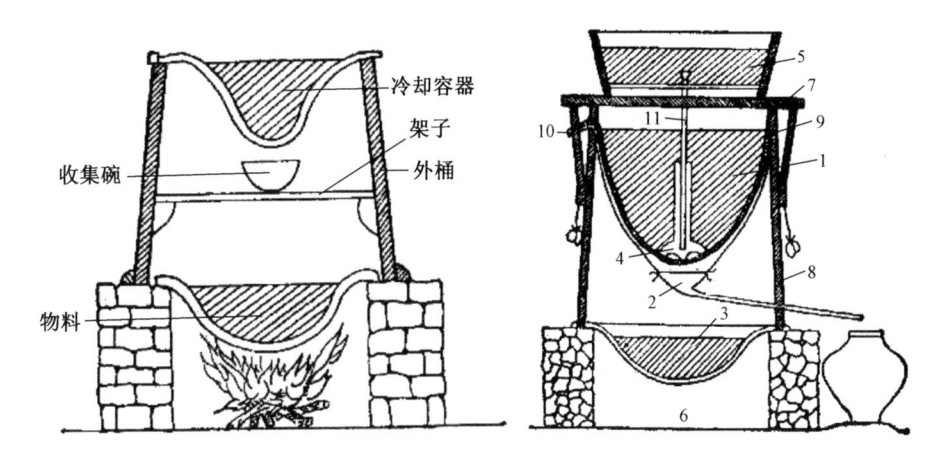

附录图五 蒙古式蒸馏器(左)和中国式蒸馏器(右)

岷峨山人,过去有学者认为是尹畊的号(如《中国丛书综录》),近来有学者据苏志皋《寒春集》所附《明通议大夫都察院右副都御史食从二品俸致仕寒村苏公暨配恭人温氏合葬墓志铭》确考为苏志皋之别号。嘉靖二十二年(公元1543年)至二十六年(公元1547年),苏志皋任宣府口北道参议,《译语》就写于此时。[1] 则以上所引的蒙古人的蒸馏乳酒制作法,反映的是16世纪中期的情况。甑"或以锡,或以木为之",与巴林左旗和青龙蒸馏器都不同,大约和李约瑟所谓的"蒙古式蒸馏器"或"中国式蒸馏器"(附录图五)接近。[2]

及至时代更晚的萧大亨《北虏风俗》(《宝颜堂秘笈》本名《夷俗记》)

---

[1] 特木勒、白英:《关于〈译语〉的作者》,《中国史研究》2003年第1期。
[2] 〔英〕李约瑟著,陈小慧、陈养正译:《中世纪早期中国炼丹家的实验设备》,载潘吉星主编:《李约瑟文集》,沈阳:辽宁科学技术出版社,1986年,第622—692页。

一书①,则有关于蒙古人蒸馏马奶酒制作的更详细的记载,其中《牧养》篇有云:

> 虏酒多取马乳为之……马乳初取者,太甘不可食;越二三日,则太酸不可食,惟取之以造酒。其酒与我烧酒无异。始以乳烧之,次以酒烧之,如此至三四次,则酒味最厚,非奉上敬宾,不轻饮也。

所谓"酒味最厚"之"厚",又见《食用》篇:

> 酒之名甚多,大抵以乳为之,厚者饮数杯即酩酊矣。盛以皮囊,名曰壳。壳,盖鸥夷滑稽之遗制也。②

萧大亨(公元1532—1612年)历任山西参政、宁夏巡抚、宣府巡抚、宣大山西总督等北边要职,了解蒙古情况,《北房风俗》即因此而著。③其自序署万历二十二年(公元1594年),书即成于此时,约在《译语》书成50年后。此时蒸馏马奶酒似已在蒙古人中流行。

---

① 〔明〕萧大亨:《北房风俗》,《四库全书存目丛书》史部第255册,影明万历二十二年(公元1594年)自刻本,第334页。目录中作"夷俗记",系沿袭《四库全书》的称法(《四库提要》所据浙江鲍士恭家藏本盖即《宝颜堂秘笈》本),与万历二十二年自刻本原称不符,今改。

《北房风俗》新排本有:(1)薄音湖、王雄编辑点校:《明代蒙古汉籍史料汇编》(第二辑),呼和浩特:内蒙古大学出版社,2000年,第249页。(2)〔美〕塞瑞斯著,米济生译:《〈北房风俗〉译序与注释》,《蒙古史研究参考资料》新编第16·17辑(总第41·42辑),呼和浩特:内蒙古大学蒙古史研究室,1981年5月,第93页。此二书蒙南京大学历史学系特木勒副教授惠借,谨致谢意!

② 〔明〕萧大亨:《北房风俗》,第331页。

③ 薄音湖、王雄编辑点校:《明代蒙古汉籍史料汇编》(第二辑),呼和浩特:内蒙古大学出版社,2000年,第238页。

三　关于两件出土蒸馏器的时代问题

元代蒸馏酒的制作具有一定的普遍性,但迄今为止,只发现了上述两件被认为是蒙元时期的蒸馏酒器。可是,从考古学的角度,是不易确定两件蒸馏器的比较精确的时代的。

青龙蒸馏器出土时的发掘工作做得不够完善,报告提到"在西山嘴村南新开河道中发现一套金代铜烧酒锅",并描述到:

> 西山嘴在青龙县城东三十公里,附近是一处金代遗址。烧酒锅在金代文化层的一个竖穴圆窖里发现。在同一文化层出土的有北宋定窑白釉瓷片、金代白釉瓷片、黑釉瓷片、六鋬铁锅、曲柄铁锄,北宋以及辽、金共二十五种不同年号的铜钱,其中年代最晚的是金世宗时期的"大定通宝"。从地层和伴出器物判断,烧酒锅应是金代遗物。①

烧酒锅出于竖穴圆窖,竖穴圆窖开口在何处,没有说明;圆窖在文化层中,则烧酒锅出土地当即一处以金代为主的遗址,那么所谓"附近是一处金代遗址"又何指,也没有说明。发现蒸馏器后,再在附近挖了探沟来判断文化层的年代,最后根据出土物把文化层的年代确定在辽代后期至元代初期,这一情况在《金代蒸馏器考略》一文中有说明。

巴林左旗蒸馏器的出土情况则更糟糕,没有任何的考古报道,连同出的其他器物的情况都弄不清楚了,更不要说关于地层的情况。而蒸馏器这一类器物又是很少发现的,所以依照一般的如陶瓷器那样与可知年代的器物作器型等比对来确定年代的考古学常用方法也无法

---

① 青龙县井丈子大队革委会、承德市避暑山庄管理处:《河北省青龙县出土金代铜烧酒锅》,《文物》1976 年第 9 期。

施展。

青龙蒸馏器的时代，仅仅根据出土情况，是否可以作进一步的认识呢？我想是可以的。如《金代蒸馏器考略》一文所描述的，西山嘴遗址地层情况很简单，分为四层，第一层耕土层，第二层冲击沙石层，第三层文化层，第四层生土层，存放蒸馏器的圆窖开口在第二层下、第三层上，所以文章的作者林荣贵先生得出："圆窖及窖里的蒸馏器，应该属于该文化层时代的遗迹和遗物。"此说当然不误，但似乎更精确的表述应该是——圆窖的年代比文化层年代要晚，圆窖的年代要晚于文化层中的任何一件遗物的年代，文化层中出土了被认为是元代初年的遗物，圆窖的年代不可能早到金代，以断作元代为宜；圆窖中器物的年代可能与圆窖同时，也可能比圆窖的时代早，不过后一种情况并无迹象可证，也许是前者的可能为大，即所出蒸馏器很可能是元代的器物。

四 关于两件出土蒸馏器的功能问题

两件蒸馏器的年代，学者普遍认为是蒙元时期。这样的认识，主要还是在认定其功能是蒸馏酒器的基础上，结合元代历史文献所显示的元代蒸馏酒的流行——或者说基本上可以肯定蒸馏酒是元代才有的两方面综合得出的。那么，这两件蒸馏器是蒸馏酒器吗？

这个问题，林荣贵先生曾经讨论过，他认为青龙蒸馏器可以有加算蒸烧和直接蒸煮两种使用方法，并说道："诚然在实际使用中，不应排除青龙蒸馏器照第二种使用方法不加算作为蒸丹药花露之用器的可能性，但从各方面分析，其按照第一种使用方法加算蒸酒的可能性最大。"对这一倾向性的意见，他提出三条理由予以支持：第一，锅壁内的痕迹分为三层，是加算使用的结果，而加算不见于丹药花露蒸馏器，只见于烧酒蒸馏器；第二，体积比《金丹大要》中记载的宋代炼丹蒸馏器悬胎鼎要大，是后者的七倍，因此以蒸酒用器的可能性为大；第三，试验中出酒顺利,一般45分钟左右完成一次蒸酒过程,出酒1斤左右。① 他认为青龙蒸馏器是可以作为蒸馏酒器来看待的。其中的第一条理由,罗丰先生文中已经作了辩驳,认为是考古发现的容器中所常见的,乃是因为泥土淤积在容器中引起的。第二条理由,只能排除丹药蒸馏器的可能,而不能排除花露蒸馏器的可能。丹药的量很小,根本不需要大点的蒸馏器。第三条理由,出酒量还是太小了,如此出酒量完全不能带来元代蒸馏酒在全国的流行。青龙和巴林左旗出土的这两件青铜蒸馏器的容量实在不大,青龙蒸馏器的甑锅"高26、口径28、最大腹径36厘米",巴林左旗蒸馏器的甑锅部分"最大腹径42.4、高33厘米",如果是用来制作烧酒的话,何以不做得大一点?

我们不妨再看看花露蒸馏器。宋代文献记载的花露蒸馏器见于南宋初年蔡絛《铁围山丛谈》:

> 旧说蔷薇水,乃外国采蔷薇花上露水,殆不然。实用白金为甑,采蔷薇花蒸气成水,则屡采屡蒸,积而为香,此所以不败。但异域蔷薇花气,馨烈非常。故大食国蔷薇水虽贮琉璃缶中,蜡密封其外,然香犹透彻,闻数十步,洒著人衣袂,经十数日不歇也。至五羊效外国造香,则不能得蔷薇,第取素馨、茉莉花为之,亦足袭人鼻观,但视大食国真蔷薇水,犹奴尔。②

又见于南宋张世南《游宦纪闻》:

> 永嘉之柑,为天下冠。有一种名"朱栾",花比柑橘,其香绝胜。

---

① 承德市避暑山庄博物馆(林荣贵执笔):《金代蒸馏器考略》,《考古》1980年第5期。按:原文用"箅",现改作"箅"。

② 〔宋〕蔡絛著,冯惠民、沈锡麟点校:《铁围山丛谈》卷五,北京:中华书局,1997(1983)年,第97页。"白金为甑",点校者有校勘记:别本"为甑"上并有"为瓶"二字。

以笺香或降真香作片,锡为小甑,实花一重,香骨一重,常使花多于香。窍甑之傍,以泄汗液,以器贮之。毕,则彻甑去花,以液渍香,明日再蒸。凡三四易,花暴干,置磁器中密封,其香最佳。①

可见宋代的花露蒸馏器或以锡、或以银(白金)制成,称为甑,甑旁有导流管,采取蔷薇花或其他花瓣反复蒸馏,获得香水。上引《铁围山丛谈》描述的器皿,有的版本中还有"瓶",应该是接蔷薇水用的。花露蒸馏器是有箅的,在箅上"实花一重,香骨一重"、"蒸气成水",而且是"小甑"——即比一般使用的炊具甑要明显小,与两件出土蒸馏器不同。所以,两件出土蒸馏器可以排除是花露蒸馏器。

那么,如两件出土蒸馏器形制的蒸馏器是蒸馏何物之用的呢?

首先,从不使用箅子看,当是蒸馏液体的。其次,结合它的大致时代为元代,可以看成是蒸馏粮食酒和果酒用的蒸馏器,即是将低酒精度的酒蒸馏成较高酒精度的酒。

五 关于蒸馏酒器的来源问题

元代以及明代的文献明确记载蒸馏酒制作法是从西域传入的,但没有涉及蒸馏酒器(至少是其类型)是不是从西域传入的。在此,通过两件出土蒸馏器,简单地讨论一下这个问题。

可以肯定,两件出土蒸馏器的外形不是西方风格的,是中国风格。② 现在可供比较的中国传统蒸馏器比较少,虽然上海博物馆藏青铜蒸馏器时代早到东汉,我们仍能从器形的角度把巴林左旗和青龙两件青铜蒸馏器和它联系上。不过,上海博物馆藏青铜蒸馏器的上器是

---

① 〔宋〕张世南撰,张茂鹏点校:《游宦纪闻》卷五,北京:中华书局,2006(1981)年,第45页。

② 承德市避暑山庄博物馆(林荣贵执笔):《金代蒸馏器考略》,《考古》1980年第5期。

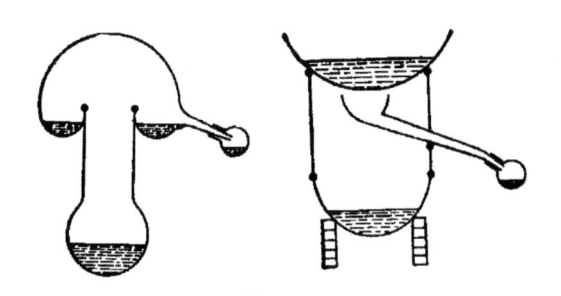

附录图六　希腊式蒸馏器(左)和中国式蒸馏器(右)的蒸馏原理比较

设有箅子的,两件出土蒸馏器不用箅子,这又是有所不同的。

但是,从蒸馏原理来看,正如黄时鉴先生谈到的,两件出土蒸馏器更接近希腊式蒸馏器[1](附录图六)。黄时鉴先生还拿青龙蒸馏器和元代后期朱德润《轧赖机酒赋》所描绘的烧酒蒸馏器比较,认为是同一类器物。[2] 我想,正因为是一种新事物,才会引起文学家的特别兴趣。

可以说,两件出土蒸馏器是采纳了中国传统蒸馏器的外形、运用了西方蒸馏器原理的新型蒸馏器。而这一点,也正是可以和元代蒸馏酒传入中国的传统文献记载相呼应的。

六　结论

以上的讨论,可以肯定青龙县和巴林左旗出土的两件青铜蒸馏器,不是用于蒸馏马奶酒之用的。至于其具体的功用,虽然不能完全确定,但可以排除作为丹药和花露蒸馏器的可能,最大的可能是蒸馏粮食酒和果酒用的蒸馏器。至于器物的年代,元代的可能性是非常大的。

---

[1] 李约瑟、巴特勒著,李亚东译:《对东亚、古希腊和印度蒸馏酒精和醋酸的蒸馏器的实验比较》,载潘吉星主编:《李约瑟文集》,沈阳:辽宁科学技术出版社,1986年,第611—621页。阿拉伯蒸馏器被认为与希腊式蒸馏器具有相同的原理。

[2] 黄时鉴:《中国烧酒的起始与中国蒸馏器》,《文史》第四十一辑,北京:中华书局,1996年。

两件出土蒸馏器容量很小,显示出蒸馏烧酒刚刚被采纳的时期,饮用蒸馏酒的人不多的情形。青龙蒸馏器的出土环境,大致可以判断为居住址,则说明蒸馏酒制作技术已在民间使用。

关于元代或更早时期的蒸馏酒,特别是蒸馏酒器问题,似乎我们还可以寄希望于以后考古发现中的更为明确的材料的公布。不过在元代后期,蒸馏酒已经"汗漫天下"[①],此时及之后蒸馏烧酒在中国的流行,我猜想其蒸馏器具也开始并逐渐改用中国式蒸馏器。

(原刊《元史论丛》第十一辑,天津:天津古籍出版社,2009年)

---

① 〔元〕许有壬:《至正集》卷十六《咏酒露次解恕斋韵》诗序,《景印文渊阁四库全书》第1211册,第120页。《北京图书馆古籍珍本丛刊》第95册影清钞本同。

后　记

　　感谢胡阿祥老师的盛情,使我有机会把有关汉唐时期考古、石刻的文章集中在一起,凑成一部小书。因为多数是有关南朝陵墓神道石刻的,在胡老师的建议之下,就取了现在的书名。

　　想到最初参观南京东北郊的多处南朝陵墓石刻,是在1992年秋天我刚刚考入南京大学历史学系,班级组织栖霞山秋游的时候,而胡老师正是带队的两位老师之一。一年半后,我进入考古专业学习,从旧石器时代考古到隋唐考古,从田野考古、考古绘图到中国古代建筑等专题课,满满当当的课程,学得很充实。其中六朝考古是请已经退休的蒋赞初老师给我们教的,蒋老师带着我们在城里踏查古迹的情形还历历在目。后来承蒙蒋老师关照参加纪念南唐二陵发掘六十周年的学术会议,还写了一篇相关的文章,也收在这本小书里。本科四年之中,我还听过胡老师开设的两门选修课,其中就有魏晋南北朝史,可惜这门课学得不怎么好。本科毕业后,我转向中国民族史的学习,1999年留校工作之后也一直主要从事中国民族史、中国古代史的学习和研究。不过本科阶段的考古专业也一直未能忘怀,特别是刚开始工作的几年中,考古专业教师不足,不知天高地厚的我还一度兼任了隋唐考古等三门考古课程,于是开始陆陆续续写了一些历史时期考古的文章。

　　还想到研究过程中多次在南京、丹阳、句容等地考察南朝石刻,大都是妻子平凤陪同的,后来还带上了小儿天绎,找路问路,看文字看花纹,也有他们的功劳。

　　这些文字,大都是在从1999年到2009年的工作之初的十年间完成的,也大都发表于这十年间。完成的地点,则从南大六舍到虹苑新寓,又到六舍,再到十三舍。盘点所得,篇幅实在有限,错漏也一定不少,不过考虑再三,内容几乎未作改动,就算作是人生的印记吧。

今年恰逢南京大学考古专业成立五十周年,我还想以这本小书向教过南大 92 级考古本科的考古专业的诸位老师致敬!

杨晓春

二〇二二年五月二十八日于宝华山西麓

"南京大学六朝研究所书系"已出图书

一、甲种专著

1.《东晋南朝侨州郡县与侨流人口研究》(修订本),胡阿祥著,江苏人民出版社2019年10月版,"甲种专著"第壹号

2.《中古丧葬礼俗中佛教因素演进的考古学研究》,吴桂兵著,科学出版社2019年12月版,"甲种专著"第贰号

3.《六朝的城市与社会》(增订本),刘淑芬著,南京大学出版社2021年1月版,"甲种专著"第叁号

4.《探寻臧质城——刘宋盱眙保卫战史地考实》,钟海平著,南京大学出版社2022年3月版,"甲种专著"第伍号

5.《邾邹千年:邾国与峄阳邹县历史文化研究》,胡阿祥主编,姚乐、刘兵、吴庆著,山东画报出版社2023年7月版,"甲种专著"第陆号

二、乙种论集

1.《"都城圈"与"都城圈社会"研究文集——以六朝建康为中心》,张学锋编,南京大学出版社2021年1月版,"乙种论集"第壹号

2.《六朝历史与考古青年学者交流会论文集:2016—2020》,陆帅等编,南京大学出版社2023年7月版,"乙种论集"第贰号

3.《六朝史丛札》,楼劲著,南京大学出版社2022年3月版,"乙种论集"第叁号

4.《南朝陵墓神道石刻暨中古考古论集》,杨晓春著,南京大学出版社2024年12月版,"乙种论集"第肆号

三、丙种译丛

1.《中古中国的荫护与社群:公元400—600年的襄阳城》,[美]威

安道著,毕云译,南京大学出版社 2021 年 1 月版,"丙种译丛"第壹号

2.《从文物考古透视六朝社会》,[德]安然著,周胤等译,南京大学出版社 2021 年 1 月版,"丙种译丛"第贰号

3.《汉唐时期岭南的铜鼓人群与文化》,[新西兰]龚雅华著,魏美强译,南京大学出版社 2023 年 6 月版,"丙种译丛"第肆号

4.《中国江南六朝考古学研究》,[日]藤井康隆著,张学锋、刘可维译,江苏人民出版社 2023 年 5 月版,"丙种译丛"第伍号

四、丁种资料

1.《建康实录》,[唐]许嵩撰,张学锋、陆帅整理,南京出版社 2019 年 10 月版,"丁种资料"第壹号

2.《南京大学北园东晋墓》,南京大学博物馆、南京大学六朝研究所编著,南京大学出版社 2023 年 10 月版,"丁种资料"第贰号

3.《六朝建康城城墙遗址研究与保护(2014—2022)》,六朝博物馆编,南京出版社 2022 年 12 月版,"丁种资料"第叁号

五、戊种公共史学

1.《"胡"说六朝》,胡阿祥著,江苏人民出版社 2019 年 6 月版,"戊种公共史学"第壹号

2.《谢朓传》,胡阿祥、王景福著,凤凰出版社 2019 年 12 月版,"戊种公共史学"第贰号

3.《王谢风流:乌衣巷口夕阳斜》,白雁著,南京大学出版社,2023 年 6 月版,"戊种公共史学"第叁号

4.《六朝书话》,胡阿祥著,南京大学出版社 2024 年 12 月版,"戊种公共史学"第肆号